FUNCIONALISMO LINGUÍSTICO

NOVAS TENDÊNCIAS TEÓRICAS

Edson Rosa de Souza
(organizador)

Ataliba Teixeira de Castilho • Kees Hengeveld • J. Lachlan Mackenzie
Mário Eduardo Martelotta • Karen Sampaio Alonso
Erotilde Goreti Pezatti • Mariangela Rios de Oliveira
Vânia Casseb-Galvão • Maria Célia Lima-Hernandes
Roberto Gomes Camacho • Eduardo Penhavel • Alessandra Regina Guerra

FUNCIONALISMO LINGUÍSTICO

NOVAS TENDÊNCIAS TEÓRICAS

editoracontexto

Capa e diagramação
Gustavo S. Vilas Boas

Preparação de textos
Edson Rosa de Souza

Revisão
Lilian Aquino

Dados Internacionais de Catalogação na Publicação (CIP)
(Câmara Brasileira do Livro, SP, Brasil)

Funcionalismo linguístico : novas tendências teóricas / organizador
Edson Rosa de Souza. – São Paulo : Contexto, 2012.

Vários autores.
ISBN 978-85-7244-735-5

1. Funcionalismo (Linguística) 2. Português – Gramática
I. Souza, Edson Rosa de.

12-10430 CDD-469.5018

Índices para catálogo sistemático:
1. Gramática : Português : Abordagem funcionalista : Linguística 469.5018
2. Português : Gramática : Abordagem funcionalista : Linguística 469.5018

2012

EDITORA CONTEXTO
Diretor editorial: *Jaime Pinsky*

Rua Dr. José Elias, 520 – Alto da Lapa
05083-030 – São Paulo – SP
PABX: (11) 3832 5838
contexto@editoracontexto.com.br
www.editoracontexto.com.br

Sumário

Prefácio

Marize Mattos Dall'Aglio-Hattnher

Na história da Linguística brasileira, os estudos funcionalistas representam uma sólida tradição, construída sobre a diversidade que caracteriza a grande variedade de abordagens funcionalistas. Em um artigo sobre os estudos funcionalistas no Brasil, Maria Helena de Moura Neves (1999) reconstitui, em linhas claras, um percurso que se inicia na década de 1970 e perpassa o estruturalismo funcional de Coseriu, o funcionalismo martinetiano, o funcionalismo da Escola de Praga, o funcionalismo holandês, o funcionalismo inglês e o funcionalismo norte-americano.

Essa variedade de abordagens se materializa em um conjunto bastante extenso de trabalhos desenvolvidos, em grande parte, no interior de grupos de pesquisa que iniciaram suas atividades na década de 1980. A depender dos princípios funcionalistas mais relevantes dentro das diferentes abordagens teóricas, não só temas diferentes foram elencados como prioritários, como também – e principalmente – relações com diferentes campos do conhecimento foram acionadas. A regularidade e a qualidade dos resultados produzidos levaram os estudos funcionalistas do Brasil a um outro patamar, retratado nesta publicação de *Funcionalismo linguístico: novas tendências teóricas,* que dedica o presente volume à discussão de algumas propostas teóricas funcionalistas.

A dinamicidade da interação entre os pesquisadores que caracteriza o fazer científico deste século tem permitido revisões e ampliações constantes do conhecimento. Assim é que, aos desenvolvimentos recentes das teorias funcionalistas produzidas no mundo soma-se um vasto conhecimento do funcionamento da língua portuguesa, em grande parte materializado nas três gramáticas funcionalistas do português brasileiro publicadas nos últimos anos (*Moderna gramática portuguesa*, de Evanildo Bechara, *Gramática de usos do português*, de Maria Helena de Moura Neves, e *Nova gramática do português brasileiro*, de Ataliba T. de Castilho). Antes de serem apenas o resultado de uma descrição assentada em uma teoria, essas gramáticas constituem-se, elas próprias, em teorias sobre o funcionamento da língua portuguesa, concretizando a relação dialética entre teoria e dados.

Em tempos em que as distâncias física e temporal são relativizadas a quase-zero, uma decorrência desse novo modo de construção do saber é a releitura do conceito de comunidade científica, que acolhe pesquisadores de lugares distantes, formações distintas e interesses, ainda que momentâneos, pelo mesmo paradigma teórico. De modo semelhante ao que acontecia nos seminários do Projeto de Gramática do Português Falado (coordenado por Ataliba T. de Castilho), que reunia para o debate pesquisadores de todo o Brasil, acontecem hoje diversos encontros virtuais de pesquisadores que discutem dados e propõem revisões teóricas em escalas intercontinentais. Um exemplo da eficácia dessa interação, entre outros, é dado pelos integrantes da comunidade científica da Gramática Discursivo-Funcional (GDF), de Hengeveld e Mackenzie (2008). Desde sua primeira propositura, feita em 2000, a GDF foi submetida a uma ampla discussão em que linguistas de diferentes partes do mundo, inclusive do Brasil, contribuíram para o desenvolvimento da arquitetura do novo modelo, que continua sendo discutido e aprimorado mesmo depois de sua publicação.

A riqueza desse *modus operandi* coletivo, dinâmico e quase-simultâneo é também responsável pela aproximação de teorias que, mesmo preservando suas individualidades, têm interfaces que são elaboradas a partir de diferentes pontos de vista, a depender da relevância que cada teoria adquire nessa interação. Esse é o caso da relação entre funcionalismo e cognitivismo, funcionalismo e teorias da gramaticalização, funcionalismo e teorias do texto e do discurso, funcionalismo e tipologia linguística entre outras interfaces possíveis.

Por fim, mas não menos importante, uma consequência da riqueza teórica que caracteriza a ambiência do funcionalismo brasileiro pode ser percebida na atuação das novas gerações de linguistas, que se formaram em espaços institucionais abertos, que vivenciam a pluralidade de ideias. Exemplo dessa formação é o próprio organizador da coletânea, que soma, em sua história de pesquisador, investigações sobre os constituintes extraoracionais do português brasileiro assentadas na Gramática Funcional de Dik (1989), investigações sobre os advérbios focalizadores no português falado assentadas na Gramática de Papel e Referência de Van Valin e LaPolla (1997), tendo sido um dos primeiros pesquisadores brasileiros a estabelecer um interessante diálogo entre os princípios teóricos da Gramática Discursivo-Funcional de Hengeveld e Mackenzie (2008) e as teorias da Gramaticalização de Traugott (1995, 1999), Traugott e König (1991) e Hopper e Traugott (1993), Heine et al. (1991) e Bybee (2003) para analisar os itens linguísticos "já", "assim" e "aí" no português brasileiro.

O panorama constituído pelos textos que compõem o primeiro volume desta coletânea (Novas tendências teóricas), somados aos textos do segundo volume (Análise e descrição), dedicado à descrição e análise de diferentes aspectos do português e aos estudos tipológicos, mesmo sem a pretensão de ser exaustivo, dá pistas da riqueza da discussão teórica que tem lugar hoje entre os funcionalistas no Brasil e se constitui em relevante contribuição para a área.

Bibliografia

Bechara, E. *Moderna gramática portuguesa.* 37. ed. Rio de Janeiro: Lucerna, 1999.

Bybee, J. Mechanisms of change in grammaticalization: the role of frequency. In: Janda, R.; Brian, J. (Eds.). *Handbook of historical linguistics*. Oxford: Blackwell, 2003.

Castilho, A. T. *Nova gramática do português brasileiro.* São Paulo: Contexto, 2010.

Dik, S. C. *The Theory of Functional Grammar*. Dordrecht: Foris Publication, 1989.

Heine, B. et alii. *Grammaticalization*: a conceptual framework. Chicago: University of Chicago Press, 1991.

Hengeveld, K.; Mackenzie, J. L. *Functional Discourse Grammar*: a typologically based theory of language structure. Oxford: Oxford University Press, 2008.

Hopper, P.; Traugott, E. *Grammaticalization*. Cambridge: Cambridge University Press, 1993.

Neves, M. H. M. Estudos funcionalistas no Brasil. *Alfa*, v. 11, 1999, pp. 87-116.

______. *Gramática de usos do português*. São Paulo: Editora da Unesp, 2000.

Traugott, E. C. *The role of the development of discourse markers in a theory of gramaticalization.* Paper presented at ICHL XII. Manchester, 1995.

_____. *From subjectification to intersubjectification*. Paper presented at the Workshop on Historial Linguistics. Vancouver, 1999.

Traugott, E. C.; König, E. The semantic-pragmatics of grammaticalization revisited. In: Traugott, E., Heine, B. (Eds.) *Approaches to grammaticalization*. Amsterdam: John Benjamins, 1991.

Van valin, R. D., Lapolla, R. Information structure. In: _______. *Syntax*: structure, meaning and function. Cambridge: Cambridge University Press, 1997, p. 199-237.

Apresentação

Edson Rosa de Souza

Esta obra, composta por dois volumes, sendo o primeiro de natureza teórica e o segundo de base descritiva, apresenta ao leitor um conjunto de textos sobre o funcionalismo linguístico, com discussões voltadas para questões de gramática, texto e discurso, em especial para os possíveis diálogos que podemos estabelecer entre as referidas dimensões da linguagem, no português e em outras línguas, a partir de diferentes perspectivas teóricas: o funcionalismo norte-americano, a Teoria de Gramaticalização, a Sociolinguística, a Gramática Discursivo-Funcional, o cognitivismo e a Gramática Textual-Interativa. Os autores são especialistas em estudos da linguagem de universidades do Brasil e do exterior.

A obra destina-se tanto a alunos de graduação, pós-graduação e professores-pesquisadores dos cursos de Letras quanto a estudantes e profissionais de outras áreas correlatas que tomam a linguagem como objeto de estudo e reflexão.

Além de contribuir para o debate sempre profícuo e necessário nas áreas de Letras e Linguística, no que tange à discussão sobre linguagem, o volume 1 (Novas tendências teóricas) trata de algumas das atuais tendências do funcionalismo, considerado uma das correntes teóricas mais influentes da Linguística, devendo, portanto, constituir material de interesse para a comunidade acadêmica. Em resumo, o objetivo do livro é apresentar os novos desenvolvimentos do funcionalismo linguístico e, ao mesmo tempo, divulgar os estudos de descrição funcionalista desenvolvidos por pesquisadores da área funcionalista em circuito nacional/internacional, possibilitando, com isso, um maior intercâmbio entre os pesquisadores brasileiros e estrangeiros.

Apesar de utilizarem metodologias distintas e abordarem diferentes fenômenos linguísticos, os textos que apresentamos aqui partem sempre de uma concepção funcionalista de linguagem, que se diferencia das abordagens teóricas formais exatamente por considerar a linguagem sob uma perspectiva interacional e incorporar, dessa forma, as intenções comunicativas dos interlocutores às descrições. Assim, por conceber a linguagem como instrumento de interação verbal, as discussões apresentadas pelos autores dialogam produtivamente com outros modelos teóricos, que também consideram a atuação conjunta dos componentes sintático, semântico e pragmático da linguagem como um fator importante para uma análise mais embasada e detalhada dos diferentes objetos de pesquisa.

O volume 1 apresenta oito capítulos que discutem, com base em abordagens teóricas funcionalistas, questões de gramática, mudança linguística, texto, contexto e níveis de organização da linguagem, bem como as relações dessas abordagens funcionalistas com outras teorias linguísticas, tais como o Cognitivismo e a Teoria da Gramaticalização.

No capítulo "Funcionalismo e gramáticas do português brasileiro", Ataliba Teixeira de Castilho faz uma exposição dos princípios teóricos do funcionalismo e de sua importância para a composição de gramáticas funcionalistas sobre a língua portuguesa no Brasil. Em seu texto, o autor apresenta algumas gramáticas de referência do português, como a de Evanildo Bechara, Maria Helena de Moura Neves e Ataliba Teixeira de Castilho, bem como os principais motivos que levaram vários pesquisadores brasileiros a pensar em gramáticas da língua portuguesa baseadas no uso da linguagem e a mostrar em que medida se diferenciam daquelas consideradas tradicionalistas. Por fim, Castilho discorre sobre os novos desdobramentos teóricos da Linguística funcionalista e de sua aproximação com a Linguística cognitiva, incluindo, aqui, as novas perspectivas de análise propostas pela Teoria da Complexidade.

No capítulo subsequente, Kees Hengeveld e J. Lachlan Mackenzie fazem uma apresentação do modelo da Gramática Discursivo-Funcional (GDF), classificada como a nova versão da Gramática Funcional de orientação holandesa. Os autores definem a GDF como uma teoria estrutural-funcional da linguagem, tipologicamente baseada, que apresenta "uma organização descendente para alcançar adequação psicológica e que toma o ato discursivo como unidade básica de análise para alcançar adequação pragmática". Caracterizada como um modelo de gramática, a GDF é, segundo Hengeveld e Mackenzie, arquitetada "para interagir com os componentes *conceitual, contextual* e de *saída*" da língua, de modo que essas intra/inter-relações entre os níveis e seus componentes possam ampliar a sua forma de operar e, assim, "aumentar sua compatibilidade com uma teoria mais ampla da interação verbal".

Mário Eduardo Martelotta e Karen Sampaio Alonso apresentam, no capítulo intitulado "Funcionalismo, cognitivismo e a dinamicidade da língua", os questionamentos relativos à proposta de aproximação entre as abordagens teórico-metodológicas da Linguística Cognitiva e do funcionalismo. As questões levantadas pelos autores são discutidas com base na Linguística do uso e têm como propósito mais específico "avaliar a aplicabilidade da proposta, em termos da capacidade de harmonização entre as análises cognitivista e funcionalista que vêm sendo tradicionalmente desenvolvidas dentro de cada um desses arcabouços teóricos". Para alcançar seus objetivos, Martelotta e Alonso elencam "os pressupostos epistemológicos que fundamentam as duas teorias, bem como a dimensão cognitiva e o tratamento da gramática encontrados nas respectivas abordagens". Conjugando as análises desenvolvidas nos estudos de gramaticalização, de um lado, e da gramática das construções, de outro, os autores classificam como positiva e satisfatória a "proposta de harmonização teórica entre funcionalismo e cognitivismo, reforçando, desse modo, tudo aquilo que vem sendo proposto na Linguística baseada no uso da linguagem".

Ao discutir, no capítulo "A Gramática Discursivo-Funcional e o contexto", a noção de contexto na Gramática Discursivo-Funcional, Erotilde Goreti Pezatti destaca que o tratamento de questões textuais-discursivas e expressão morfossintática em modelos teóricos que não trabalham especificamente com a relação entre discurso, texto e contexto é bastante "delicado". Segundo a autora, este é o caso da GDF, que, apesar de procurar entender os enunciados em seu contexto de uso, não tem "a pretensão de oferecer uma descrição completa do contexto discursivo como um todo e nem é de modo algum um modelo de análise do discurso". No entanto, como Pezatti assinala, um aspecto importante da GDF é o entendimento de que os enunciados são produzidos e interpretados no contexto, fato que evidencia a sua importância no processo de descrição linguística. Com base no trabalho de Cornish (2009), sobre a anáfora discursiva e o componente contextual, a autora mostra que, sem observar o contexto situacional, textual ou discursivo seria difícil oferecer uma descrição completa da referência anafórica e a ordem de palavras, que, para Pezatti, estão diretamente ligadas às intenções comunicativas do falante.

Mariangela Rios de Oliveira, no capítulo seguinte, discute três tendências recentes que têm permeado a pesquisa funcionalista de orientação norte-americana, representada aqui por Elizabeth Traugott, Bernard Heine, Paul Hopper, Talmy Givón, Joan Bybee, dentre outros. A primeira tendência discutida pela autora diz respeito à interface *lexicalização x gramaticalização*, com atenção especial "para os pontos de interseção verificados entre os dois domínios e o caráter relativamente fluido da referida distinção". A segunda faz menção à relevância dos fatores de ordem pragmático-discursiva que contingenciam "os usos linguísticos, configurando-os de modo específico, como o gênero discursivo e a sequência tipológica, instâncias intermediárias entre o nível do discurso e o da gramática". A terceira tendência é relativa à gramaticalização de construções, em que se verifica uma nítida aproximação com a Linguística Cognitiva, no que tange à elucidação dos processos de metonimização (estratégias e dispositivos) e de vinculação sintático-semântica. Rios de Oliveira mostra, pois, "como as referidas tendências têm atuado, no sentido de redimensionar e reorientar os atuais estudos desenvolvidos no âmbito do grupo Discurso & Gramática, com apontamento de novos rumos e perspectivas que se vislumbram a partir desse cenário".

O texto de Vânia Casseb-Galvão e Maria Célia Lima-Hernandes trata do aspecto da gradualidade do processo de gramaticalização, a partir da proposta givoniana sobre o equilíbrio gramatical e discursivo no processo de mudança linguística. De acordo com as autoras, o modelo de gramática de interação social de Givón recupera o conceito de gramática da comunicação interpessoal e mostra que a dinâmica da interação social reflete, de algum modo, as necessidades comunicativas de uma comunidade de fala, tendo como pressuposto a ideia de que procedimentos individuais manifestam-se na gramática geral. Na discussão, Casseb-Galvão e Lima-Hernandes observam "fenômenos de mudança envolvendo a trajetória de elementos do domínio mais concreto para os domínios mais abstratos a partir de dados interlinguísticos" oriundos, principalmente, do português do Brasil e do crioulo cabo-verdiano. As autoras concluem o texto posicionando-se a favor de "uma proposta teórico-descritiva não reducionista nos estudos da gramaticalização, mas que contemple as multifacetas desse processo" de mudança numa análise que verifica não somente as forças favoráveis como também as forças contrárias ao surgimento de velhas formas com novas funções.

No capítulo denominado "Construções relativas sob uma perspectiva discursivo-funcional", Roberto Gomes Camacho apresenta um estudo das estratégias de relativização (relativas padrão, copiadora e cortadora) nas variedades lusófonas do português com base em uma perspectiva teórica da Gramática Discursivo-Funcional de Hengeveld e Mackenzie (2008), que considera relevantes as motivações pragmáticas e semânticas para a composição da gramática de uma língua. Dentre os resultados do trabalho, Camacho observa que "a opção do falante por uma estratégia padrão implica simultaneamente a escolha de uma função semântica para o constituinte na oração relativa e a retomada anafórica do constituinte antecedente contido na oração principal, o que corresponde, no nível morfossintático, à seleção de um pronome relativo como conectivo". Por outro lado, o autor acrescenta que a opção do falante por "uma estratégia cortadora ou copiadora implica simultaneamente a escolha de um sintagma preposicionado ou de um zero anafórico na posição pós-verbal do predicado da relativa", sendo esse constituinte o responsável por estabelecer a relação anafórica com o antecedente, o que corresponde, no nível morfossintático, à seleção de "um marcador de relativização como conectivo". Nesse contexto, o autor ressalta que o estudo sobre as relativas permitiu identificar o conectivo como "um marcador de relativização nos casos em que se empregam as estratégias copiadora e cortadora e como um pronome relativo, nos casos em que se emprega a variedade padrão".

Com base na Gramática Textual-Interativa, que também considera a língua em uso, Eduardo Penhavel e Alessandra Regina Guerra discutem, no capítulo "A distinção entre sequenciamento tópico e sequenciamento frasal na Gramática Textual-Interativa", a distinção entre as noções de *sequenciamento tópico* e *sequenciamento frasal*. Mais especificamente, os autores procuram definir "quais situações de sequenciamento linguístico podem ser consideradas sequenciamento tópico no plano da estruturação interna de segmentos tópicos mínimos". Nesse contexto, num primeiro momento, ao analisar o gênero textual "relato de opinião", Penhavel e Guerra apresentam uma análise de como esses segmentos estruturam-se em partes e subpartes de natureza e propõem que "os pontos de transição entre essas (sub)partes sejam considerados pontos de sequenciamento tópico". Em seguida, assumindo "a hipótese da existência de sequenciamento tópico também no nível da organização interna das subpartes tópicas mínimas", os autores sugerem ainda a utilização de critérios de distinção entre sequenciamento tópico e frasal para esse nível de análise.

Na expectativa de que este volume seja efetivamente útil para os profissionais e acadêmicos de Letras, Linguística e de áreas afins, gostaria de agradecer a todos os autores e colegas que aceitaram prontamente o convite para fazer parte do livro. Da mesma forma, quero agradecer à profa. dra. Marize Mattos Dall'Aglio-Hattnher, por quem tenho grande admiração, pelo cuidadoso prefácio a esta obra. Agradeço também aos membros e amigos de longas datas do Grupo de Pesquisa em Gramática Funcional (GPGF), da Unesp de São José do Rio Preto-SP, e aos integrantes do recente Grupo de Pesquisa de Estudos Sociofuncionalistas (GPES), da Universidade Federal de Mato Grosso do Sul-MS, pelas discussões funcionalistas sempre muito proveitosas. Por fim, gostaria de registrar ainda o meu agradecimento ao Programa de Pós-Graduação em Letras, da UFMS/*campus* de Três Lagoas, na pessoa da profa. dra. Kelcilene Grácia-Rodrigues, pelo apoio sempre constante, e ao bolsista de iniciação científica Paulo Henrique da Silva Pereira (UFMS/CPTL), pela gentileza e ajuda técnica.

Funcionalismo e gramáticas do português brasileiro

Ataliba Teixeira de Castilho

O objetivo deste capítulo é repassar brevemente os postulados do funcionalismo linguístico por contraste com o formalismo (seção "Postulados do funcionalismo"), mostrar a atuação das gramáticas funcionalistas no Brasil sobre a língua portuguesa (seção "Gramáticas funcionalistas do português"), comparar a agenda do funcionalismo com a da Linguística cognitiva na moderna Linguística brasileira (seção 3), concluindo por apontar para os desdobramentos desses modelos. Nas considerações finais, mostro que muitas das antinomias que sustentaram o debate teórico atual parecem seriamente ameaçadas pelos novos ventos que sopram neste começo de século sobre a Linguística brasileira, motivadas sobretudo pela Teoria da Complexidade.

Ao enumerar os estudos funcionalistas publicados no Brasil, não tenho a pretensão da exaustividade; o leitor notará facilmente o caráter esquemático deste texto. Antes de tudo, lembremo-nos que na terminologia linguística o termo "função" encerra pelo menos três conceitos: (i) o uso das línguas para um determinado propósito, (ii) as relações estruturais entre signos, e (iii) os papéis assumidos pelos constituintes numa sentença. O funcionalismo de que aqui se trata corresponde ao estudo das funções tais como definidas em (i).

O desenvolvimento dos estudos funcionalistas no Brasil foi minuciosamente relatado por Neves (1997 e 1999a). Em Neves (1997) são resenhadas as fontes europeias e norte-americanas do movimento funcionalista. No trabalho de 1999, ela identifica os pioneiros desse movimento no Brasil (Evanildo Bechara, Rafael Hoyos-Andrade e Ataliba T. de Castilho) e enumera os grupos funcionalistas de pesquisa que atuavam no final daquela década:

1. Programa de estudos sobre o uso da língua, coordenado na UFRJ por Anthony Naro;
2. Discurso e gramática, coordenado na UFF por Sebastião Votre;
3. Grupo de Sintaxe I do Projeto de Gramática do Português Falado, coordenado por Rodolfo Ilari e posteriormente por ela mesma;
4. Espaços mentais e gramaticalização, coordenado na UFJF por Margarida Salomão.

Várias pesquisas avulsas são mencionadas em seu texto, sendo de notar-se que Hoyos-Andrade situou-se no funcionalismo estruturalista de André Martinet, que entendia por "função" o relacionamento entre signos. Nessa perspectiva, as expressões linguísticas são descritas a partir das oposições e contrastes que se podem estabelecer entre elas, entendendo-se função como em (ii), citado anteriormente.

No Brasil, o embate formalismo *versus* funcionalismo adquiriu maior visibilidade após a polêmica travada por Votre e Naro (1989), Naro e Votre (1992) com Nascimento (1990), seguida das observações de Dillinger (1991).

Votre e Naro (1989) argumentaram que

> em nossa abordagem vamos normalmente do particular para o geral, porque o próprio critério que permite a descoberta do que ocorre e recorre, de forma regular, e que nos permite construir a generalização, é o papel comunicativo, e não algum critério formal.

Nascimento mostrou que o formalismo e o funcionalismo têm objetivos diferentes. A Sintaxe gerativa é um modelo do conhecimento linguístico, ao passo que a Sintaxe funcional é um modelo do processamento verbal. Vistas as coisas deste ângulo, ele argumenta que "os dois modelos de análise podem contribuir um para o progresso do outro", pois focalizam o fenômeno linguístico de ângulos complementares. Mais recentemente, Kato (1998) admitiu um "casamento" entre os dois modelos, que poderia ocorrer no domínio da subteoria gramatical dos papéis temáticos – no domínio da Semântica, portanto.

Para atestar a vivacidade do funcionalismo linguístico no Brasil, lembrem-se as várias obras coletivas ultimamente publicadas, em que esse modelo é debatido e exemplificado: Borba (org., 1981), Macedo, Roncarati e Mollica (orgs., 1996), Decat et al. (orgs., 2001), Neves (org., 2001), Roncarati e Abraçado (orgs., 2003, 2008), Negri et al. (orgs., 2004), Guedes, Berlinck e Murakawa (orgs., 2006), Gonçalves, Lima-Hernandes e Casseb-Galvão (orgs., 2007), Mendes (org., 2007), Votre e Roncarati (orgs., 2008), Lima-Hernandes e Chulata (orgs., 2010). Devem ser aduzidas, também, as contribuições funcionalistas ao estudo da história do português brasileiro, um campo bastante novo, mas já bastante significativo: ver Castilho (2010b, especialmente as páginas 406-416).

Vejamos agora quais são os postulados do funcionalismo linguístico.

Postulados do funcionalismo

A tradição funcionalista e a tradição formalista envolveram todos os momentos da descrição, da história e da reflexão sobre a linguagem no século XX, e continuam ativas neste começo de século XXI. A literatura tem destacado as diferenças (e, mais recentemente, as semelhanças) entre a abordagem formal e a abordagem funcional que vinham cindindo a pesquisa linguística contemporânea.

Restringindo o campo de observação à Linguística da segunda metade do século XX, vou admitir com Dik (1978, 1989: 5) que as seguintes afirmações caracterizam essas duas abordagens:

> Formalismo: A língua é um conjunto de orações, cujo correlato psicológico é a competência, isto é, a capacidade de produzir, interpretar e julgar a gramaticalidade das orações. Segue-se que as orações devem ser descritas independentemente de sua localização contextual, e a Sintaxe é autônoma com respeito à Semântica e à Pragmática. Diferentes graus de idealização dos dados podem ser considerados, sendo indispensável seguir considerando uma Língua I distinta de uma Língua E.
> Funcionalismo: A língua é um instrumento de interação social, cujo correlato psicológico é a competência comunicativa, isto é, a capacidade de manter a interação por meio da linguagem. Segue-se que as descrições das expressões linguísticas devem proporcionar pontos de contacto com seu funcionamento em dadas situações. O discurso é um marco globalizador, dentro do qual se deve estudar a Semântica e a Sintaxe.

O que se nota nessa citação é que o formalismo e o funcionalismo se distinguem na estratégia de abordagem do fenômeno linguístico, e no papel conferido à Gramática, à Semântica e ao discurso, entendidos tacitamente como módulos da linguagem.

O formalismo contextualiza a língua nela mesma, isto é, nas suas propriedades internas, selecionando a Gramática como seu componente central. O estruturalismo e o gerativismo integram a tradição formalista. Ambas as perspectivas habitualmente não fazem indagações sobre os processos de criação das estruturas numa dada situação social, concentrando-se nos produtos. Os dois modelos se distinguem em que o estruturalismo postula a língua como uma estrutura composta de diferentes hierarquias, centralizadas na Fonologia, enquanto que o gerativismo menos recente postulava a língua como uma atividade mental, em que se buscam princípios universais, sendo a Sintaxe seu componente central. Poucas menções são feitas à Semântica como um componente da língua, se considerarmos a Gramática gerativa anterior ao programa minimalista. A Semântica, ademais, tinha uma presença discreta nas descrições estruturalistas. Nos dois casos, o discurso é deliberadamente excluído das reflexões, em razão da perspectiva epistemológica assumida.

O funcionalismo contextualiza a língua na situação social em que se dá a interação verbal, cujas representações estruturais são então estudadas. Para captar a "situação social", diferentes metodologias são propostas, com grande ênfase na Teoria da Variação. O funcionalismo tem em comum eleger ora o discurso, ora a Semântica como componentes centrais de uma língua, indagando continuadamente como a língua funciona nesses ambientes.

As duas tradições se fixaram fortemente na Linguística brasileira, em que os estudos funcionalistas são mais recentes. No que se segue, vou fixar-me na tradição funcionalista.

A Linguística da Enunciação, que se opôs à Linguística do enunciado de cunho formalista, abriu caminho para a eclosão da Linguística funcional, posteriormente aos anos 70, graças particularmente, (i) às ideias de Charles Bally sobre uma Linguística da *"parole"* e às de Dwight Bollinger sobre as relações entre significado e forma, (ii) aos ensaios de Benveniste sobre os pronomes e sobre o aparelho formal da enunciação, e (iii) às pesquisas sobre as funções linguísticas promovidas por Buhler, Jakobson e Halliday, entre outros.

Dik (1978: 4) apresenta um quadro bastante claro para diferenciar o paradigma formal do paradigma funcional:

(3) Língua é processamento da informação, referenciando-se à situação de fala e ao próprio texto que está sendo criado.

As seguintes subteorias elaboram o postulado 1:

(1) Língua e semântica: as categorias de dêixis, foricidade, referenciação, predicação, conexão: Lyons (1977, 1984).
(2) Língua e discurso: (i) as regularidades linguísticas no discurso: Givón (1979, ed. 1983), DuBois (1980, 1985); (ii) a Sintaxe interacional e a motivação conversacional das estruturas gramaticais: Ono e Thompson (1995), Ford e Thompson (1996), Ochs, Schegloff e Thompson (eds., 1996); (iii) a interface Sintaxe/ Linguística do texto: Chafe (1987), Castilho (1987), Jubran et al. (1992), Jubran e Koch (orgs., 2006).
(3) Língua e processamento da informação: (i) Teoria da articulação tema-rema: Firbas (1964), Danes (1974, 1995), Halliday (1966-1968, 1970, 1973, 1974, 1985), Ilari (1992); (ii) Ordenação dos constituintes e fluxo da informação: Chafe (1970, 1979, 1976, 1980, 1984), Haiman (1980), Dik (1981, 1989), Camacho (1996), Camacho e Santana (2004), Pezatti (1992, 1996).

Postulado 2: as estruturas linguísticas não são objetos autônomos

Deixando de lado a teoria da autonomia das estruturas, o funcionalismo sustenta que elas podem ser descritas e interpretadas a partir das seguintes propriedades: (1) as estruturas são flexíveis e permeáveis às pressões do uso, combinando-se a estabilidade dos padrões morfossintáticos cristalizados com as estruturas emergentes, ainda não cristalizadas; (2) as estruturas não são totalmente arbitrárias; (3) as estruturas são dinâmicas e sujeitas a reelaborações constantes, através do processo de gramaticalização.

As seguintes subteorias elaboram este postulado:

(1) Teoria funcionalista da variação e mudança: Labov (1972), Teoria das gramáticas em competição: DuBois (1985).
(2) Teoria da iconicidade: Haiman (ed., 1985).
(3) Teoria da gramaticalização: Lehman (1982), Traugott e Heine (eds., 1991), Heine, Hunnemeyer e Claudi (eds., 1991), Hopper e Traugott (1993), Bybee, Perkinse Pagliuca (eds., 1994), Castilho (1997).

Postulado 3: a explicação linguística deve ser buscada nos usos linguísticos e numa percepção pancrônica da língua

Uma das consequências deste postulado foi assim formulada por Heine (1997: 3):

> as motivações para o uso e o desenvolvimento da língua são externas à estrutura linguística, as explicações externas da língua têm maior poder do que as explicações internas.

Halliday (1974: 98) afirma que a Sintaxe funcional concentra a atenção nos usuários e nos usos da língua, mediante uma valorização do receptor, do emissor e da variação linguística no quadro da reflexão gramatical. Ao contextualizar os fatos gramaticais na situação de fala que os gerou, a Sintaxe funcional toma como ponto de partida os significados das expressões linguísticas, para em seguida indagar como elas se codificam gramaticalmente. Com isso, podese reconhecer que a Sintaxe funcional toma os sistemas semântico e discursivo como *inputs* de que o sistema gramatical é um output, numa trajetória onomasiológica, vale dizer, numa trajetória que vai dos sentidos contextualizados para as formas. Por outras palavras, como já se disse anteriormente, postula-se que a língua exista não porque disponha de uma estrutura, mas sim que sua estrutura existe em vista da necessidade de cumprir certas funções.

Visto que a Sintaxe funcional busca as regularidades no discurso, a explicação linguística deve ser achada nos usos socialmente configurados, que dão origem ao fato sintático. Motivações discursivas tais como a oposição figura/fundo, a cadeia tópica e o fluxo da informação explicam a ordem dos constituintes sentenciais e a seleção de determinadas estruturas. Heine (1997) insiste igualmente em que as explicações linguísticas fundamentadas na observação das regularidades fonológicas e sintáticas iluminam características periféricas da língua, deixando de lado as características centrais do uso e da estrutura linguísticas.

Na Europa, as análises funcionalistas tiveram início na década de 1930, na Escola Linguística de Praga, quando Vilém Mathesius formulou sua teoria sobre o fluxo da informação na sentença, logo desenvolvida por Firbas e Danes sob o rótulo "perspectiva funcional da sentença". Ilari (1992) elaborou amplamente essas ideias, buscando evidências na língua portuguesa. Halliday e sua Gramática sistêmica têm certa ligação com a Escola de Praga. Nos Estados Unidos, o funcionalismo teve início em meados dos anos 1970, tendo sido Dwight Bollinger seu precursor: Bollinger (1975).

É preciso reconhecer que neste começo de século formalismo e funcionalismo passaram por muitas transformações, verificando-se hoje uma diminuição das distâncias captadas pelo quadro comparativo acima transcrito, devido, sobretudo, aos avanços conseguidos nos domínios do discurso e da Semântica. Agregue-se a isto a Linguística cognitiva, que poderá ter a esse respeito um papel decisivo, mesmo que seja nesta altura ainda difícil delineá-lo com clareza.

Em sua qualidade de teoria geral sobre a língua, o funcionalismo abarca atualmente os grandes ramos da Gramática e da Pragmática, neste caso, mais notadamente a Análise do Discurso e sua variante, a Análise da Conversação, além da Linguística do texto. Não vou caracterizar todos esses desdobramentos, limitando-me às gramáticas funcionalistas escritas no Brasil.

Gramáticas funcionalistas do português

Enquanto obra de referência, a gramática é o melhor espaço para se testar uma teoria, visto que para ali converge uma grande quantidade de fatos da linguagem, ao contrário dos ensaios e das monografias, que se concentram num só aspecto.

Durante um bom tempo, as gramáticas da língua portuguesa entravam de chofre nos dados, sem alertar o leitor para o fato de que as considerações ali contidas recortavam o fenômeno a partir de um dado ponto de vista, de uma teoria.

As gramáticas funcionalistas, tanto quanto as gramáticas formais, desterraram esse comportamento, tornando-se necessário agora mostrar ao leitor o que se vai entender por língua, previamente à sua descrição.

Lidar com uma língua natural é operar com um objeto científico "escondido". Comparemos o trabalho de linguistas e gramáticos aos de um botânico. Este especialista lida com plantas, das quais estuda a anatomia e a fisiologia, o lugar em que elas vicejam com mais vigor, as doenças que as atacam. Em qualquer momento de sua reflexão, seu objeto é externo a ele, está dado no mundo real. Isso não quer dizer que no domínio das ciências exatas e biológicas não ocorram teorizações em que a imaginação tenha seu lugar. Mas o objeto continua externo ao observador.

O linguista e o gramático operam com um objeto guardado em sua mente e na mente dos indivíduos de sua comunidade, lidando com uma propriedade interna a ele, não evidente no mundo real. O mesmo se passa com seus colegas psicólogos, antropólogos, sociólogos.

Tomei de empréstimo do fundador da Linguística moderna, Ferdinand de Saussure, a expressão "objeto escondido". Saussure mostrou que, para explicitar esse objeto, constituindoo em matéria de estudos, necessitamos previamente de um ponto de vista sobre ele: "bem longe de dizer que o objeto precede o ponto de vista, diríamos que é o ponto de vista que cria o objeto" (Saussure, 1972: 15). A expressão "ponto de vista" é uma das traduções do termo grego *theoría.* Temos, portanto, de dispor de uma teoria sobre as línguas. Esse ponto de vista é inteiramente racional, expressando-se por meio de *princípios*.

Examino a seguir quatro gramáticas funcionalistas publicadas no Brasil.

Evanildo Bechara – *Moderna gramática portuguesa*, 1999

Salvo erro, a gramática de Bechara (1999: 28-56) foi a primeira em nossa tradição gramatical a dedicar grande parte de suas páginas à teoria gramatical, focalizando as dimensões universais da linguagem, os planos e níveis da linguagem, a língua histórica e a língua funcional, os conceitos coserianos de sistema, norma, fala e tipo linguístico, as propriedades dos estratos de estruturação gramatical, os conceitos de dialeto, língua comum, língua exemplar – donde a distinção entre gramática científica e gramática normativa. Finalmente, são mostradas as divisões da gramática e as disciplinas afins, com ênfase na Linguística do texto – esta uma contribuição notável.

Gostaria de focalizar na gramática de Bechara um verdadeiro achado, entre outros, que vem às páginas 35 e 36. Bechara distingue aí três tipos de conteúdo linguístico: (i) a designação, (ii) o significado e (iii) o sentido.

A *designação* é a referência "a uma 'realidade' extralinguística, a um estado de coisas extralinguístico". O *significado* é "o conteúdo [...], a especial configuração da designação numa língua particular". Já o *sentido* é "o especial conteúdo linguístico que se expressa mediante a designação e o significado, sentido que, num discurso individual, vai além desses outros conteúdos e que corresponde às atitudes, intenções ou suposições do falante".

Assim, em "a porta está fechada", temos a *designação* de uma realidade extralinguística. Mas se dissermos "Fulano é uma porta fechada", veiculamos um *significado* que ultrapassa as designações "porta" e "fechada", mas que nelas se fundamenta, para indicar por meio dessa "especial configuração" que o tal Fulano repele todo mundo, tratando da mesma forma pessoas diferentes, rejeitando-as sem critério. Finalmente, se numa tarde de grandes calores comento com o dono da casa que a porta está fechada, estou sugerindo que ele abra a porta, somando, com isso, a designação e o significado, para atingir o sentido, ou seja, para "dizer o que não foi dito".

Esse achado nos ensina muitas coisas sobre como se desenvolve o raciocínio funcionalista:

(i) Não devemos limitar nossa mirada apenas às estruturas gramaticais, pois a Semântica (= domínio da designação e da significação, na terminologia de Bechara) e o Discurso (= domínio do sentido) são outros tantos sistemas linguísticos indispensáveis para o melhor entendimento do funcionamento de uma língua natural. Bechara se afasta aqui de nossa tradição gramatical, em que a Gramática foi sempre equalizada à própria língua, ao demonstrar, sem grandes alardes, a relevância da Semântica e do Discurso na interpretação das expressões.

(ii) Ele mostra, igualmente, que as expressões linguísticas exemplificam ao mesmo tempo todas as categorias gramaticais, semânticas e discursivas, quando identifica na mesma expressão as categorias de designação, significação e sentido. Isso evidencia que essas categorias operam numa forma cumulativa, não excludente, não negativa, na melhor tradição do raciocínio funcionalista-cognitivista. O que vemos aqui é a apresentação da língua como uma entidade complexa, ponto a que retornaremos mais adiante.

Maria Helena de Moura Neves – *Gramática de usos do português*, 2000

Esta é a primeira gramática publicada no Brasil em que os dados analisados não decorrem de uma seleção ocasional por parte do autor. O que temos aqui são os usos efetivamente coletados numa vasta base de dados, que à época já tinha atingido 70 milhões de ocorrências, armazenadas no Centro de Estudos Lexicográficos da Unesp, *campus* de Araraquara. A primeira novidade dessa gramática está nisto: não é um "florilégio" de ocorrências interessantes, é um rigoroso levantamento de como os brasileiros de fato se expressam, seja na linguagem corrente, seja na linguagem literária. Ao dar conta de uma grande massa de dados, Neves aprofundou como ninguém nosso conhecimento sobre os usos das palavras.

Outra novidade está no modo como as classes de palavras foram arranjadas na estrutura dessa gramática. Não se encontra aqui a ordenação habitual em substantivos, verbos, adjetivos etc. Essa ordenação não é autoexplicativa, o consulente não é informado sobre o porquê de as gramáticas começarem pelos substantivos e irem seguindo até as preposições.

Agora, a apresentação das classes de palavras se fundamenta nas quatro categorias semânticas que elas representam. Mais, essas categorias estão diretamente ligadas ao modo como construímos nossos textos. Ou, nas palavras da autora, "segundo os processos que dirigem a organização dos enunciados para a obtenção do sentido do texto" (Neves, 2000: 13). O texto é assumido, portanto, como a unidade maior de funcionamento da língua, e o lugar ideal para se depreender o funcionamento das classes de palavras.

São as seguintes as categorias semânticas postuladas por Neves: (i) a predicação (= verbo, substantivo, adjetivo, advérbio); (ii) a referenciação situacional (= o artigo e os pronomes); (iii) a quantificação e a indefinição (= artigos e pronomes indefinidos); (iv) a junção (= preposições e conjunções). Um tratamento onomasiológico, portanto, previsto em Castilho e Del Carratore (1967).

Outro ponto importante da gramática é demonstrar que as classes de palavras são flexíveis, e não exemplificam esquemas rígidos. A autora reconhece expressamente que "o princípio da multifuncionalidade constitui a chave para uma interpretação funcional da linguagem" (Neves, 2000: 15). Assim, uma mesma classe, como o artigo, tem um papel no interior do sintagma nominal, outro na interação discursiva, outro na organização do texto. Retornamos, assim, à percepção da língua como um sistema complexo, em nossa leitura de Evanildo Bechara. Também nos reencontramos com a simultaneidade das propriedades acolhidas numa mesma expressão, fato já apontado pelo mesmo autor, porém verticalizado nessa gramática, em que as diferentes classes gramaticais são descritas "segundo a funcionalidade de seu emprego nos diferentes níveis em que atuam e segundo as funções que exerçam nesses níveis" (Neves, 2000: 19).

Ao defender o estudo da língua em seus usos na sociedade, a gramática funcionalista atinge um ponto alto nesse trabalho, dada a extensão dos dados examinados, mas, sobretudo, dada a coerência com o modelo teórico que os ilumina.

Gramática do português culto falado no Brasil

Um conjunto de fatores desencadeados nos anos 1970 e 1980 favoreceram a eclosão do movimento científico de que resultou a publicação da *Gramática do português culto falado no Brasil* (GPCFB): a fundação da Associação Brasileira de Linguística em 1969, o surgimento dos projetos coletivos de pesquisa em

1970 (como o Projeto NURC), a implantação dos cursos pós-graduados de Linguística a partir de 1972 e a insistência de vários linguistas em que passássemos a dispor de gramáticas descritivas que refletissem o uso brasileiro da língua portuguesa.

Essa gramática resultou de proposta que apresentei em 1987 à Associação Nacional de Pesquisa e Pós-Graduação em Letras e Linguística. A ideia era escrever coletivamente uma gramática de usos, com base nos materiais apurados pelo Projeto NURC. Tendo obtido uma reação positiva, discuti aspectos do plano numa reunião havida em outubro do mesmo ano no Departamento de Linguística da Universidade Estadual de Campinas e, posteriormente, no I Seminário do já então denominado Projeto de Gramática do Português Falado (PGPF), realizado em 1988, em Águas de São Pedro/SP.

Por ocasião desse seminário, o plano inicial foi detalhado da seguinte forma:

(1) Como objetivo específico, "preparar uma gramática referencial do português culto falado no Brasil, descrevendo seus níveis fonológico, morfológico, sintático, textual e pragmático": Castilho (org., 1990: 9-27). Firmava-se, portanto, a preocupação com um trabalho descritivo, não normativo.

(2) Dada a extensão da agenda, decidiu-se cultivar uma convivência entre posições teóricas distintas, visto que uma só teoria não poderia dar conta da totalidade dos temas que se espera ver tratados numa gramática de uso. Nas primeiras discussões, dividiram-se os pesquisadores em dois grupos, os formalistas e os funcionalistas, cujas posições vêm detalhadas no texto acima.

(3) A metodologia do trabalho ficou assim assentada: (i) utilização de 15 entrevistas do Projeto NURC/Brasil, ou seja, 3 por cidade; (ii) distribuição dos pesquisadores em seis grupos de trabalho (GTS), cada qual com uma proposta teórica e uma agenda de atividades. Pode-se dizer que os GTS de Fonética e Fonologia (coordenado por Maria Bernadete Marques Abaurre), Morfologia derivacional (coordenado por Margarida Basílio), e Sintaxe das relações gramaticais (coordenado por Mary Aizawa Kato) assumiram uma orientação gerativista. Os GTS de Morfologia flexional (coordenado por Ângela Cecília Souza Rodrigues), Sintaxe das classes de palavras (coordenado por Rodolfo Ilari, e depois por Maria Helena de Moura Neves) e Organização textual interativa (coordenado por Ingedore Grunfeld Vilaça Koch) assumiram uma orientação funcionalista.

Os textos assim produzidos foram debatidos em seminários plenos, de que se realizaram dez, até 1998. Uma vez revistos, eles foram publicados na série *Gramática do Português Falado*, de que saíram oito volumes: Castilho (org., 1990, 1993), Ilari (org., 1992), Castilho e Basílio (orgs., 1996), Kato (org., 1996), Koch (org., 1996), Neves (org., 1999), Abaurre e Rodrigues (orgs., 2002).

Atuaram nesse projeto 38 pesquisadores ligados a 12 universidades brasileiras, sob minha coordenação geral. A partir de 1990, solicitou-se ao prof. Milton do Nascimento, da UFMG, que debatesse os problemas teóricos suscitados pelos trabalhos apresentados, na qualidade de assessor acadêmico do projeto. Isso ocorreu sistematicamente a partir do IV Seminário, resultando daí alguns textos, um dos quais apresentado ao Centro de Linguística da Universidade de Lisboa, em 1993, em reunião convocada pelos drs. Maria Fernanda Bacelar do Nascimento e João Malaca Casteleiro: Nascimento (1993a, b).

Ao longo de suas atividades, o PGPF abriu-se ao debate com especialistas de universidades estrangeiras, igualmente interessados na reflexão sobre a língua falada e na preparação de gramáticas de consulta, tais como Claire Blanche-Benveniste (Université d'Aix-en-Provence), Randolph Quirk (University College of London), Giampaolo Salvi (Universidade de Budapest), Maria Fernanda Bacelar do Nascimento (Centro de Estudos Linguísticos da Universidade de Lisboa), Françoise Gadet (Université Paris-Nanterre), entre outros.

A partir de 2002, teve início a penosa tarefa de consolidar os ensaios aí publicados, tanto quanto as dissertações e teses que os pesquisadores orientaram. Decidiu-se fazê-lo em cinco volumes de que estão publicados três: Jubran e Koch (orgs., 2006), Ilari e Neves (2008) e Kato e Nascimento (2009).

Houve dois momentos nas reflexões teóricas do grupo que poderiam ser assim denominados: (1) convivência dos contrários, (2) processamento do discurso e conhecimento sintático: um ponto de convergência?

A convivência dos contrários

Por ocasião do I Seminário do PGPF, não se chegou a um acordo nem quanto ao objeto empírico, nem quanto ao objeto teórico, cindindo-se as posições em pelo menos duas grandes direções, para cuja formulação valem até certo ponto as distinções entre uma teoria formal e uma teoria funcional da gramática. Mesmo correndo o risco da caricatura, assim formulei tais posições em Castilho (org., 1990: 15):

(1) Quando ao objeto empírico:
  a) A língua falada e a língua escrita integram um mesmo sistema, diferenciando-se na frequência dos processos ou das categorias de que dispõem.
  b) A língua falada é um objeto autônomo em relação à língua escrita. Sobretudo, não é correto admitir a agramaticalidade dessa variedade.

(2) Quanto ao objeto teórico:

a) A língua é um conjunto de orações, cujo correlato psicológico é a competência, entendida como a capacidade de produzir, interpretar e julgar a gramaticalidade das orações. Segue-se que as orações devem ser descritas independentemente de sua localização contextual, e a Sintaxe é autônoma com respeito à Semântica e à Pragmática. Diferentes graus de idealização dos dados podem ser considerados, sendo indispensável seguir considerando uma Língua I, distinta de uma Língua E.

b) A língua é um instrumento de interação social, cujo correlato psicológico é a competência comunicativa, isto é, a capacidade de manter a interação por meio da linguagem. Segue-se que as descrições das expressões linguísticas devem proporcionar pontos de contacto com seu funcionamento em dadas situações. A Pragmática é um marco globalizador, dentro do qual deve estudar-se a Semântica e a Sintaxe.

Convencionou-se que os diferentes volumes da Gramática advertiriam o leitor a respeito das diferentes opções tomadas. Num ponto estávamos todos de acordo: o Projeto teria uma vocação empírica, buscaria realizar uma descrição exaustiva, controlando os dados quantitativamente, sempre que possível, limitando as pesquisas ao português brasileiro culto documentado pelo Projeto NURC/Brasil.

Como as descrições se fundamentavam em dados idênticos, as diferenças apontadas anteriormente acabariam por matizar-se, abrindo caminho a uma possível convergência dos pontos de vista, alguns dos quais perceptíveis na segunda fase do debate teórico. Entretanto, nesta fase as diferenças ainda permaneceram bem visíveis.

Para um modelo de processamento do discurso: um ponto de convergência?

A maior expectativa que as pessoas alimentam ao consultar uma gramática de referência é encontrar ali, devidamente hierarquizados, um conjunto de *produtos linguísticos*, os enunciados, dispostos em planos classificatórios mais ou menos convincentes.

A GPCFB deixou de lado essa estratégia, tendo buscado identificar os processos acionados para a produção do enunciado. Indo nesta direção, Nascimento (1993b) propôs que o texto é "o lugar onde é possível identificar as pistas indicadoras das regularidades que caracterizam a atividade linguística do falante". A esse respeito, ele fez as seguintes afirmações, que gozaram de consenso entre os pesquisadores:

a) Uma concepção da linguagem como uma atividade, uma forma de ação, a verbal, que não pode ser estudada sem se considerar suas principais condições de efetivação.

b) A pressuposição de que, na contingência da efetivação da atividade linguística do falante/ouvinte [na produção e recepção de textos], temos a manifestação de sua competência comunicativa, caracterizável a partir de regularidades que evidenciam um sistema de desempenho linguístico constituído de vários subsistemas.
c) A pressuposição de que cada um desses subsistemas constituintes do sistema de desempenho linguístico [o Discursivo, o Semântico, o Morfossintático, o Fonológico...] é caracterizável em termos de 'regularidades' definíveis em função de sua respectiva natureza.
d) A pressuposição de que um dos subsistemas constituintes desse sistema de desempenho linguístico é o subsistema Computacional [entendido como uma noção mais ampla que a de Língua I], definível em termos de regras e/ou princípios envolvidos na organização morfossintática e fonológica dos enunciados que se articulam na elaboração de qualquer texto.
e) A pressuposição de que o Texto é o lugar onde é possível identificar as pistas indicadoras das regularidades que caracterizam o referido sistema de desempenho linguístico.

Pode-se reconhecer, portanto, que o texto é o ponto para onde convergiram muitas das posições dos pesquisadores. Outros pontos de convergência foram assinalados por Mary Kato na introdução ao volume V, por ela organizado: a organização da gramática, a metodologia adotada e os pressupostos teóricos, conforme Kato (1996).

O PGPF representou um momento de descrição criteriosa do português brasileiro efetivamente praticado no país pelas classes cultas, em que se associaram linguistas com sólida preparação teórica e gosto por lidar com dados empíricos. Sobretudo, com gosto por trabalhar com colegas que "pensam diferente".

Acredito que deveríamos agora ampliar e aprofundar as reflexões teóricas a que se entregaram os autores dos capítulos, tarefa a desempenhar pelos linguistas brasileiros descontentes com nosso modo de repercutir automaticamente, acriticamente, o que se faz nos principais centros de reflexão teórica do exterior. Nisto estamos desde os anos 70 do século passado, quando não dispúnhamos ainda de um bom repertório sobre a complexa realidade linguística do país. Mas os tempos mudaram.

Ataliba T. de Castilho – *Nova gramática do português brasileiro*, 2010

Escrevi a *Nova gramática do português brasileiro* levado por essa preocupação. Ela não é propriamente "mais uma gramática", apesar de seu título. Várias características a distinguem desse gênero.

É uma gramática dedicada exclusivamente ao português brasileiro, falado atualmente por 190 milhões de indivíduos. O texto procura dotar os brasileiros de mais um certificado de sua identidade. Não se trata de um certificado qualquer, pois é na língua que se manifestam os traços mais profundos do que somos, de como pensamos o mundo, de como nos dirigimos ao outro. Faltava clarificar a gramática do português brasileiro, para dar *status* científico a essa percepção. É o que se faz neste livro, fruto de cinquenta anos de pesquisas, desenvolvidas nas três universidades oficiais paulistas e em várias universidades do exterior.

Essa não é, também, uma gramática-lista, cheia de classificações, que começam pela Fonética, atravessam a Morfologia e perdem o fôlego na Sintaxe. Nesses textos, não se vê uma língua, vê-se uma gramática. Nessa *Nova gramática do português brasileiro,* focalizei o que se esconde por trás das classificações, identificando os processos criativos que conduziram aos produtos listados. Busquei ultrapassar a barreira da descrição, encaminhando o olhar para o que ocorre também na linguagem mental, pré-verbal. Tendo aprendido com o projeto anterior que os enunciados encontram sua explicação no texto, comecei a gramática pela análise da conversação, passando depois ao texto que é assim construído.

Com poucas exceções, as gramáticas brasileiras são geralmente ateóricas, fato já mencionado aqui. Teorias linguísticas há muitas, concentradas na maioria das vezes na expressão linguística, constatada nos atos verbais. Fazia falta uma teoria que postulasse a língua em seu dinamismo, como um conjunto articulado de processos pré-verbais. Para encaminhar uma resposta a isso, propus nessa gramática uma abordagem, a que denominei "abordagem multissistêmica da língua", de cunho funcionalista-cognitivista. Quando falamos ou quando escrevemos, uma atividade veloz e intensa é desencadeada em nossas mentes, acionando-se quatro sistemas linguísticos ao mesmo tempo: o léxico, a semântica, o discurso e a gramática. Nessa gramática, procurei retratar as propriedades lexicais, semânticas, discursivas e gramaticais das expressões sob estudo. Definidos por suas categorias, esses sistemas são articulados pelos princípios sociocognitivos que regem a conversação, a mais básica das atividades linguísticas (Castilho, 2007).

As gramáticas resultam habitualmente do trabalho individual, em que o autor vai recolhendo fatos, sobretudo da língua literária. Também aqui esta gramática tomou outro rumo. Os escritores não trabalham para nos abastecer de regras gramaticais. Eles exploram ao máximo as potencialidades da língua, segundo um projeto estético próprio, afastando-se deliberadamente do modo habitual de dizer as coisas. Ora, as regularidades que as gramáticas identificam deviam fundamentar-se no uso comum da língua, quando conversamos, quando lemos jornais, como cidadãos de uma democracia. Isso não exclui a fruição das obras literárias, mas é uma completa inversão de propósitos tomá-las como fundamento para a descrição de uma língua. Por outro lado, as línguas são tão complexas que é impossível trabalhar solitariamente em sua análise. O projeto mencionado no Postulado 3 deste texto foi motivado pela absoluta necessidade de se trabalhar os grandes temas numa forma coletiva. Mesmo sendo monoautoral, esta gramática dá voz a uma respeitável quantidade de linguistas, listados numa bibliografia de mais de 50 páginas. Suas pesquisas foram filtradas a partir da abordagem adotada. Seguidamente, proponho ao leitor que se envolva nas pesquisas, transformando-se no linguista-gramático dele mesmo. Todo o capítulo 15 foi escrito com esse objetivo. Simbolicamente localizado no fecho do livro, esse capítulo apresenta uma metodologia da pesquisa linguística e enumera uma série de temas que podem ser desenvolvidos pelos leitores mais exigentes.

As gramáticas habitualmente assumem o "estilo-revelação": uma afirmação é feita, o gramático se transforma numa espécie de Moisés que desce dos altos montes e revela aos povos estupefatos... o que está certo e o que está errado em sua linguagem! A *Nova gramática do português brasileiro* se afastou desse tom monológico, normativista, optando por um diálogo com o leitor, em que se sucedem dois textos articulados: um expositivo e outro indagativo. Na exposição, fala o autor, interpretando os achados da ciência atual. Nas indagações, falam os leitores, por meio das perguntas que se imagina que eles formulariam.

Linguística funcionalista e Linguística cognitiva

As ciências cognitivas se desenvolveram fortemente na Rússia, na Inglaterra e nos Estados Unidos, neste caso nas universidades da Califórnia, a partir de 1980.

A chamada "revolução cognitivista" representa um

> esforço contemporâneo, com fundamentação empírica, para responder a questões epistemológicas de longa data – principalmente aquelas relativas à natureza do conhecimento, seus componentes, suas origens, seu desenvolvimento e seu emprego. (Gardner, 1995: 19)

Parece que tudo começou com o "Simpósio Hixon", realizado na Califórnia em 1948, tendo por tema os "mecanismos cerebrais do comportamento". Os principais expositores mostraram que os cânones behavioristas, até então intocados, inviabilizavam um estudo científico da mente. Eles argumentaram que a compartimentação de ciências em campos tais como a Psicologia, a Antropologia, as Neurociências, a Sociologia e a Linguística levadas a cabo no final do século XIX dificultava o estudo dos processos mentais, entre os quais o mais complexo é o da fala – daí a importância da Linguística no projeto que então se delineava.

Várias linhas de pensamento concorreram para a fundação da Ciência cognitiva, e aqui me limito a enumerá-los, com base em Gardner (1995): a Matemática, a Computação, a Neurologia com seus estudos sobre danos cerebrais, a Cibernética, a Teoria da Informação. Cada uma dessas linhas deu sua contribuição ao desenvolvimento das ciências cognitivas. A Matemática e a Computação conceberam a ideia de uma máquina capaz de fazer quaisquer cálculos a partir de programas armazenados em sua memória.

A Neurologia, de particular interesse aqui, atravessou duas fases: (1) a fase localizacionista radical, que "ainda acredita piamente que funções cerebrais específicas são geradas por regiões do sistema nervoso central altamente especializadas e segregadas", e (2) a fase distribucionista, que "professa que, em vez de confiar em áreas especializadas únicas, o cérebro humano prefere realizar todas as suas árduas tarefas por meio do trabalho coletivo de grandes populações de neurônios distribuídos por múltiplas regiões cerebrais, capazes de participar da gênese de várias funções simultaneamente" (Nicolelis, 2011: 19).

De particular interesse para a abordagem multissistêmica da linguagem é sua afirmação segundo a qual

> Hoje em dia, sistemas formados por grandes números de elementos que interagem entre si [...] são classificados como sistemas complexos, entidades cujas propriedades mais fundamentais tendem a "emergir" por meio da interação coletiva de seus múltiplos elementos individuais. (Nicolelis, 2011: 34-35)

Tratei da diferença entre ciência clássica e ciência dos domínios complexos em Castilho (2007).

Não se pode dizer que a(s) ciência(s) cognitiva(s) constituam um campo nítido. São conhecidas as conexões entre as ciências acima referidas, definidas pelo mesmo Gardner (1995: 52) em termos de seus vínculos fortes e vínculos fracos entre si. De todo modo, a ciência cognitiva apresenta os seguintes aspectos fundamentais:

(1) A crença de que é necessário "postular um nível de análise separado, que pode ser chamado de 'nível de representação'; quando trabalha nesse nível, um cientista trafega por entidades representacionais tais como símbolos, esquemas, regras, imagens" para dar conta da variedade dos fenômenos humanos (Gardner, 1995: 53).
(2) A convicção de que pelo menos por ora convém deixar de lado as emoções, a história e o contexto, visto ser impossível tratar cientificamente tais fatores. Isso descontentou os antropólogos, que aparentemente vêm se afastando da ciência cognitiva.
(3) A crença de que, desencapsulando as ciências e cultivando uma abordagem interdisciplinar dos temas, podem-se atingir percepções mais poderosas do que aquelas identificadas no trato monodisciplinar.
(4) Por fim, o paradoxo computacional: a crença de que o pensamento humano não é semelhante às operações de um computador. É evidente que o uso do computador tem acelerado as pesquisas cognitivistas, mas isso é tudo?

A Linguística cognitiva integra-se no domínio mais amplo das ciências cognitivas, de que ela vem abordando vários tópicos. Ela tem sido, às vezes, definida pelo que não é, pois essa direção de estudos não aceita (i) "a existência de um nível estrutural ou sistêmico de significação linguística [...] distinto do nível em que o conhecimento do mundo está associado às formas linguísticas"; (ii) a arbitrariedade do signo; (iii) a afirmação de que as categorias linguísticas são discretas e homogêneas; (iv) "a ideia de que a linguagem é gerada por regras lógicas e por traços semânticos 'objetivos'"; (v) a autonomia e não motivação semântica e conceptual da sintaxe (Silva, 1997: 61).

Deixando de lado o debate entre funcionalistas e formalistas sobre qual é o domínio central da língua, a Linguística cognitiva estuda a interação entre a língua e as estruturas cognitivas, buscando explicar as formas e os significados das palavras e das construções. Sua contribuição para as ciências cognitivas está em mostrar que os "dados linguísticos quando adequadamente compreendidos podem servir para revelar aspectos da representação mental em seu nível mais alto" (Sweetser e Fauconnier, 1996: 1). Por via de consequência, a linguagem interpreta o conhecimento do mundo, não o espelha.

Geraerts (1995, apud Silva, 1999: 3), afirma que esse ramo de estudos assenta em três princípios fundamentais: (1) primazia da Semântica na análise linguística, (2) a natureza enciclopédica do significado linguístico e (3) a natureza perspectivista do significado linguístico. Uma grande atenção é dada à categorização, aceita como uma das funções básicas da linguagem, reafirmando-se que

> o significado linguístico não pode ser dissociado do conhecimento do mundo, e por isso mesmo, não se pode postular a existência de um nível estrutural ou sistêmico de significação distinto do nível em que o conhecimento do mundo está associado às formas linguísticas. (Silva, 1999: 3)

Os linguistas cognitivistas evitam cuidadosamente o estabelecimento de relações de causa e efeito entre os processos cognitivos e as propriedades linguísticas. Ao emparelharem esses campos, eles se servem de predicadores tais como "interação", "paralelismo", "reflexo", "representação" – e nunca se lê algo como "derivação", relação "primitivo-derivado" etc.

A constituição formal da Linguística cognitiva se deu em 1989, com a realização da International Cognitive Linguistics Conference em Duisberg, na Alemanha. Congressos bianuais passaram a ser realizados, sob a responsabilidade da então criada International Cognitive Linguistics Association, que publica a revista *Cognitive Linguistics*. Outra publicação importante é a coleção *Cognitive Linguistics Research*, que provê abundantes informações bibliográficas.

Numa listagem não exaustiva, as seguintes direções de estudo debatem as bases cognitivas da língua: (1) Teoria dos Protótipos: Lakoff (1975, 1982); (2) Teoria da Metáfora: Lakoff e Johnson (2002); (3) Teoria dos Espaços Mentais: Fauconnier (1984, 1985), Sweetser e Fauconnier (eds., 1996), Fauconnier e Turner (2002); (4) Semântica cognitiva: Talmy (1988, 1996, 2000), Johnson (1987), Putz e Dirven (eds., 1996), Silva (1999, 2006); (5) Gramática cognitiva: Langacker (1987, 1990, 1991, 1992, 1999, 2008), Goldberg (1995).

A reunião do funcionalismo ao cognitivismo era inevitável, tantos são os pontos comuns na agenda desses movimentos científicos.

Considerações finais

As pesquisas funcionalistas e cognitivistas têm uma importância crescente na Linguística brasileira.

Somando-se a elas um novo embasamento epistemológico, a Teoria dos Sistemas Complexos, será possível prever algumas das direções dessas pesquisas:

1. O fim das antinomias. As gramáticas funcionalistas analisadas neste texto apontam claramente para essa direção. O contraste entre expressões tem seu interesse na fase da obtenção de recortes para a análise. Esse interesse se desvanece quando partimos para as explicações, para as generalizações.
2. O fim da autonomia das propriedades gramaticais e seu correto entendimento como faces de uma realidade mais complexa, que se materializa simultaneamente nos campos do Léxico, da Semântica e do Discurso. Novas descobertas sobre as propriedades textuais tornarão mais claros os papéis das estruturas sintáticas, que existem para finalidades mais nobres do que a fundamentação de análises sintáticas de expressões descontextualizadas.
3. A consideração de que as classes de palavras e as estruturas sintáticas são multifuncionais. Os pesquisadores perceberam que é pouco convincente classificar as expressões segundo um só critério. Esperemos que esse achado se reflita no ensino, em que ainda se teima em acomodar em diversas caixinhas expressões que não aceitam esse enclausuramento. Essa "estratégia pedagógica" já se demonstrou contraintuitiva e inoperante.
4. A observação das gramaticalizações como um território em que a sincronia e a diacronia se encontram. Mas os progressos neste gênero de pesquisa somente serão atingidos se abandonarmos a postulação epifenomênica da gramaticalização, em favor de uma percepção mais integrativa desse processo.
5. Um entendimento mais adequado dos mecanismos de criação e alteração dos sentidos. É provável que tenhamos novas descobertas no campo da Semântica cognitiva.

Bibliografia

Abaurre, M. B. M.; Rodrigues, A. C. S. *Gramática do português falado*: novos estudos descritivos. Campinas: Editora da Unicamp/Fapesp, 2002, v. 3.

Bechara, E. *Moderna gramática portuguesa*. 37. ed. Rio de Janeiro: Lucerna, 1999.

Bolinger, D. *Aspects of language*. New York: Harcourt Brace Jovanovich, 1975.

Borba, F. S. *Estudos de Filologia e Linguística*: homenagem a Isaac Nicolau Salum. São Paulo: TAQ/Edusp, 1981.

Bybee, J.; Perkins, R.; Pagliuca, W. *The Evolution of grammar*: tense, aspect and modality in the languages of the world. Chicago/London: The University of Chicago Press, 1994.

Camacho, R. G. O papel da estrutura argumental na variação de perspectiva. In: Koch, I. G. V. (Org.). *Gramática do português falado*. Campinas: Editora da Unicamp/Fapesp, 1996, v. 7, pp. 253-274.

______. Santana, L. Argument structure of deverbal nouns in Brazilian Portuguese. *Journal of Language and Linguistics,* n. 3 (2), 2004, pp. 229-242.

Castilho, A. T. *Introdução ao estudo do aspecto verbal no português*. Marília: Faculdade de Filosofia, Ciências e Letras, 1968.

. Ainda o aspecto verbal. *Estudos Portugueses e Africanos*, Campinas, v. 4, 1984, pp. 8-34.

______. A Elipse do sujeito no português culto falado em São Paulo. *Estudos Linguísticos*, v. 14. São Paulo, 1987, pp. 3240.

______. *Português culto falado no Brasil.* Campinas: Editora da Unicamp, 1989.

______. *Gramática do português falado*: a ordem. Campinas: Editora da Unicamp/Fapesp, 1990 (1. ed.) e 2002a (4. ed.), v. 1.

______. *Gramática do português falado*: as abordagens. Campinas: Editora da Unicamp/Fapesp, 2002b, v. 3.

______. A gramaticalização. *Estudos linguísticos e literários,* Salvador, v. 19, 1997, pp. 25-63.

______. Problemas do aspecto verbal no português falado no Brasil. In: Gärtner, E.; Hundte, C.; Schönberger, A. *Estudos de gramática portuguesa.* Frankfurt: TFM, 1999, v. 1, pp. 17-46.

______. Abordagem da língua como um sistema complexo: contribuições para uma nova Linguística Histórica. In: Castilho, A. T.; et al. (Orgs.). *Descrição, história e aquisição do português brasileiro*: homenagem a Mary A. Kato. Campinas: Pontes/Fapesp, 2007, pp. 329-60.

______. *Nova gramática do português brasileiro.* São Paulo: Contexto, 2010a.

______. Produção bibliográfica do Projeto para a história do Português Brasileiro. In: Hora, D.; Silva, C. (Orgs.). *Para a história do português brasileiro*: abordagens e perspectivas. João Pessoa: Ideia/Editora da UFPb, 2010b, v. 3, pp. 395-416.

______; Carratore, E. A onomasiologia no Léxico e na Sintaxe. *Alfa,* v. 11, 1967, pp. 129-150.

______; Basílio, M. *Gramática do português falado:* estudos descritivos. Campinas: Editora da Unicamp/ Fapesp, 1996, v. 4.

Chafe, W. *Meaning and the structure of language.* Chicago: The University of Chicago Press, 1970.

______. Giveness, contrastiveness, definiteness, subjects and points of view. In: Li, C. (Ed.). *Subject and topic.* New York: Academic Press, 1976, pp. 2555.

______. *Significado e estrutura linguística.* Tradução de Maria Helena de Moura Neves, Odette Gertrudes Luiza Campos, Sonia Rodrigues. Rio de Janeiro: Ao Livro Técnico, 1979.

______. *The pear stories:* cognitive, cultural and linguistic aspects of narrative production. Norwood: Ablex, 1980.

______. *Cognitive constraints on information flow.* Berkeley: University of California at Berkeley, 1984.

______. *Cognitive constraints on information flow*. In: Tomlin, R. (Ed.). *Coherence and Grounding in Discourse.* Amsterdam: John Benjamins, 1987.

Danes, F. Functional sentence perspective and the organization of the text. In: ______ (Ed.). *Papers on functional sentence perspective.* Prague: Mouton, 1974, pp. 106-28.

______. A static view and a dynamic view on text and discourse. *Travaux du cercle linguistique de Prague*, v. 1, 1995, pp. 185-99.

Decat, M. B. N.; et al. (Orgs.). *Aspectos da gramática do português*: uma abordagem funcionalista. Campinas: Mercado de Letras, 2001.

Dik, S. *Gramática funcional.* Trad. de Leocadio Martin Mingorance e Fernando Serrano Valverde. Madrid: Soc. Gen. Española de Librería, 1978.

______. *Functional Grammar*. Dordrecht/Cinnaminson: Foris Publications, 1981.

______. *The theory of functional grammar*: the structure of the clause. Dordrecht: Foris Publications, 1989.

Dillinger, M. Forma e função na Linguística. *Delta*, São Paulo, v. 7 (1), 1991, pp. 395-407.

Dubois, J. W. Beyond definiteness: the trace of identity in discourse. In: Chafe, W. (Ed.). *The pear stories*: cognitive, cultural and linguistic aspects of narrative production. Norwood: Ablex, 1980, pp. 203-74.

______. Competing motivations. In: Haiman, J. (Ed.). *Iconicity in syntax*. Amsterdam: John Benjamin, 1985, pp. 343-65.

Firbas, J. On defining theme in functional sentence analysis. *Travaux Linguistiques de Prague*, Prague, v. 1, 1964, pp. 267-80.

FAUCONNTER, G. *Espaces mentaux*: aspects de la construction du sens dans les langues naturelles. Paris: Les Éditions de Minuit, 1985.

______; TURNER, M. *The way we think*: conceptual blending and the mind's hidden complexities. New York: Basic Books, 2002.

FORD, C. E.; THOMPSON, S. A. Interactional units in conversation: syntactic, intonational and pragmatic resources for the management of turns. In: OCHS, E.; SCHEGLOFF, E. S.; THOMPSON, S. A. (Eds.). *Interaction and Grammar*. Cambridge: Cambridge University Press, 1996, pp. 134-84.

GARDNER, H. *A nova ciência da mente*. Trad. de Cláudia Caon. São Paulo: Edusp, 1995.

GIVÓN, T. *On understanding grammar*. New York: Academic Press, 1979.

_____ (Ed.). *Topic continuity in discourse*: a qualitative crosslanguage study. Amsterdam: John Benjamins, 1983.

GONÇALVES, S. C.; LIMA-HERNANDES, M. C.; CASSEB-GALVÃO, V. C. (Orgs.). *Introdução à gramaticalização*: em homenagem a Maria Luiza Braga. São Paulo: Parábola, 2007.

GOLDBERG, A. E. *Constructions*: a construction grammar approach to argument structure. Chicago: University of Chicago Press, 1995.

GUEDES, M.; BERLINCK, R. A.; MURAKAWA, C. A. A. (Orgs.). *Teoria e análise linguísticas:* novas trilhas. Araraquara: Cultura Acadêmica Editora/FCL, 2006.

HAIMAN, J. The iconicity of grammar: isomorphism and motivation. *Language*, v. 56, 1980, pp. 515-40.

______. *Iconicity in syntax*. Amsterdam: John Benjamin, 1985.

HALLIDAY, M. A. K. Notes on transitivity and theme in English. *Journal of Linguistics*, Cambridge, v. 2, 1966, pp. 37-81.

______. Language Structure and Language Function. In: LYONS, J. (Ed.). *New Horizonts in Linguistics*. Harmondsworth: Penguin Books, 1970, pp.140-165.

______. The Functional Basis of Language. In: BERNSTEIN, B. (Ed.). *Class, Codes and Control*. Londres: Routledge and Kegan Paul, 1973, pp.343-366.

______. Estrutura e função da linguagem. In: LYONS, J. (Org.). *New horizons in linguistics 1*. Harmondsworth: Penguin Books, 1976.

______. As bases funcionais da linguagem. In: DASCAL, M. (Org.). *Fundamentos metodológicos da linguística*. Campinas: Editora da Unicamp, 1978, pp. 125-61, v. 4.

______. Os usuários e os usos da língua. In: HALLIDAY, M. A. K.; MACINTOSH, A.; STREVENS, P. (Orgs.). *As ciências linguísticas e o ensino de línguas*. Petrópolis: Vozes, 1974, pp. 98-135.

______. *An introduction to functional grammar*. London: Edward Arnold, 1985.

HEINE, B. ; HUNNEMEYER, B. ; CLAUDI, U. (Eds.). *Grammaticalization*: a conceptual framework. Chicago: The University of Chicago Press, 1991.

HEINE, B. *Cognitive foundations of grammar.* Oxford: Oxford University Press, 1997.

HOPPER, P.; TRAUGOTT, E. C. *Grammaticalization*. Cambridge: Cambridge University Press, 1993.

ILARI, R. *Perspectiva funcional da frase portuguesa*. Campinas: Editora da Unicamp, 1992.

______ (Org.). *Gramática do português falado:* níveis de análise. Campinas: Editora da Unicamp, 2002, v. 2.

______; NEVES, M. H. M. (Orgs.). *Gramática do português culto falado no Brasil*: classes de palavras e construções. Campinas: Editora da Unicamp, 2008, v. 3.

JOHNSON, M. *The body in the mind*: the bodily basis of meaning, imagination and reason. Chicago/London: The University of Chicago Press, 1987.

JUBRAN, C. C. S. et al. Organização tópica da conversação. In: ILARI, R. (Org.). *Gramática do português culto falado no Brasil*. Campinas: Editora da Unicamp, 1992, v. 2, pp. 357-440.

______; KOCH, I. G. V. (Orgs.). *Gramática do português culto falado no Brasil*: construção do texto falado. Campinas: Editora da Unicamp, 2006, v. 1.

KATO, M. A. (Org.). *Gramática do português falado*. Campinas: Editora da Unicamp/Fapesp, 1996, v. 5.

______. Formas de funcionalismo na sintaxe. *Delta*, v. 14, 1998, pp. 145-68.

______; NASCIMENTO, M. (Orgs.). *Gramática do português culto falado no Brasil*: a construção da sentença. Campinas: Editora da Unicamp, 2009, v. 3.

KOCH, I. G. V. (Org.). *Gramática do português falado*. Campinas: Editora da Unicamp/Fapesp, 1996, v. 6.

Labov, W. *Sociolinguistics patterns*. Philadelphia: University of Pennsylvania Press, 1972.

Lakoff, G. Hedges: a study in meaning criteria and the logic of fuzzy concepts. In: Hockney, D. (Ed.) *Contemporary research in philosophical logic and linguistic semantics*. Dordrecht: Reidel Publishing Co., 1975, pp. 121-71.

______. Categories: an essay in cognitive linguistics. *Linguistics in the Morning Calm*. Selected Papers from sicol1981. Seoul: Hanshin Publishing Co., 1982, pp. 139-209.

______.; Johnson, M. *Metaphors we live by*. Chicago/London: The University of Chicago Press, 2002.

Langacker, R. *Foundations of cognitive grammar*: theoretical prerequisites. Stanford: Stanford University Press, 1987, v. 1.

______. *Concept, image and symbol*: the cognitive basis of grammar. Berlin/New York: Mouton de Gruyter, 1990.

______. *Foundations of cognitive grammar*: descriptive application. Stanford: Stanford University Press, 1991, v. 2.

______. Prepositions as grammatical(izing) elements. *Leuvense Bijdragen*, v. 81, 1992, pp. 287-309.

______. *Grammar and conceptualization*. Berlin/New York: Mouton De Gruyter, 1999.

______. *Cognitive grammar*: a basic introduction. Oxford: Oxford University Press, 2008.

Lehmann, C. *Thoughts on grammaticalization*. Köln: Arbeiten des Kölner Universalien-Projects, 1982, v. 1.

Lima-Hernandes, M. C.; Chulata, K. A. (Orgs.). *Língua portuguesa em foco*: ensino-aprendizagem, pesquisa e tradução. Lecce: Pensa MultiMidia Editore, 2010.

Lyons, J. *Semantics*. London: Longmans, 1977.

______. *Semântica estrutural*. Lisboa: Presença, 1984.

Macedo, A.; Roncarati, C.; Mollica, M. C. (Orgs.). *Variação e discurso*. Rio de Janeiro: Tempo Brasileiro, 1996.

Mendes, R. B. (Org.). *Passando a palabra*: uma homenagem a Maria Luiza Braga. São Paulo: Paulistana, 2007.

Naro, A.; Votre, J. S. Mecanismos funcionais do uso da língua: função e forma. *DELTA*, v. 8 (2), 1992, pp. 285-290.

Nascimento, M. Teoria gramatical e mecanismos funcionais do uso da língua. *Delta*, v. 6 (1), 1990, pp. 8398.

______. Notas sobre as atividades do Grupo de Sintaxe II. In: Castilho, A. T. (Org.). *Gramática do português falado*. Campinas: Editora da Unicamp, 1993a, v. 3, pp. 433-38.

______. *Gramática do português falado*: articulação teórica. Lisboa: Centro de Linguística da Universidade de Lisboa, 1993b.

______. Gramática do português falado: articulação teórica. In: Zilles, A. (Org.). *Estudos de variação linguística no Brasil e no Cone Sul*. Porto Alegre: Editora da ufgrs, 2005, pp. 93-116.

Negri, L. et al. (Org.). *Sentido e significação*: em torno da obra de Rodolfo Ilari. São Paulo: Contexto, 2004.

Neves, M. H. M. *A gramática funcional*. São Paulo: Martins Fontes, 1997.

______. Estudos funcionalistas no Brasil. *Alfa*, v. 11, 1999a, pp. 87-116.

______. (Org.). *Gramática do português falado*. São Paulo/Campinas: Humanitas/Editora da Unicamp, 1999b, v. 7.

______. *Gramática de usos do português*. São Paulo: Editora da Unesp, 2000.

______. (Org.). *Descrição do português*: definindo rumos de pesquisa. Araraquara/São Paulo: Cultura Acadêmica, 2001.

Nicolelis, M. *Muito além do nosso eu*. São Paulo: Companhia das Letras, 2011.

Ochs, E.; Schegloff, E. A.; Thompson, S. A. (Eds.). *Interaction and grammar*. Cambridge: Cambridge University Press, 1996.

Ono, T.; Thompson, S. What Conversation can tell us about Syntax? In: Davis, P. (Ed.). *Alternative linguistics*: descriptive and theoretical modes. Amsterdam: John Benjamins, 1995.

Pezatti, E. G. *A ordem de palavras em português*: aspectos tipológicos e funcionais. Araraquara, 1992. Tese (Doutorado em Linguística e Língua Portuguesa) – Universidade Estadual Paulista.

______. Estrutura argumental e fluxo da informação. In: Koch, I. G. V. (Org.). *Gramática do português falado*. Campinas: Editora da Unicamp, 1996, p. 275-99.

Putz, M. ; Dirven, R. (eds.). *The construal of space in language and thought*. Berlin/New York: Mouton de Gruyter, 1996.

RONCARATI, C.; ABRAÇADO, J. (Orgs.). *Português brasileiro*: contato linguístico, heterogeneidade e história. Rio de Janeiro: 7Letras/ Faperj, 2003, v. 1.

______; ______. *Português Brasileiro II*: contato linguístico, heterogeneidade e história. Niterói: Editora da UFF, 2008.

SAUSSURE, F. *Curso de linguística geral*. São Paulo: Cultrix, 1972.

SILVA, A. S. A Linguística cognitiva: uma breve introdução a um novo paradigma em linguística. *Revista Portuguesa de Humanidades*, v. 1, 1997, pp. 59-101.

______. *A semântica de* deixar: uma contribuição para a abordagem cognitiva em semântica lexical. Lisboa: Fundação Calouste Gulbenkian/ Fundação para a Ciência e a Tecnologia, 1999.

______ (Org.). *Linguagem e cognição*: a perspectiva da linguística cognitiva. Braga: Associação Portuguesa de Linguística/ Universidade Católica Portuguesa, 2003.

______. *O mundo dos sentidos em português*: polissemia, semântica e cognição. Coimbra: Almedina, 2006.

SWEETSER, E.; FAUCONNIER, G. (Eds.). *Spaces, worlds and grammar*. Chicago/London: The University of Chicago Press, 1996.

TALMY, L. Force dynamics in language and cognition. *Cognitive Science*, v. 12, 1988, pp. 49-100.

______. Fictive motion in language and 'ception'. In: BLOOM, P.; PETERSON, M. A.; NADEL, L.; GARRETT, M. (Eds.). *Language and space*. Cambridge: The MIT Press, 1996, pp. 211-76.

______. *Toward a cognitive semantics*. Cambridge: The MIT Press, 2000.

THOMPSON, S. Functional grammar. In: BRIGHT, W. (Ed.). *International Encyclopedia of Linguistics*. New York/ Oxford: Oxford University Press, 1992, v. 2.

TRAUGOTT, E.; HEINE, B. (Eds.). *Approaches to grammaticalization*. Amsterdam/ Philadelphia: John Benjamins, 1991.

VOTRE, S. J.; NARO, A. J. Mecanismos funcionais do uso da língua. *Delta*, v. 5 (2), 1989, pp. 169-84.

______; RONCARATI, J. (Orgs.). *Anthony Julius Naro e a linguística no Brasil*: uma homenagem acadêmica. Rio de Janeiro: Letras/Faperj, 2008.

Gramática Discursivo-Funcional

Kees Hengeveld
J. Lachlan Mackenzie
Trad. Marize Mattos Dall'Aglio-Hattnher

Este capítulo[1] introduz a Gramática Discursivo-Funcional (GDF), um modelo de estrutura da linguagem tipologicamente baseado. Depois de uma apresentação geral do modelo e de seu lugar como o componente gramatical de uma teoria mais ampla da interação verbal na seção "Esboço do modelo", a seção "Embasamento teórico" situa o modelo no campo das teorias gramaticais em geral. A seção "Quatro níveis de organização linguística" traz os detalhes desses quatro níveis (interpessoal, representacional, morfossintático e fonológico) dentro da gramática propriamente dita, fornecendo exemplos do potencial de cada nível. A seção "Interação entre os componentes e os níveis" traz uma visão sobre como a interação da gramática com os componentes adjacentes e a interação entre os vários níveis dentro do componente gramatical ajudam a explicar um grande número de fenômenos linguísticos. Depois de uma análise detalhada na seção "Um exemplo comentado", algumas aplicações da GDF são discutidas na seção "Variação dinâmica".

Esboço do modelo

A GDF e a interação verbal

Como mostra a figura 1, a GDF é concebida como o componente gramatical de um modelo global de interação verbal em que esse componente se liga ao componente conceitual, ao componente de saída e ao componente contextual. Esses três componentes não gramaticais interagem de várias formas com o componente gramatical, mais especificamente por meio das operações de formulação e de codificação. A formulação diz respeito às regras que determinam aquilo que constitui representações semânticas e pragmáticas subjacentes válidas em uma língua. A codificação diz respeito a regras que convertem essas representações semânticas e pragmáticas em representações fonológicas e morfossintáticas. A GDF assume que tanto a formulação como a codificação são processos específicos de cada língua, isto é, nenhuma categoria pragmática, semântica, morfossintática ou fonológica universal é postulada até que sua universalidade tenha sido demonstrada por meio de pesquisa empírica.

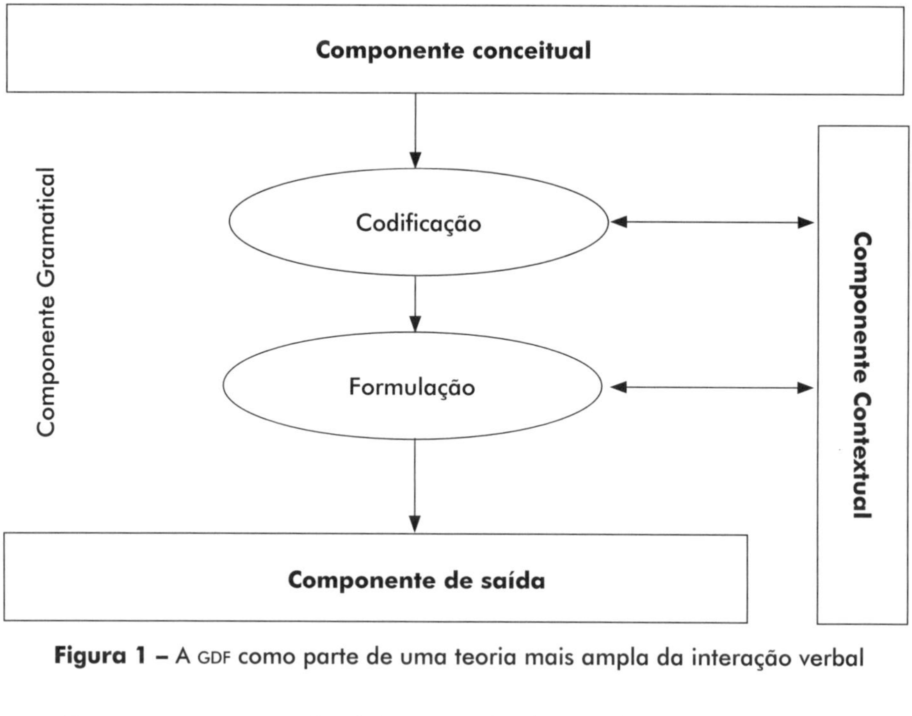

Figura 1 – A GDF como parte de uma teoria mais ampla da interação verbal

O componente conceitual é responsável pelo desenvolvimento tanto da intenção comunicativa relevante para o evento de fala corrente, quanto das conceitualizações associadas relativas a eventos extralinguísticos relevantes, sendo, dessa forma, a força motriz por trás do componente gramatical como um todo. O componente de saída gera as expressões acústicas ou escritas com base na informação fornecida pelo componente gramatical. Sua função pode ser entendida como a tradução da informação digital (isto é, categorial, baseada em oposição) na gramática para uma forma analógica (isto é, continuamente variável). O componente contextual contém a descrição do conteúdo e da forma do discurso precedente, do contexto real perceptível em que ocorre o evento de fala e das relações sociais entre os participantes. Esse tipo de informação é relevante para muitos processos gramaticais, tais como encadeamento narrativo, reflexividade e voz passiva.

A arquitetura da GDF

A arquitetura geral da própria GDF, em relação aos componentes que a ladeiam, agora pode ser representada como na figura 2, em que o componente gramatical é apresentado no centro, o componente conceitual no topo, o componente de saída na parte inferior e o componente contextual à direita.

Uma característica distintiva da GDF, mostrada na figura 2, é a sua rigorosa arquitetura descendente: a GDF começa com a intenção do falante e se desenvolve até a articulação. Essa direção é motivada pela suposição de que um modelo de gramática será mais eficaz quanto mais sua organização se assemelhar ao processamento linguístico no indivíduo. Estudos psicolinguísticos (por exemplo, Levelt, 1989) mostram claramente que a produção de linguagem é, de fato, um processo descendente. A implementação da GDF reflete esse processo e é organizada de acordo com ele. Isso não significa, no entanto, que a GDF seja um modelo do falante: a GDF é uma teoria sobre a gramática que tenta refletir as evidências psicolinguísticas em sua arquitetura básica. A organização descendente da gramática tem consequências de longo alcance em todos os níveis de análise, como veremos na seção "Quatro níveis de organização linguística".

Na figura 2, as elipses contêm operações, os quadrados contêm os primitivos usados nas operações e os retângulos contêm os níveis de representação produzidos pelas operações. Tudo isso será discutido em maiores detalhes na seção "Quatro níveis de organização linguística". Aqui, vamos nos limitar a descrever o processo geral de cima para baixo com base em um exemplo simples, dado em (1), produzido em um contexto no qual o ouvinte quer entrar em uma pastagem onde há um touro:

(1) Há um touro no pasto!

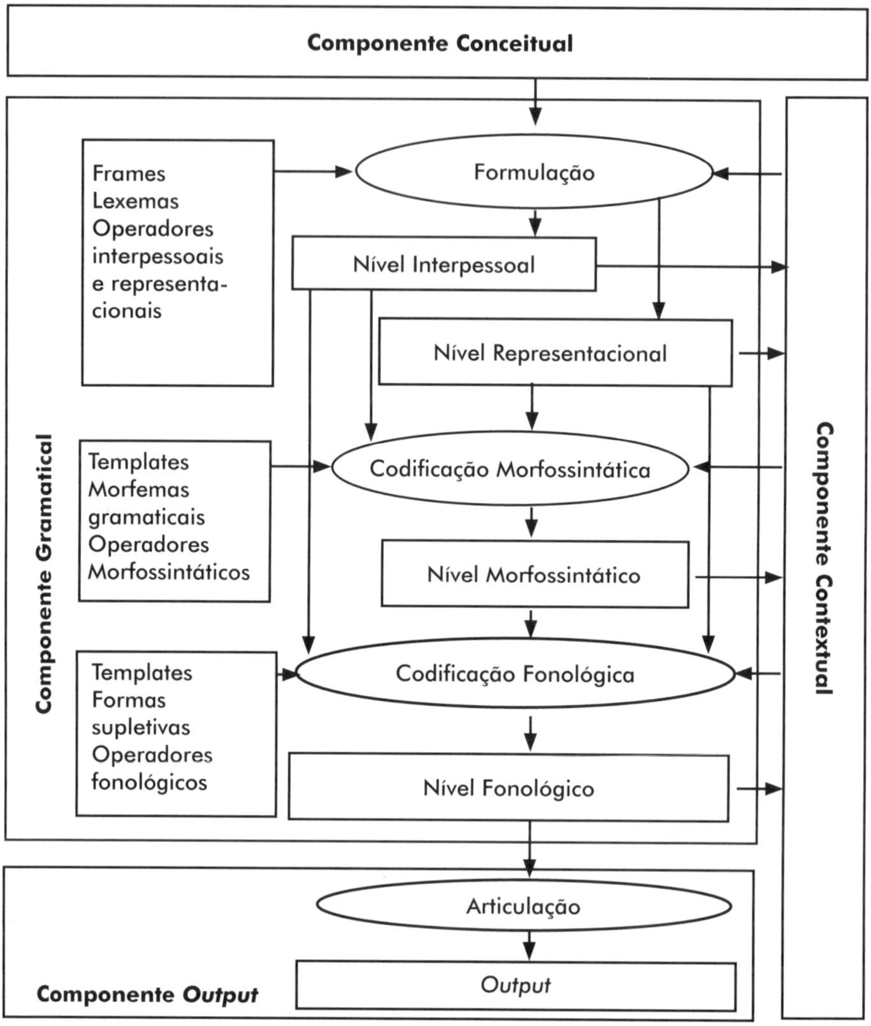

Figura 2 – Esquema geral da GDF

No componente conceitual pré-linguístico, uma intenção comunicativa (emissão de um alerta) e as representações mentais correspondentes (do evento causador do perigo) são relevantes. A operação de formulação traduz essas representações conceituais em representações semânticas e pragmáticas nos níveis interpessoal e representacional, respectivamente. Alertas não são uma categoria ilocucionária separada em português, mas o falante resolve esse problema selecionando uma ilocução declarativa combinada com um operador de ênfase no nível interpessoal. A entidade causadora do perigo, além disso, é caracterizada como Tópico Focal nesse nível. No nível representacional, o falante escolhe designar a entidade causadora do perigo como parte de um esquema de predicação locativo. As configurações dos níveis interpessoal e representacional são traduzidas em estruturas morfossintáticas, no nível morfossintático, por meio da operação de codificação morfossintática. Em (1) essa operação envolve, por exemplo, a ordem de palavras característica de construções existenciais, o uso unipessoal do verbo *haver* etc. De maneira semelhante, as estruturas nos níveis interpessoal, representacional e morfossintático são traduzidas em estruturas fonológicas no nível fonológico. Nesse exemplo, a seleção da ilocução declarativa combinada com o operador de ênfase é responsável por todo o contorno entonacional com uma queda brusca no elemento focalizado *touro*. Ao organizar o componente gramatical do modo como ilustramos aqui, a GDF leva a abordagem funcional da linguagem ao seu extremo lógico: dentro da organização descendente da Gramática, a Pragmática governa a Semântica, a Pragmática e a Semântica governam a Morfossintaxe, e a Pragmática, a Semântica e a Morfossintaxe governam a Fonologia.

O nível fonológico de representação é o *input* para a operação de articulação, que possui as regras fonéticas necessárias para uma expressão adequada. A Articulação ocorre fora da gramática propriamente dita, no componente de saída.

O componente contextual é alimentado pelos vários níveis de representação dentro da gramática, permitindo referência posterior a vários tipos de entidades relevantes em cada um desses níveis, uma vez que eles sejam introduzidos no discurso. As operações de formulação e codificação são alimentadas pelo componente contextual, de modo que, por exemplo, a disponibilidade de antecedentes pode influenciar a composição de atos discursivos (subsequentes).

Tendo visto alguns detalhes da arquitetura da GDF, vamos situá-la em seu contexto mais amplo.

Embasamento teórico

O objetivo principal da Gramática Discursivo-Funcional é dar conta dos fenômenos morfossintática e fonologicamente codificados nas línguas, seja como correlatos de aspectos pragmáticos e semânticos da formulação, seja como portadores de propriedades inerentes da codificação. No primeiro caso, o fenômeno é funcionalmente motivado; no segundo caso, ele é arbitrário. Como o próprio nome da teoria sugere, a ênfase no trabalho da GDF incide fortemente sobre o primeiro tipo de fenômeno. A postura funcionalista implica a hipótese de que uma vasta gama de categorias formais podem ser criteriosamente explicadas se consideradas em correspondência com as categorias semânticas e pragmáticas originadas na cognição humana e na comunicação inter-humana; somente se essa correlação não puder ser estabelecida é que a GDF considera a opção de arbitrariedade. Na verdade, pode se demonstrar que as línguas variam na medida em que suas propriedades formais refletem categorias pragmáticas, semânticas ou nenhuma das duas (Hengeveld e Mackenzie, 2008).

Essa posição situa a GDF a meio caminho entre abordagens formais radicais e abordagens funcionalistas radicais. Posições funcionalistas radicais tendem a negar a existência da estrutura linguística e ver uma forma linguística como uma manifestação efêmera da tentativa do usuário da língua de atingir seus propósitos comunicativos. Posições formais radicais alegam que as afirmações em um texto real ou uma transcrição de fala refletem (de maneira muito imperfeita, diz-se) um sistema subjacente que é governado por regras que preveem a forma assumida por unidades linguísticas idealizadas e limita o estudo linguístico à investigação desse sistema oculto, totalmente independente dos usos que dele são feitos. A GDF é uma teoria estrutural-funcional (Butler, 2003) porque enfoca a correlação entre a função e a estrutura moldadas, respectivamente, como formulação e codificação.

Duas outras teorias estrutural-funcionais da linguagem intimamente ligadas à GDF são a Gramática de Papel e Referência (RRG, Van Valin e LaPolla, 1997; Van Valin, 2005, 2010) e a Linguística Sistêmico-Funcional (LSF; Halliday e Matthiessen, 2004; Caffarel, 2010); ver Butler (2003) para uma comparação detalhada. A GDF parece ocupar uma posição intermediária entre a LSF, que fica próxima ao funcionalismo radical ao tomar o texto como o objeto central de investigação linguística, e a RRG, que fica mais perto do formalismo radical ao ver-se, acima de tudo, como uma teoria da Sintaxe (Van Valin, 2001: 172). A GDF não tem nada a dizer sobre textos, mas está muito preocupada com o impacto da textualidade sobre a forma das unidades linguísticas; a GDF também não está primordialmente interessada na Sintaxe, mas vê, de fato, a organização morfossintática como um importante aspecto da codificação linguística. Com a *Simpler Syntax* (Jackendoff e Culicover, 2005; Culicover, 2010), a GDF compartilha o desejo de dar à semântica seu lugar legítimo na teoria linguística e integrar a linguística com o trabalho cognitivo, de aquisição e de biologia linguística; ela difere, entre outros aspectos, por dar peso igual a fatores semânticos e pragmáticos.

A GDF vê o usuário da língua como tendo conhecimento tanto das unidades funcionais e formais da língua como das maneiras pelas quais essas unidades podem ser combinadas. Esse conhecimento tem um elevado grau de estabilidade, de tal forma que pode ser comparado entre as línguas, revelando as tendências universais na estrutura linguística, como estudado na tipologia linguística. O conhecimento das unidades e suas combinações é instrumental na comunicação interpessoal e tem surgido como resultado de processos históricos: distinções formais e funcionais que têm servido adequadamente aos seres humanos ao longo dos tempos sedimentaram-se no repertório que agora lhes é disponível. As formas que estão à disposição dos usuários da língua são variáveis entre as línguas, mas essa variação não é ilimitada. Pelo contrário, os limites são estabelecidos pelo leque de propósitos comunicativos presentes em todos os usuários da língua e pelas restrições cognitivas a que estão sujeitos.

Essa é a principal motivação por trás da íntima relação entre a GDF e a tipologia linguística. A GDF é uma teoria capaz de fornecer um quadro para a enunciação e a comparação dos universais da linguagem (tanto absolutos como estatísticos) e de oferecer um modelo coerente para o tipo de descrição linguística que supre as investigações tipológicas. Com suas estruturas em camadas de formulação e de codificação, que definem um espaço no qual a atividade linguística é compelida a operar, a GDF permite comparações mais confiáveis entre sistemas linguísticos. A GDF pode, por exemplo, facilmente acomodar o pressuposto funcionalista de que, *ceteris paribus*, a ordem relativa dos elementos morfossintáticos vai refletir iconicamente as relações de escopo existentes entre noções pragmáticas e semânticas subjacentes.

A GDF oferece um quadro estruturado dentro do qual as hipóteses linguísticas podem ser enunciadas e testadas. Ao mesmo tempo, ela fornece um quadro para a descrição de fenômenos linguísticos e, dessa forma, pode estar envolvida em todo o ciclo de pesquisa: da observação à predição, ao teste das predições por meio de novas observações, de volta a novas predições e assim por diante. A GDF não pode, por si só, fornecer explicações, sob a forma de regras de causa e efeito. No entanto, como mostramos na seção "Esboço do modelo", ela está ligada a um componente conceitual, um componente contextual e um componente de saída, os quais englobam todos os aspectos linguisticamente relevantes de cognição, memória e articulação. É por meio dessas ligações que a extensão da variação linguística e suas limitações podem ser entendidas como reflexo das capacidades humanas gerais, mentais e físicas.

Quatro níveis de organização linguística

Níveis e camadas

Cada um dos níveis de representação distinguidos dentro do componente gramatical, na figura 2, está estruturado de uma maneira particular. O que todos os níveis têm em comum é o fato de terem uma organização hierarquicamente ordenada em camadas. Na sua forma máxima, a estrutura geral das camadas dentro dos níveis é a seguinte:

(2) $(\pi\ v_1\text{: [núcleo } (v_1)_\Phi]\text{: } [\sigma\ (v_1)_\Phi])$

Aqui, v_1 representa a variável da camada relevante, que é restringida por um núcleo (possivelmente complexo) que toma a variável como seu argumento, e pode ser ainda mais restringida por um modificador σ que toma a variável como seu argumento. A camada pode ser especificada por um operador π e conter uma função Φ. Núcleos e modificadores representam estratégias lexicais, enquanto operadores e funções representam estratégias gramaticais. A diferença entre operadores e funções reside no fato de que estas são relacionais, atuando entre uma unidade inteira e outras unidades da mesma camada, enquanto aqueles não, aplicando-se apenas à própria unidade.

Nem todas as relações entre as unidades são hierárquicas. Nos casos em que as unidades formam juntas uma configuração não hierárquica (equipolente), elas são colocadas entre colchetes, como exemplificado em (2), em que a relação entre um núcleo e seu argumento e um modificador e seu argumento é indicada pelos colchetes.

Os níveis diferem com relação à natureza das distinções que são relevantes para cada um deles. Uma vez que os níveis são de natureza puramente linguística, apenas as distinções que realmente se refletem na gramática da língua em questão são fornecidas. Vamos rever cada um dos quatro níveis, apresentando-os de acordo com a ordem descendente de organização do modelo.

O nível interpessoal

O nível interpessoal capta todas as distinções de formulação que dizem respeito à interação entre o falante e o ouvinte. Essas distinções abrangem, nas camadas superiores, noções retóricas de toda a estruturação do discurso, na medida em que elas sejam refletidas na forma linguística, e, nas camadas inferiores, distinções pragmáticas que refletem como os falantes moldam suas mensagens levando em conta as expectativas que eles têm com relação aos conhecimentos e sentimentos do ouvinte, novamente apenas na medida em que essas distinções sejam gramaticalmente relevantes. A estrutura hierárquica surge a partir da aplicação de um conjunto adequado de moldes selecionados entre os disponíveis para o falante. As relações hierárquicas que se aplicam ao nível interpessoal são mostradas a seguir:

(3)		
	$(\pi\ M_1:\ [$	Movimento[2]
	$(\pi\ A_1:\ \ [$	Ato discursivo
	$(\pi\ F_1:\ ILL\ (F_1):\ \Sigma\ (F_1))$	Ilocução
	$(\pi\ P_1:\ ...\ (P_1):\ \Sigma\ (P_1))_S$	Falante
	$(\pi\ P_2:\ ...\ (P_2):\ \Sigma\ (P_2))_A$	Ouvinte
	$(\pi\ C_1:\ \ [$	Conteúdo comunicado
	$(\pi\ T_1:\ [...]\ (T_1):\ \Sigma\ (T_1))_\Phi$	Subato de atribuição
	$(\pi\ R_1:\ [...]\ (R_1):\ \Sigma\ (R_1))_\Phi$	Subato de referência
	$]\ (C_1):\ \Sigma\ (C_1))_\Phi$	Conteúdo comunicado
	$]\ (A_1):\ \Sigma\ (A_1))_\Phi$	Ato discursivo
	$]\ (M_1):\ \Sigma\ (M_1))$	Movimento

Vamos agora dizer alguma coisa sobre cada uma das camadas.

O movimento (M_1) é a maior unidade de interação relevante para a análise gramatical. Pode ser definido como uma contribuição autônoma para a interação em desenvolvimento: ele pode requerer uma reação ou ser, ele próprio, uma reação. A complexidade de um movimento pode variar enormemente, do silêncio até um longo trecho de discurso. Onde um material linguístico estiver presente, o movimento sempre terá a forma de um ou mais atos discursivos. Sua estrutura geral é, portanto, a seguinte:

(4) $(\pi\ M_1:\ [(A_1)\ ...\ (A_{1+N})]\ (M_1):\ \Sigma\ (M_1))$, onde $N \geq 0$

A relação entre os atos discursivos pode ser de equipolência ou de dependência. Relações de dependência proeminentes, indicadas como uma função retórica no ato discursivo dependente, são a Motivação, a Concessão, a Orientação e a Correção. No movimento seguinte

(5) Tome cuidado, pois haverá perguntas capciosas no exame.

o segundo ato discursivo (entonacionalmente distinto) com uma ilocução declarativa serve para indicar a motivação que levou o falante a proferir uma ilocução imperativa no primeiro ato discursivo.

A representação de um ato discursivo mostrará apenas os componentes que realmente tenham sido utilizados pelo falante, minimamente a ilocução (F_1) e o próprio falante (P_1). Três tipos de atos discursivos são identificados:

(6) Expressivos, que dão expressão direta aos sentimentos do falante
ex. *Droga!* $(A_I: [(F_I: \text{/drɔga/}_{Int} (F_I)) (P_I)_S] (A_I))$
Interativos, que consistem de material lexical invariável frequentemente ritualizado
ex. *Parabéns!* $(A_I: [(F_I: \text{/parabɛns/}_{Int} (F_I)) (P_I)_S (P_J)_A] (A_I))$
Ilocutivos, que envolvem um conteúdo comunicado e uma ilocução lexical ou abstrata (F_1)
ex. *Prometo que estarei lá amanhã.* $(A_I: [(F_I: \text{/promet–/}_V (F_I)) (P_I)_S (P_J)_A (C_I)] (A_I))$
Estarei lá amanhã $(A_I: [(F_I: \text{DECL} (F_I)) (P_I)_S (P_J)_A (C_I)] (A_I))$

Atos discursivos podem ser modificados lexicalmente, por exemplo, por uma expressão que indique o estilo do ato (*brevemente*). Eles também podem estar sujeitos a operadores, tais como os de ironia, ênfase e de atenuação.

O núcleo da ilocução pode ser lexical ou abstrato, como já ilustrado em (6). Isso também se aplica a ilocuções vocativas, por exemplo, permitindo uma análise da saudação *Caro John* como:

(7) $(A_I: [(F_I: \text{/karo/} (F_I)) (P_I)_S (P_J: \text{/dʒɒn/} (P_J))_A] (A_I))$

Modificadores de ilocução típicos são advérbios ilocucionários do tipo de *honestamente*, como em:[3]

(8) *Honestamente,* eu não gosto de você.
(9) $(M_I: [(A_I: [(F_I: \text{DECL} (F_I): \text{–honestamente–} (F_I)) (P_I)_S (P_J)_A (C_I: \text{–eu não gosto de você–} (C_i))] (A_I))] (M_I))$

Os dois participantes em uma interação, (P_1) e (P_2), alternam-se como falante e ouvinte; esses papéis são, portanto, indicados como funções. O núcleo pode ser abstrato (e deixado não expresso) ou pode ser lexical, como em (10) e (11):

(10) *A empresa* compromete-se a substituir qualquer lata de Doggo-Meat que não agrade, sem questionamentos. (Levinson, 1983: 260)

(11) Japonês (Hinds, 1986: 257)

Iroiro-to	*suwan*	*san*	ni	shitsumon	shimasu.
vária-DAT	Swan	Sra	REC	pergunta	fazer

"Eu gostaria de lhe fazer várias perguntas, Sra. Swan"

O conteúdo comunicado (C1) contém a totalidade do que o falante deseja evocar na sua comunicação com o ouvinte. Os conteúdos comunicados têm operadores e modificadores distintos. Um operador que tem recebido atenção na GDF é o reportativo, que deve ser distinguido dos operadores evidenciais do nível representacional. Cada (C1) contém um ou mais subatos, assim chamados porque são hierarquicamente subordinados aos atos discursivos. Subatos têm funções pragmáticas, e os moldes para conteúdo comunicado ("moldes de conteúdo") são apresentados como configurações dessas funções pragmáticas, por exemplo, como tética, categorial etc.

A GDF reconhece três funções pragmáticas, que são atribuídas apenas quando relevantes (ou seja, onde elas têm um impacto sobre a forma linguística). A função de Foco sinaliza a seleção estratégica de novas informações que o falante faz, seja para preencher uma lacuna na informação do ouvinte, seja para corrigir essa informação. O segmento de (C_1) ao qual não se atribuiu a função de Foco constitui o fundo. A função de Tópico é atribuída a um subato que tem uma função especial dentro do ato discursivo, a de sinalizar como o conteúdo comunicado se relaciona com o registro gradualmente construído no componente contextual. O segmento ao qual não se atribuiu a função de Tópico constitui o comentário. Geralmente, Foco e/ou Tópico são codificados nas línguas; a expressão formal do fundo e do comentário é rara. As línguas podem não ter a função de Tópico, ou permitir múltiplos Tópicos e/ou Focos. Uma terceira função pragmática é a de Contraste (em oposição à sobreposição), que sinaliza o desejo do falante de evidenciar as diferenças entre dois ou mais conteúdos comunicados ou entre um conteúdo comunicado e uma informação disponível no contexto. As três funções podem, em princípio, ser combinadas entre si, e de fato encontramos combinações de Foco e Contraste em construções clivadas em inglês, Tópico e contraste em SNS marcados por *-nɯn* em coreano (Lee, 1999) e Foco e Tópico em construções apresentacionais em francês, tais como (12):

(12)

Il	est	arrivé	trois	trains.
3.SG.NEUT	AUX.PRS.3.SG	chegar.PTCP.SG.M	três	trens

"Chegaram três trens"

Existem dois tipos de subato: um subato atributivo (T_1) é uma tentativa do falante de evocar uma propriedade, enquanto um subato referencial (R_1) é uma tentativa do falante de evocar um referente. Em certas línguas como, por exemplo, samoano (Mosel e Hovdhaugen, 1992) e tagalo (Himmelmann, 2008), o estatuto (T) ou (R) dos subatos é marcado explicitamente. O núcleo de um (T_1) é, em princípio, vazio (a propriedade sendo indicada no nível representacional), mas ele pode ser modificado por itens como *alegadamente, felizmente, realmente,* e/ ou pode estar sujeito a um operador aproximativo, expresso em português por *tipo, assim* ou *aí*. O núcleo de um (R_1) é tipicamente um subato atributivo (como em *o chapéu*), mas pode ser um nome próprio (*Maria*) ou um núcleo abstrato (realizado como um pronome ou um afixo). Entre os modificadores de subatos referenciais estão formas tais como *pobre* em *pobre de mim;* os operadores principais são aqueles usados para especificidade (± s) e identificabilidade (± id). Um caso especial é a combinação {+ id, -s}, que pode estar associada com a noção de *ignorative* (Evans, 2003), em que o referente é considerado identificável para o ouvinte, mas não para o falante.

O nível representacional

O nível representational trata dos aspectos semânticos de uma unidade linguística. Enquanto o nível interpessoal cuida da evocação, o nível representacional é responsável pela designação. O uso do termo "semântica" é, portanto, restrito aos meios pelos quais uma língua se relaciona com os mundos possíveis que ela descreve. As camadas relevantes no nível representacional são definidas em termos das categorias semânticas que elas designam. Categorias semânticas são manifestações de categorias ontológicas linguisticamente relevantes específicas de cada língua. Elas são organizadas hierarquicamente, como indicado em (13):

(13) $(\pi\ p_1:$	Conteúdo Proposicional
$(\pi\ ep_1:$	Episódio
$(\pi\ e_1:$	Estado de Coisas
$[(\pi\ f_1:\ [$	Propriedade Configuracional
$(\pi\ f_1:\ \blacklozenge\ (f_1):\ [\sigma\ (f_1)_\Phi])$	Propriedade Lexical
$(\pi\ x_1:\ \blacklozenge\ (x_1):\ [\sigma\ (x_1)_\Phi])_\Phi$	Indivíduo
	...
$]\ (f_1):\ [\sigma\ (f_1)_\Phi])$	Propriedade Configuracional
$(e_1)_\Phi]:\ [\sigma\ (e_1)_\Phi])$	Estado de Coisas
$(ep_1):\ [\sigma\ (ep_1)_\Phi])$	Episódio
$(p_1):\ [\sigma\ (p_1)_\Phi])$	Conteúdo Proposicional

Conteúdos proposicionais (p), as mais altas unidades do nível representacional, são construtos mentais, tais como conhecimentos, crenças e desejos. Conteúdos proposicionais podem ser factuais, quando correspondem a conhecimentos ou crenças sobre o mundo real, ou não factuais, quando correspondem a desejos ou expectativas em relação a um mundo imaginário. Dada a sua natureza, conteúdos proposicionais são caracterizados pelo fato de poderem ser qualificados em termos de atitudes proposicionais (certeza, dúvida, descrença) e/ou em termos de sua fonte ou origem (conhecimento comum partilhado, evidências sensoriais, inferência). Conteúdos proposicionais (p) não são idênticos aos conteúdos comunicados (C), que foram discutidos na seção anterior. Conteúdos comunicados constituem o conteúdo da mensagem de atos discursivos e não são necessariamente de natureza proposicional. Assim, embora o conteúdo comunicado de um ato possa corresponder a um conteúdo proposicional, eles não são idênticos. A principal diferença entre conteúdo comunicado e conteúdo proposicional reside no fato de o primeiro ser sempre atribuído ao falante, enquanto o segundo não, pelo menos não necessariamente. Isso significa que conteúdos proposicionais podem ser atribuídos, sem nenhum problema, a outras pessoas que não sejam o falante:

(14) Jenny acreditava que/esperava que/foi para casa porque *talvez sua mãe fosse visitá-la.*

Em todos estes exemplos, o conteúdo proposicional encaixado é atribuído ao indivíduo *Jenny* introduzido na oração principal. A natureza proposicional da parte em itálico em (14) mostra-se no fato de que ela pode conter elementos que expressam uma atitude proposicional, como *talvez.*

Conteúdos proposicionais contêm episódios (ep), que são conjuntos de estados de coisas tematicamente coerentes, no sentido de que mostram unidade ou continuidade de tempo (t), localização (l) e indivíduos (x). Em várias línguas, a categoria semântica de episódio é muito claramente presente no sistema gramatical, por exemplo, naqueles que apresentam ligação *Tail-Head*. Mas também precisamos dessa categoria em frases da língua portuguesa como a seguinte, adaptada de Givón (1995, ver também Wanders, em preparação):

(15) Ao sair, parando para verificar a caixa de correio, dando uma olhada para a calçada e parando para ajustar o seu chapéu, ele caminhou até seu carro.

Nesse trecho, uma série concatenada de formas verbais narrativas não finitas e a forma verbal finita final descrevem, juntas, um episódio dentro de uma narrativa maior. O exemplo mostra, ao mesmo tempo, um aspecto importante dos episódios: eles são localizados em tempo absoluto, enquanto os estados de coisas são localizados em tempo relativo. Assim, enquanto todas as orações em (15) representam estados de coisas, a localização absoluta no tempo ocorre apenas uma vez para a série como um todo.

Estados de coisas (e) incluem eventos e estados e são caracterizados pelo fato de poderem ser localizados no tempo e poderem ser avaliados em termos de seu estatuto de realidade. Pode-se dizer, então, que estados de coisas "(não) ocorrem", "(não) acontecem" ou "(não) são o caso" em algum ponto ou intervalo de tempo. O exemplo a seguir mostra, mais uma vez, que o tempo absoluto, uma característica dos episódios, pode se combinar muito bem com o tempo relativo, uma característica dos estados de coisas.

(16) Ontem Sheila saiu antes de jantar.

A indicação de tempo absoluto fornecida pelo advérbio *ontem* vale para os dois estados de coisas contidos em (16), na medida em que fazem parte do mesmo episódio. A locução conjuntiva *antes de* especifica a relação temporal relativa entre os dois estados de coisas.

Algumas línguas marcam regularmente essa distinção em seus sistemas gramaticais. O exemplo a seguir é do suaíli (Ashton, 1944: 133). Nesse caso, a primeira forma verbal fornece a marcação temporal absoluta, enquanto as formas verbais posteriores indicam a sequência cronológica relativa dentro da narrativa:

(17) Ni-li-kwenda soko-ni, ni-ka-nunua ndizi sita,
1.SG-PST-ir mercado-LOC 1.SG-SUBS-comprar banana seis,
ni-ka-la tatu, ni-ka-mpa mwenz-angu tatu.
1.SG-SUBS-comer três 1.SG-SUBS-dar companheiro-1.SG.POSS três
"Eu fui ao mercado e comprei seis bananas; comi três e dei três a meu companheiro."

Após indicar que o primeiro estado de coisas da série ocorreu no passado, utilizando o prefixo *li-*, os estados de coisas restantes dentro do episódio podem ser marcados, por meio do prefixo *ka-*, como tendo ocorrido na sequência do último estado de coisas mencionado.

O estado de coisas é caracterizado por uma propriedade configuracional (f), que é de natureza composicional e contém uma combinação de unidades semânticas que não estabelecem uma relação hierárquica entre si. Propriedades configuracionais constituem o inventário dos moldes de predicação relevantes para uma língua. As línguas podem diferir bastante na natureza e no número de moldes de predicação que são permitidos com relação à sua valência quantitativa e qualitativa. Quanto à valência quantitativa, pode haver, por exemplo, restrições à valência máxima que uma língua permite, em combinação com um único predicado. Em muitas línguas seriais, a valência máxima de um verbo é dois, e a serialização é necessária para expandir a valência indiretamente, como no exemplo a seguir, do mandarim (Li e Thompson, 1981: 366):

(18) Wŏ gĕi nĭ dào chá.
Eu dar você despejar chá
"Eu servirei chá a você."
"Eu despejar chá dar você."

Qualitativamente, as línguas podem, por exemplo, diferir no que diz respeito à divisão do trabalho entre as funções semânticas. Assim, em tariana, nenhuma distinção é feita entre a codificação formal de ablativo, essivo e alativo (Aikhenvald, 2003: 148):

(19) Na-pidana uni-*se*.
3.PL.ir-REM.PST.REP água-LOC
"Eles foram para a água."

(20) Nawiki pa:-putʃita-*se* nehpani-pidana.
pessoas um-CL:CLAREIRA -LOC 3.PL.trabalhar-REM.PST.REP
"As pessoas estavam trabalhando em uma clareira."

(21)	Hĩ	wyaka-*se*	ka-nu-kaɾu	dhuma-naka	waku-nuku.
	DEM.ANIM	longe-LOC	REL-vir-PST.REL.F	3.SG.F.ouvir-PRS.VIS	1PL.fala-TOP

"Ela que veio de longe entende a nossa fala."

Propriedades configuracionais são construídas usando categorias semânticas que estabelecem uma relação não hierárquica entre si. Essas categorias semânticas podem ser de vários tipos e incluem indivíduos (x), ou seja, objetos concretos que podem ser localizados no espaço, e propriedades lexicais (f), que não têm existência independente e só podem ser avaliadas em termos de sua aplicabilidade a outros tipos de entidade. Outras categorias semânticas podem ser relevantes para a gramática de uma língua e entrar na constituição de uma propriedade configuracional, tais como *localização* (l), *tempo* (t), *modo* (m), *razão* (r) e *quantidade* (q). Em todos os casos, somente aquelas categorias semânticas que desencadeiam processos formais na gramática de uma determinada língua são postuladas para essa língua. A título de exemplo, considerem as estratégias de nominalização no inglês apresentadas na tabela 1.

Tabela 1 – Expressões nominais derivadas de categorias semânticas básicas

TIPO DE ENTIDADE	EXEMPLOS
p	*hope-Ø, wish-Ø, belief-Ø*
e	*explora-tion, deci-sion, deple-tion*
f	mean-ness, kind-ness, false-ness
x	*writ-er, employ-er, sing-er*
l	*bak-ery, brew-ery, eat-ery*

A língua inglesa tem processos de nominalização distintos que criam substantivos que designam conteúdos proposicionais, estados de coisas, propriedades, indivíduos e localizações. A postulação de tais categorias semânticas dentro da gramática do inglês é, portanto, justificada em termos formais.

O nível morfossintático

O nível morfossintático trata dos aspectos estruturais de uma unidade linguística. Juntamente com o nível fonológico, ele cuida da codificação das distinções interpessoais e representacionais. Diante dessa função, muito do que acontece no nível morfológico é funcionalmente motivado: princípios ordenadores são motivados por iconicidade, integridade de domínio e preservação das relações de escopo. Ao mesmo tempo, a morfossintaxe tem seus próprios princípios de organização, como, por exemplo, na imposição arbitrária de um padrão de ordem de constituinte básica que não possa, em si mesmo, ser considerado funcionalmente motivado. A GDF não faz uma distinção entre um nível sintático e um nível morfológico de análise, uma vez que os princípios utilizados na formação de palavras são os mesmos utilizados na formação de frases e orações.

As camadas relevantes do nível morfossintático estão listadas em (22):

(22)	
$(Le_1:$	Expressão Linguística
$(Cl_1:$	Oração
$(Xp_1:$	Sintagma
$(Xw_1:$	Palavra
(Xs_1)	Raiz
(Aff_1)	Afixo
$(Xw_1))$	Palavra
$(Xp_1))$	Sintagma
$(Cl_1))$	Oração
$(Le_1))$	Expressão Linguística

Uma expressão linguística é qualquer conjunto de pelo menos uma unidade morfossintática; onde houver mais de uma unidade dentro de uma expressão linguística, elas comprovadamente partilharão as mesmas propriedades morfossintáticas. As unidades que se combinam em uma expressão linguística podem ser orações, sintagmas ou palavras. O exemplo a seguir, em alemão, ilustra uma combinação de sintagmas:

(23) Je	kürzer	desto	besser.
CORR	curto.COMPV	CORR	bom.COMPV

"Quanto mais curto melhor."

Aqui temos dois sintagmas adjetivais mutuamente dependentes ligados pelo par correlativo *je... desto*, ilustrando assim uma expressão linguística que não contém uma oração:

(24) $(Le_i$: $[(Ap_i$: $[(Gw_i$: je $(Gw_i))$ $(Aw_i$: kurz-Compv $(Aw_i))]$ $(Ap_i))$ $(Ap_j$: $[(Gw_j$: desto $(Gw_j))$ $(Aw_j$: gut-Compv $(Aw_j))]$ $(Ap_j))]$ (Le_i)

Ao introduzir as expressões linguísticas como a mais alta categoria na sua morfossintaxe, a GDF cria a possibilidade de lidar diretamente com holófrases e expressões não sentenciais.

Uma oração simples é um agrupamento de um ou mais sintagmas e, possivelmente, palavras (gramaticais), e é caracterizada, em maior ou menor grau, por um padrão para a ordenação desses sintagmas e, também, em maior ou menor grau, por expressões morfológicas de conexão (em especial, regência e concordância). Além disso, a oração pode operar como um domínio para vários processos morfossintáticos. Enquanto, para cada língua analisada, a identificação das orações será dependente de critérios específicos da língua, acreditamos que é justificável postular a oração como uma categoria universal da estrutura morfossintática.

Um sintagma (Xp) tem como núcleo um item lexical que é transmitido a partir do nível interpessoal ou do nível representacional. Não há uma correspondência biunívoca necessária entre as classes de lexemas reconhecidas em uma língua e os tipos de sintagmas e classes de palavras correspondentes reconhecidas dentro dessa mesma língua. Uma língua com uma classe de lexemas altamente flexível pode ter uma variedade de tipos de sintagmas. Considere o seguinte exemplo do mundari (Evans e Osada, 2005: 354-55):

(25) Buru=ko bai-ke-d-a.
montanha=3PL fazer-COMPL-TR-PRED
"Eles fizeram a montanha."

(26) Saan=ko buru-ke-d-a.
lenha=3PL montanha-COMPL-TR-PRED
"Eles amontoaram a lenha."

O lexema *buru* pode ser usado como o núcleo dentro de um subato referencial (25) e como o núcleo dentro de um subato atributivo (26) e pode assim ser caracterizado como um lexema flexível. No entanto, a morfossintaxe do mundari faz uma clara distinção entre o sintagma que exprime o subato atributivo e o que expressa o subato referencial, tradicionalmente chamados de "sintagma verbal" e "sintagma nominal":

(27) $(Np_i$: $(Nw_i$: $buru_{Cont}$ $(Nw_i))$ $(Np_i))$
(28) $(Vp_i$: $(Vw_i$: $buru_{Cont}$ $(Vw_i))$ $(Vp_i))$

Os padrões de palavras nominal e verbal serão, então, diferentes no que diz respeito às suas possibilidades de sufixação.

A palavra propriamente dita (Xw), especialmente em línguas polissintéticas, pode ser altamente complexa. Além do fato de poder ser composta de raízes (Xs) e afixos (Aff), em algumas línguas a palavra pode, exatamente como qualquer outra camada de análise morfossintática, encaixar camadas superiores, como sintagmas e orações, obedecendo à recursividade completa. Considere o seguinte exemplo do chukchi (Skorik, 1961: 103, discutido em Mattissen, 2006: 290):

(29) Tə-[tor-taŋ-pəlwəntə-pojgə]-pela-rkən.
1.SG.ABS-novo-bom-metal-lança-deixar-PRES.1.SG>3.SG
"Estou deixando uma boa e nova lança de metal."

Nesse exemplo, um sintagma nominal, incluindo seus modificadores, é incorporado como um todo dentro de uma palavra verbal e é correferenciado na própria palavra verbal. Juntos, esses fatos apontam para o estatuto sintagmático do nome incorporado e de seus modificadores, como representado em (30):

(30) (Vw$_i$: [(Aff$_i$: tə (Aff$_i$)) (Np$_i$: –tortaŋpəlwəntəpojgə– (Np$_i$)) (Vs$_i$: pela (Vs$_i$)) (Aff$_j$: PRES (Aff$_j$))] (Vw$_i$))

Cada camada internamente complexa de análise morfossintática é construída em uma série de etapas. A ordem linear dos elementos é considerada a partir de duas perspectivas diferentes. Conforme discutimos anteriormente, os níveis interpessoal e representacional são parcialmente organizados de modo hierárquico e parcialmente de modo configuracional. A ordenação linear começa com os elementos hierarquicamente superiores e se desenvolve até os mais baixos, de acordo com a organização descendente do modelo como um todo. Essa etapa inicial implementa o fato de que as relações de escopo hierárquicas são refletidas na ordem linear. Unidades interpessoais e representacionais que estão em uma relação configuracional não podem ser ordenadas dessa maneira. A fim de determinar como essas unidades devem ser colocadas umas em relação às outras, o sistema de alinhamento da língua entra, agora, em jogo. O alinhamento pode ser baseado em um gatilho interpessoal, representacional ou morfossintático, ou em uma combinação deles. Toda ordenação linear é feita de forma dinâmica, valendo-se de uma série de posições absolutas (Inicial, Segunda, Medial e Final). Uma vez que essas posições tenham sido preenchidas, as demais posições relacionadas a elas tornam-se disponíveis.

Posições obrigatórias em padrões de qualquer camada para a qual nenhum material tenha sido disponibilizado pelos níveis interpessoal e representacional são preenchidas por elementos vazios [*dummies*] sintáticos ou morfológicos, em um processo chamado de coerção. Assim, em muitas línguas, a inserção de um componente não verbal na posição de predicado vai desencadear a inserção de uma cópula. Em outras, a inserção de um lexema basicamente transitivo em uma estrutura de predicação intransitiva vai desencadear um afixo de detransitivização.

Uma vez que todas as posições em um padrão tenham sido preenchidas, uma série de operações de cópia podem ser necessárias para dar conta da expressão de concordância, da sequência temporal e dos processos semelhantes.

O nível fonológico

O nível fonológico é responsável por todos os aspectos da codificação não abrangidos pelo nível morfossintático. Ele recebe o *input* – parte dele já na forma fonêmica – de todos os três outros níveis e fornece o *input* para o componente de saída. Enquanto o componente de saída trata de questões "análogas", como frequência dos formantes, intensidade, duração e características espectrais, o nível fonológico – estando dentro da gramática – é "digital", contendo representações em fonemas que são, em última análise, baseadas em oposições binárias fonológicas. Em outras palavras, o nível fonológico não mostra a "melodia" da frase entonacional, mas fornece um número de indicações em cada camada que o componente de saída converte em um resultado que flui suavemente.

Os primitivos com os quais o nível fonológico opera incluem: (i) os padrões prosódicos que se aplicam em cada camada de análise, (ii) um inventário das sequências segmentais (o léxico gramatical) que expressam configurações específicas de morfemas ou marcadores de posição [*placeholders*] introduzidos em outros níveis; e (iii) um conjunto de operadores terciários que terão seu efeito final no componente de saída.

Assim como os outros níveis, as representações fonológicas são de natureza hierárquica (como na tradição da Fonologia Prosódica iniciada por Nespor e Vogel, 1986). Aqui, também, a GDF faz a suposição de que nem todas as camadas estão ativas em cada enunciado ou de fato são relevantes para o sistema de cada língua. E, como no nível morfossintático, a GDF não exclui a possibilidade de recursividade em certas camadas. A estratificação máxima do nível fonológico é a seguinte:

(31) (π U_1: [	Enunciado
(π IP_1: [	Frase Entonacional
(π PP_1: [	Frase Fonológica
(π PW_1: [	Palavra Fonológica
(π F_1: [	Pé
(π S_1)^{N}	Sílaba
] (F_1))	Pé
] (PW_1))	Palavra Fonológica
] (PP_1))	Frase Fonológica
] (IP_1)	Frase Entonacional
] (U_1))	Enunciado

Vamos agora dizer alguma coisa sobre cada uma dessas camadas.

O enunciado (U_1) é o maior trecho de discurso abrangido pelo nível fonológico. Um falante tenderá a usar pausas mais substanciais para separar enunciados de frases entonacionais; essas pausas mais longas nunca serão interpretadas pelo ouvinte como hesitações (Hayes, 1989: 219). Um enunciado pode, além disso, mostrar distinções de altura, chamadas paratons, que contribuem para marcá-lo como um grupo autônomo de frase entonacional (Brown e Yule, 1983: 101). A GDF representa essas distinções como operadores da variável (U). O componente de saída pode reagir a uma fronteira de enunciado introduzindo tais fenômenos como "abaixamento da F0 final, alongamento segmental, voz crepitante, redução da amplitude, pausas longas, contornos de "finalidade" estilizados etc." (Venditti, 2005: 191).[4]

A frase entonacional é caracterizada por um núcleo, ou seja, um movimento tonal localizado em uma ou mais sílabas que é essencial para a interpretação da frase entonacional como um todo. A GDF representa esse movimento tonal global como um operador – (f), de queda [*falling*], ou (r), de subida [*raising*] – sobre a variável IP, cf. (32b) a seguir. Uma frase entonacional é normalmente separada de outra por uma pausa (menor do que aquela entre os enunciados); no componente de saída, pode haver mais indicações rítmicas ou de duração. A integração gradual de atos discursivos dentro de um movimento pode ser refletida na perda das fronteiras do (IP) dentro do enunciado. Em (32), a fusão de um ato discursivo de orientação e um ato discursivo nuclear, como em (32b), induz a uma análise com uma única frase entoacional, como em (32c) (exemplo do francês inspirado em Di Cristo, 1998: 211):

(32) a. Mon voisin il est toujours malade.
1SG.POSS vizinho 3SG.M estar.PRS.3SG sempre doente
"Meu vizinho, ele está sempre doente; ou Meu vizinho está sempre doente."
b. ((U$_i$: [(rIP$_i$: /mɔ̃vwazɛ̃/ (IP$_i$)) (fIP$_j$: /ilɛtuʒuʀmalad/ (IP$_j$)] (U$_i$))
c. ((U$_i$: (fIP$_i$: /mɔ̃vwazɛ̃ilɛtuʒuʀmalad/ (IP$_i$)) (U$_i$))

A frase fonológica em línguas acentuais contém uma sílaba que é mais fortemente acentuada do que as outras; essa sílaba nuclear geralmente também é o local principal para a queda ou subida global dentro da frase entonacional. Em línguas tonais, em que o movimento tonal é utilizado para distinções lexicais, as frases fonológicas têm uma *raison d'être* diferente, a saber, o domínio de sândi tonal. No inglês, língua acentual, tanto as ilocuções DECL como as IMP são caracterizadas por um tom descendente global na camada da frase entonacional (fIP$_1$). No entanto, a queda na sílaba nuclear tende a ser muito mais acentuada com a ilocução IMP; isso é indicado por meio da atribuição de um operador terciário de queda adicional (PP$_1$) contendo a sílaba nuclear. O componente de saída interpreta tal indicação dupla de queda como implicando um movimento tonal descendente maior. A altura tonal (em oposição ao movimento) dentro da frase fonológica – (h) alta, (m) média ou (l) baixa – é, em muitas línguas, associada à expressão de funções pragmáticas; ver 5.2.4 para um exemplo.

A palavra fonológica (PW$_1$), para as línguas em que tal categoria precisa ser reconhecida, é uma parte da estrutura fonológica que exibe pelo menos uma característica criteriosa, que pode estar relacionada ao número de segmentos, aos recursos prosódicos ou ao domínio das regras fonológicas. A sua complexa relação com a palavra morfossintática será tratada na seção "Relação entre os níveis morfossintático e fonológico". Uma das principais funções do nível fonológico é converter todos os marcadores de posição de outros níveis na forma fonológica e integrá-los em uma palavra fonológica. Para isso, o nível fonológico tem um estoque de primitivos à sua disposição que fornecem material fonêmico com que substituir os espaços reservados no *input*. Esse estoque de primitivos constitui o léxico gramatical da língua em análise. Um exemplo são os comparativos em inglês, cuja forma depende das características fonológicas do adjetivo (número de sílabas e colocação do acento): o item lexical *more*, portanto, aparece como um marcador de posição nos níveis representacional e morfossintático, sendo a escolha final entre a palavra fonológica /mɔː/ e a sílaba /-ə/ determinada no nível fonológico.

As palavras fonológicas são divididas em sílabas que, em línguas acentuais (i.e., aqueles com sílabas acentuadas e não acentuadas), agrupam-se em pés. O acento é indicado pelo operador 's' na variável sílaba. Tom não acentual (*e.g.*, em tailandês), acento tonal (*e.g.*, em sueco) e tom acentual (*e.g.*, em japonês) também envolvem operadores – e.g., a posição π - em ($\pi\ s_1$).

Interação entre os componentes e os níveis

Relações entre componentes

Introdução

Como ficou claro na seção "Esboço do modelo", o componente gramatical descrito na seção "Quatro níveis de organização linguística" é parte de uma teoria mais ampla da interação verbal. A arquitetura proposta para essa teoria na GDF é fortemente inspirada pela extensa pesquisa sobre os processos de produção da fala detalhada em Levelt (1989). Seu modelo distingue três módulos fundamentais: o conceitualizador, o formulador e articulador. *Grosso modo*, esses módulos correspondem aos nossos componentes conceitual, gramatical e de saída, respectivamente; a esses componentes, a GDF adicionou o componente contextual. Vamos discutir a interação entre esses componentes individualmente.

Interação entre os componentes conceitual e gramatical

O componente conceitual é a força motriz por trás do funcionamento do componente gramatical. É aqui que está representado o material ideacional e interativo que motiva os atos discursivos e os movimentos em que eles ocorrem. O componente conceitual não inclui todos os aspectos da cognição, mas apenas aqueles que refletem a intenção comunicativa imediata. Por exemplo, um falante pode conceber o desejo de dar más notícias ao ouvinte e, ao mesmo tempo, mostrar simpatia. Em inglês, o componente conceitual pode desencadear a operação de formulação para estruturar essa intenção como um movimento com dois atos discursivos, um com uma ilocução declarativa e outro contendo uma fórmula interativa adequada no nível interpessoal:

(33) (M_I: [(A_I: [(F_I: DECL (F_I)) $(P_I)_S$ $(P_J)_A$ (C_I: [(T_I) (R_I)] (C_I))] (A_I)),
(A_J: [(F_J: /aɪmə'freɪd/(F_J)) $(P_I)_S$ $(P_J)_A$] (A_J))
] (M_I))
"John's ill, I'm afraid."
'John está doente, eu temo."

Em (33), os elementos ideacional e afetivo-interacional distintos (cf. Butler, 2008) são refletidos em atos discursivos separados. Uma alternativa para o componente conceitual seria desencadear um único movimento, como em *I'm afraid John's ill*, um movimento com apenas um ato discursivo que é, simultaneamente, uma declarativa e uma expressão de simpatia. Aqui *I'm afraid* aparece como um modificador do ato discursivo:

(34) IL: $(M_I$: $[(A_I$: $[(F_I$: DECL $(F_I))$ $(P_I)_S$ $(P_J)_A$ $(C_I$: $[(T_I)$ $(R_I)]$ $(C_I))]$ (A_I): $(F_J$: /aɪmə ˈfreɪd$(F_J))$ $(A_I))]$ $(M_I))$
"I'm afraid John's ill."
"Eu temo que John esteja doente."

Embora o componente conceitual seja auxiliar em relação ao componente gramatical, ele não tem o mesmo alcance que a noção "*thinking for speaking*" proposta por Slobin (1996). Enquanto essa noção é específica para cada língua e envolve "escolher aquelas características dos objetos e eventos que (i) estabelecem alguma conceitualização do evento, e (ii) são facilmente codificáveis na língua" (Slobin, 1996: 76), o componente conceitual é pré-linguístico. O tipo de exemplo que Slobin dá, como a oposição testemunhado/não testemunhado em turco ou a distinção perfectivo/imperfectivo em espanhol, são, na GDF, escolhas gramaticais determinadas por meio da operação de formulação.

Interação entre os componentes gramatical e contextual

Assim como o componente conceitual é limitado no seu alcance, o componente contextual também não tem como objetivo representar todo o discurso corrente, mas, sim, alojar apenas aqueles aspectos do contexto que influenciam o funcionamento do componente gramatical. Desse modo, ele contém todas as informações da gramática que são relevantes para a forma assumida pelos enunciados posteriores e armazena informações de longo prazo sobre a interação atual que são relevantes para a formulação e codificação na língua que está sendo utilizada. Como exemplo, considere o fato de que, em línguas como o espanhol, o conhecimento do gênero dos participantes do ato de fala e da relação social entre eles é essencial para a interação. Em (35), a escolha da forma *pálida* (em vez de *pálido* "M.SG") e *estás* (em vez de *está* "COP-IND.PRS.2.SG.POL") reflete especificações do componente contextual:

(35) a. ¡Qué pálid-a est-ás!
que pálid-F.SG COP-IND.PRS.2.SG.FAM
'Como você está pálida!'
b. How pale you look!

Para dar conta das propriedades gramaticais do enunciado correspondente necessárias em inglês, como em (35b), nenhuma especificação desse tipo é requerida.

Como exemplos de fenômenos gramaticais que pressupõem a primeira função mencionada do componente contextual, considere os pronomes reflexivos, a anáfora e casos de encadeamento narrativo. Em línguas com pronomes logofóricos, por exemplo, o componente contextual terá de manter um registro do estatuto das entidades (tipicamente humanas) dentro de uma frase encaixada como coincidindo com o sujeito da frase matriz ou não. Da mesma forma, conforme uma língua permita que pronomes reflexivos se apliquem a trechos maiores ou menores do discurso, o componente contextual será ajustado para tornar possíveis antecedentes específicos disponíveis. O componente contextual mantém os registros não só dos resultados da formulação, mas também dos resultados da codificação, uma vez que é possível fazer referência anafórica não só a construções pragmáticas e semânticas, mas também a seções da estrutura morfossintática real de expressões linguísticas e da estrutura fonológica dos enunciados.

Interação entre os componentes gramatical e de saída

A função do componente de saída na fala pode ser vista como a tradução da informação digital (ou seja, de base opositiva) na gramática para uma forma analógica (ou seja, continuamente variável). Uma fronteira de enunciado no nível fonológico irá, consequentemente, produzir uma pausa de milissegundos no componente de saída, ou uma sílaba com um operador de "queda" trará uma diminuição na frequência fundamental do trecho correspondente da saída. O componente de saída é também o local para as configurações de longo prazo, tais como o tempo em que a fala de um indivíduo é realizada: formas *allegro* atribuíveis à fala rápida estão entre os fenômenos tratados aqui.

Como um exemplo do efeito do componente de saída, considere a degeminação (Booij, 1995: 68-69, 151). Em holandês (mas não, por exemplo, em inglês), há a exigência de que duas consoantes idênticas adjacentes (ou encontros consonantais como /st/) sejam reduzidas a uma. Isso pode se aplicar em compostos lexicais, tais como *kunststuk* "objeto de arte" /ˈkœnstœk/; cf. *kunst* "arte" /kœnst/

e *stuk* "pedaço" /stœk/; a entrada lexical já mostra o efeito da degeminação. Essa exigência também pode se aplicar ao resultado de processos morfossintáticos, por exemplo, com a sequência /zɪt/+/t/ "sit + 3.SG.PRES" sendo realizada como /zɪt/ no nível fonológico (*/zɪt:/). No entanto, a possibilidade de adjacência também pode acontecer dentro de frases entonacionais, como, por exemplo, na frase fonológica na análise de (36):

(36)	zit-Ø	te	werk-en
	sentar-3S.PRES	CNJ	trabalhar-INF

"está trabalhando"

(PP_i: (PW_i:([(SS_i: /zɪt/ (S_i)) (S_j: /tə/ (S_j))] (PW_i)) (PW_j:([(SS_k: /ʋɛʁ/ (S_k)) (S_l: /kə/ (S_l))] (PW_i))] (PP_i))

Aqui, é o componente de saída que impõe a degeminação, produzindo um resultado que pode ser transcrito como [zɪtəʋɛʁkə].

Relações entre os níveis do componente gramatical

Introdução

Mesmo um rápido olhar sobre a hierarquia em camadas dos quatro níveis gramaticais já sugere que existe um alto grau de correspondência entre eles, e há, de fato, correlações padrão entre, por exemplo, ato discursivo, estado de coisas, oração e frase entonacional, ou entre subato, propriedade/indivíduo, sintagma e frase fonológica. No entanto, essas correlações estão longe de serem perfeitas e diferem em várias línguas também. Nas subseções seguintes, iremos considerar brevemente as relações entre as várias camadas.

Relação entre os níveis interpessoal e representacional

Todo item linguístico é analisado no nível interpessoal: como vimos na seção "Embasamento teórico", mesmo os atos expressivos, apesar de não serem orientados para o outro, envolvem um falante e uma ilocução. Somente se o nível interpessoal contiver um conteúdo comunicado é que o nível representacional também entra em jogo. Nesses casos, os dois níveis compartilham a responsabilidade pela formulação. Em um exemplo como (37), *Mary*, seu modificador *poor* e *really* originam-se no nível interpessoal, enquanto o nível representacional introduz *like* e *seem* em estruturas apropriadas e encaixa as unidades codificadas como o sujeito extraposto de *seem* e o complemento infinitivo de *like*:

(37) It seems poor Mary really likes to suffer.
"Parece que a pobre Mary realmente gosta de sofrer."

Embora os subatos atributivos (T_1) geralmente correspondam a propriedades (como em turco (38)), o (T_1), em inglês, é um indivíduo no nível representacional (como em (38)):

(38) Erkek öğretmen-Ø-Ø.
homem professor-PRES-3SG
"O homem é um professor."
IL: C_I T_I R_I
RL: $(p_i$: $^-(e_i$: [$(f_i$: öğretmen$_N$ $(f_i))$ $(x_i$: $(f_j$: erkek$_N$ $(f_j))$ $(x_i))_Ø]$ $(e_i))^-$ $(p_i))$

(39) The man is a teacher.
"O homem é um professor."
IL: C_I T_I R_I
RL: $(p_i$: $^-(e_i$: [$(x_i$: $(f_i$: teacher$_N$ $(f_i))$ $(x_i))$ $(x_j$: $(f_j$: man$_N$ $(f_j))$ $(x_j))_Ø]$ $(e_i))^-$ $(p_i))$

Relação entre os níveis interpessoal e morfossintático

As distinções feitas no nível interpessoal são codificadas no nível morfossintático ou no nível fonológico. Vamos considerar a codificação da função pragmática foco atribuída a subatos. Embora o foco esteja, em muitas línguas, associado a efeitos prosódicos no nível fonológico, ele também pode ser codificado morfossintaticamente. Por exemplo, em tariana (Aikhenvald, 2003: 139), o sufixo *-nhe*/*-ne* é aplicado a sujeitos focalizados (para simplificar um pouco); outras línguas têm marcadores apenas para foco, cf. *-nde* na língua wambon (De Vries, 1985: 172). Outra maneira de marcar foco morfossintaticamente é atribuir uma posição sintática especial para o elemento focalizado: em aghem (Watters, 1979: 144), é a posição imediatamente pós-verbal e, em húngaro (Kenesei et al., 1998: 166), é a posição imediatamente pré-verbal. Finalmente, muitas línguas indicam o foco com uma construção focalizadora especial: se toma a forma de uma construção clivada, essa estratégia envolve o nível representacional também, dividindo o conteúdo em dois segmentos, com uma parte (a que corresponde ao elemento focalizado) sendo predicado da outra.

Relação entre os níveis interpessoal e fonológico

Apesar de serem separados ao máximo no modelo, o relacionamento entre os níveis interpessoal e fonológico é muito próximo. Como foi mencionado em "O nível interpessoal", o foco, em muitas línguas, está associado – iconicamente – à proeminência fonológica, assim como as outras funções pragmáticas. Distinções ilocucionárias também tendem a ser expressas fonologicamente, em especial se não houver nenhuma indicação morfossintática: em português, por exemplo, a distinção entre declarativas e interrogativas é assinalada apenas por uma oposição entre um operador de queda ou subida, respectivamente, sobre a frase entonacional: eles têm seu efeito sobre a frase fonológica final.

Em inglês, a sintaxe da oração geralmente se ajusta para garantir a posição final da oração para o elemento associado com a atribuição de foco: o efeito padrão no nível fonológico é que a frase fonológica final indica a ilocução e a atribuição de foco, como em (40):

(40) a. I saw [a heron]$_{Foc}$.
b. (fIP$_i$: [(PP$_i$: /aɪ ˈsɔː/(PP$_i$)) (PP$_j$: /ə ˈherən/ (PP$_j$))] (IP$_i$))
"Eu vi uma garça."

Em um exemplo como (41), todo o conteúdo comunicado está em foco:

(41) a. [[The train] arrived]$_{Foc}$.
b. (fIP$_i$: [(PP$_i$: /ðə ˈtreɪn/ (PP$_i$)) (lPP$_j$: /ə ˈraɪvd/ (PP$_j$))] (IP$_i$))
"Chegou o trem."

O operador-f da (IP$_I$) normalmente induziria a uma entonação descendente na sílaba /raɪvd/. Porém, isso foi impossibilitado pela presença do operador-l da (PP$_J$). O componente de saída, portanto, aplicará uma queda para a (PP) precedente, e o tom continuará baixo.

Relação entre os níveis representacional e morfossintático

A relação entre os níveis representacional e morfossintático é guiada pelo princípio de que, todo o resto sendo igual, as relações de escopo no nível representacional serão refletidas na ordenação relativa das unidades correspondentes no nível morfossintático. Dito isso, a relação é fortemente influenciada pela tipologia morfossintática da língua que está sendo descrita. Em uma língua isolante, a relação é maximamente direta, com uma relação biunívoca entre palavras simples no nível morfológico e unidades no nível representacional. Em uma língua aglutinante, o mesmo se aplica, mas agora a morfemas. Considere o seguinte exemplo do turco:

(42) Anlı-y-abıl-ecek-miş-im.
entender-CONN-ABIL-IRR-INFER-1.SG
"Percebi que eu serei capaz de entender."

Nível representacional: (infer p_i: (ep_i: (irr e_i: [(abil f_i [(f_j: anlı$_V$ (f_j)) (1x_i)$_A$] (f_i)) (e_i)$_U$]) (ep_i)) (p_i))

Nível morfossintático: (Le_i: (Cl_i: (Vp_i: (Vw_i: [(Vs_i: anlı (Vs_i)) (Aff_i: AbIl (Aff_i)) (Aff_i: EcEk (Aff_i)) (Aff_i: mIş (Aff_i)) (Aff_i: Im (Aff_i))] (Vw_i)) (Vp_i)) (Cl_i)) (Le_i))

Nas línguas fusionais, em que um afixo corresponde a vários elementos no nível representacional, a forma final não pode ser dada até o nível fonológico: no nível morfossintático, encontramos um marcador de posição (cf. "Relações entre os níveis morfossintático e fonológico" a seguir). Em línguas polissintéticas, encontramos pouco isomorfismo entre o nível representacional e o nível morfossintático; a relação pode ser mais complicada pela incorporação (de palavras, sintagmas ou orações), conforme demonstrado na seção "Um exemplo comentado".

Relação entre os níveis representacional e fonológico

Algumas características do nível representacional são realizadas fonologicamente. Considere o seguinte exemplo do gaélico escocês:

(43) a.	Tha	an	nighean	math	air	bruidhinn.
	COP.PRS	DEF	garota	boa	de	conversa
	"A garota é boa de conversa."					
b.	Tha	an	nighean	mhath	air	bruidhinn.
	COP.PRS	DEF	garota	boa	ASP	conversa
	"A boa garota tem conversado."					

Em (43a), *math* "bom" não pertence à unidade indivíduo nucleada por *nighean* "garota" e mantém sua forma lexical /ma/, introduzida no nível representacional. Em (43b), no entanto, o adjetivo funciona como um modificador do núcleo feminino *nighean*, o que induz à lenição da primeira consoante, produzindo /ɣ̃a/ no nível fonológico.

Muitos ideofones (cf. Voeltz e Kilian-Hatz, 2001) exemplificam unidades do nível representacional que são transferidas diretamente para o nível fonológico, ultrapassando o nível morfossintático (desde que não sejam submetidos a nenhum processo morfossintático). Para um exemplo, ver seção "Um exemplo comentado".

Relação entre os níveis morfossintático e fonológico

Como ficou implícito na discussão anterior, as línguas diferem quanto ao fato de uma distinção especial na formulação corresponder a efeitos no nível morfossintático ou no nível fonológico. Parece haver uma certa troca entre os dois níveis de codificação, de modo que uma distinção que é codificada em um nível não precisa ser codificada em outro. Assim, em garo (Burling, 2004: 67), a "entonação de perguntas formuladas com palavras interrogativas não é muito diferente da entonação de uma declaração normal". No entanto, se a partícula final *–ma* ou *–ni* for omitida, então uma subida de entonação será necessária para distinguir a ilocução pretendida. Rialland e Robert (2001) mostraram que a língua não tonal uólofe não tem nenhuma marca entonacional de contraste. O elemento de contraste é colocado na posição inicial da oração, seguido por um marcador (aqui *laa*) flexionado em concordância com o sujeito do Vp seguinte:

(44)	Lekkuma	mburu	mi,	ceeb	bi	laa	lekk.
	comer.NEG.1SG	pão	DEF	arroz	DEF	CONTR.1SG	comer

"Eu não comi o pão, foi o arroz que eu comi."

Este "foco", como os autores chamam, "não tem efeito sobre o contorno melódico das frases" (Rialland e Robert, 2001: 899).

Uma importante função do nível fonológico é fornecer a forma fonêmica para os marcadores de posição introduzidos no nível morfossintático. Em espanhol, por exemplo, o marcador de posição "indpastpf1sg" (correspondente aos operadores interpessoal e representacional Decl, Past, Perf e a um argumento "1sg") aparece no nível fonológico como /e/ em uma sílaba acentuada depois de verbos de uma classe, e como /i/ depois de verbos de outras classes.

Um exemplo comentado

Vamos ilustrar agora a análise nos quatro níveis anteriormente referidos aplicando-a a um exemplo concreto. O exemplo é da língua australiana bininj gun-wok, mais especificamente, da variedade mayali manyallaluk, e foi retirado de Bishop e Fletcher (2005: 350), que fornecem uma análise prosódica. Para a análise morfossintática, apoiamo-nos na descrição da língua feita por Evans (2003):[5]

(45) Ba-rri-ø-yaw-gurrme-ng, wotjbirr
3.SUBJ(PST)-PL-3.SG.OBJ-criança-abaixar-PST.REAL.PF "boomp"
Eles abaixaram a criança, "boomp"!

A língua bininj gun-wok tem uma série de características, ilustradas nessa frase, que a tornam interessante para os nossos propósitos, tais como sua natureza altamente sintética, manifestada pela presença de incorporação e marcação de referência cruzada, pela existência de ideofones usados "para representar os sons que acompanham as ações na narrativa" (Evans, 2003: 627), e por seu sistema de alinhamento primativo-secundativo e pela ocorrência de cumulação na área de inflexão, i.e., a expressão de mais de uma categoria flexional em um único morfema.

Iniciando nossa análise no nível interpessoal, notamos que o falante opta por evocar um único estado de coisas em dois atos distintos: um em que o estado de coisas é evocado em termos de uma descrição e outro em que ele é evocado em termos do som provocado por sua ocorrência. Cada um desses atos é declarativo na sua natureza, e os dois juntos constituem um movimento. Os dois últimos fatos são expressos prosodicamente, cada ato declarativo tendo um contorno de queda (Bishop e Fletcher, 2005: 335), sendo a segunda queda mais acentuada, o que assumimos como uma indicação de que ela constitui o ato de encerramento de um movimento. A análise inicial do nível interpessoal pode, então, ser apresentada como em (46):

(46) $(M_I$: [$(A_I: [(F_I: DECL\ (F_I))\ (P_I)_S\ (P_J)_A\ (C_I)]\ (A_I))$
$(A_J: [(F_J: DECL\ (F_J))\ (P_I)_S\ (P_J)_A\ (C_J)]\ (A_J))$
] $(M_I))$

Note que os índices para os participantes não mudam, já que não há mudança nos papéis dos participantes, P_I sendo o falante e P_J ouvinte em ambos os atos.

O conteúdo comunicado de A_I consiste em um subato atributivo, evocando a propriedade expressa pelo verbo *gurrme,* e três subatos referenciais, um evocando a entidade correspondente ao ator (*Actor*) do estado de coisas designado e dois correspondentes ao *undergoer*,[6] ou seja, dois subatos referenciais projetam uma única unidade semântica. Essa última observação pode, de alguma forma, surpreender, mas reflete o fato de que bininj gun-wok é uma língua de argumento pronominal. O prefixo pronominal no verbo é, por si só, de natureza referencial e não precisa coocorrer com um argumento *undergoer* lexicalmente expresso, como mostra a opcionalidade do *undergoer* lexical no exemplo a seguir (Evans, 2003: 425-26):

(47) Al-ege daluk gaban-du-ng (bedda).
F-DEM mulher 3.SBJ>3.PL.OBJ-repreender-NONPST eles
"Aquela mulher está repreendendo-os."

Isso significa que, no caso do exemplo (45), o *undergoer* é referido duas vezes, em dois subatos referenciais, um correspondendo ao prefixo pronominal referencial (nesse caso específico, um morfema zero), e outro correspondendo à expressão do argumento incorporado. Note que o nome incorporado *yaw,* em (45), deve realmente ser considerado referencial, uma vez que, de outra forma, não haveria a referência cruzada no prefixo *portmanteau* do complexo verbal. A incorporação pode, portanto, ser considerada sintática, não lexical (Smit, 2005), e deixa a natureza do verbo transitivo intacta.

O conteúdo comunicado de (A_J) contém um único subato atributivo, evocando o som representado pelo ideofone *wotjbirr,* que caracteriza o estado de coisas evocado em (A_I).

Incorporando essas observações, chegamos à mais elaborada representação do nível interpessoal em (48):

(48) (M_I: [(A_I: [(F_I: DECL (F_I)) $(P_I)_S$ $(P_J)_A$ (C_I: [(T_I) (R_I) (R_J) (R_K)] (C_I))] (A_I))
(A_J: [(F_J: DECL (F_J)) $(P_I)_S$ $(P_J)_A$ (C_J: [(T_J)] (C_J))] (A_J))
] (M_I))

Passando agora para o nível representacional, a contraparte semântica de (A_I) pode ser representada como em (49), o que também demonstra o alinhamento com os subatos interpessoais discutidos anteriormente:

(49) Barri-yaw-gurrme-ng
3.subj.pl(pst)>3.sg.obj-criança-abaixar-pst.real.pf
"Eles abaixaram a criança."

(T_I) (R_I) (R_J) (R_K)

$(p_i$: (past ep_i: (real e_i: [(pf f_i: [$(f_j$: /gʊrmɛ/ $(f_j))$ $(x_i)_A$ $(x_j$: [$(f_k$: /jaʊ/ $(f_k))$ $(x_j)_Ø])_U]$ $(f_i))$
$(e_i)_Ø$]) $(ep_i))$ $(p_i))$

Dentro da estrutura de predicação no nível representacional há uma configuração com a propriedade (f_j) como núcleo e dois indivíduos (x_i) e (x_j) como dependentes. O indivíduo (x_i) não é lexicalmente realizado, mas expresso por meio do prefixo pronominal. Sua identidade tem de ser recuperada a partir do componente contextual com base no seu índice. Como discutido anteriormente, o indivíduo (x_j) é realizado duas vezes, uma lexicalmente e uma por meio do prefixo pronominal. Porém, isso não afeta a representação semântica, apenas a representação pragmática.

Semanticamente falando, o substantivo a ser incorporado deve ser um núcleo, uma vez que substantivos incorporados podem receber modificadores externos em bininj gun-wok, como ilustrado em (50) (Evans, 2003: 452):

(50) Ga-yau-garrme al-daluk.
3.SBJ>3.SG.OBJ-criança-ter.NONPST F-mulher
"Ela tem uma criança do sexo feminino."

O molde de predicação faz parte de uma estrutura representacional que mostra o encaixamento hierárquico do molde de predicação. As camadas mais relevantes aqui mostradas são o conteúdo proposicional (p_i), o episódio (ep_i), que contém o operador de tempo absoluto, o estado de coisas (e_i), que transporta o operador *realis* e a propriedade configuracional (f_i), que transporta o operador de perfectividade. O fato de esses três operadores serem expressos em um único morfema *portmanteau* é um fato morfossintático que não afeta sua análise como três elementos distintos no nível representacional.

Para formular a contraparte semântica de (A_J), o estatuto do ideofone *wotjbirr* deve ser estabelecido. Ideofones não receberam tratamento sistemático na GDF, mas o que pode ser dito sobre os ideofones em bininj gun-wok é que eles representam um conjunto de elementos lexicais que apresentam comportamentos gramaticalmente distintos e são usados sobretudo para a designação convencionada de sons.[7] Isso justifica a criação de "uma categoria semântica "S(om)" para bininj gun-wok. Note que a natureza lexicalizada de ideofones se reflete, entre outras coisas, no fato de que eles participam da composição verbal (Evans, 2003: 341).

A contraparte semântica de (A_J) pode agora ser representada como em (51):

(51) wotjbirr
“smack”

(T_J)
|
(e_i: [(s_i: /wɔcbɪr/ (s_i)) $(e_i)_U$])

Note que o índice do estado de coisas variável é coindexado com o de (50), indicando corretamente, desse modo, o fato de o ideofone fornecer uma maneira alternativa de caracterizar o mesmo evento.

O nível morfossintático tem a seguinte representação para a contraparte de (A_I):

(52) (Cl_i: [(Vw_i)] (Cl_i))

Embora o exemplo consista de uma única palavra, precisamos da camada da oração em (52) para adicionar modificadores externos. O padrão para a palavra verbal é dado em (53):

(53) (Vw_i: [(Aff_i: /baɪ/ (Aff_i)) (Ns_i: /jaʊ/ (Ns_i)) (Vs_i: /gʊrmɛ/ (Vs_i)) (Aff_j: 138 (Aff_j))] Vw_i))

Em bininj gun-wok, a seleção de prefixos pronominais *portmanteau* é dependente da maneira pela qual as funções de sujeito e objeto são distribuídas e, com sujeitos de terceira pessoa, ainda é dependente do tempo do verbo. A relevância da função sujeito mostra-se no fato de que há neutralização dos argumentos ator e *undergoer* de predicados intransitivos e no fato de que apenas sujeitos podem controlar as formas reflexivas e recíprocas, como mostra o exemplo (54) (Evans, 2003: 390):

(54) Barri-marne-ganj-ginje-rr-inj.
3.SUBJ.PL(PST)-BEN-carne-cozinhar-COREF-PST.REAL.PF
“Eles cozinharam a carne um para o outro.”

A relevância da função de objeto é evidente no sistema de alinhamento primativo-secundativo da língua, o que significa que há neutralização entre os *undergoers* em esquemas de dois lugares e entre recipientes e beneficiários em esquemas de três lugares, como mostrado em (55) (Evans, 2003: 390), no qual a concordância do objeto é com o beneficiário e não com o *undergoer*:

(55) Bandi-marne-ganj-ginje-ng.
3.SUBJ.PL(PST)>3.PL.OBJ-BEN-carne-cozinhar-PST.REAL.PF
"Eles cozinharam a carne para eles."

O prefixo só pode, portanto, ser selecionado depois que as funções de sujeito e objeto tiverem sido atribuídas pelo codificador morfossintático. Esse é um processo simples, já que não há verdadeira voz passiva disponível na língua (Evans, 2003: 574). As informações sobre tempo necessárias para a seleção da forma adequada do prefixo podem ser obtidas diretamente a partir do nível representacional.

A ordenação dos diferentes componentes da palavra verbal pode ser representada como em (56):[8]

$$\begin{array}{cccc} P^{I} & P^{F-2} & P^{F-1} & P^{F} \end{array}$$

(56) (Vw_i: [(Aff_i: /baɪ/ (Aff_i)) (Ns_i: /jaʊ/ (Ns_i)) (Vs_i: /gʊrmɛ/ (Vs_i)) (Aff_j: 138 (Aff_j))] Vw_i))

As possibilidades morfológicas de uma palavra em bininj gun-wok são muito ricas, como mostra Evans (2003: 318), e apenas parcialmente exploradas no exemplo em questão. Cada palavra verbal contém, obrigatoriamente, um complexo pronominal inicial (em geral, um morfema *portmanteau*) necessariamente na posição mais à esquerda, um sufixo de TMA na posição mais à direita e uma raiz verbal (potencialmente derivada) imediatamente anterior ao sufixo de TMA. Se houver um substantivo incorporado, ele imediatamente precede a raiz verbal (potencialmente derivada). No processo de ordenação hierárquica, o sufixo de TMA está localizado na P^F. No processo de ordenação configuracional, o núcleo verbal é colocado imediatamente antes do sufixo de TMA e o substantivo incorporado é colocado à esquerda dele, na próxima posição disponível. A expressão pronominal *portmanteau* é colocada no P^I.

As complexas relações entre o nível representacional e o morfossintático agora podem ser mostradas como em (57):

(57)
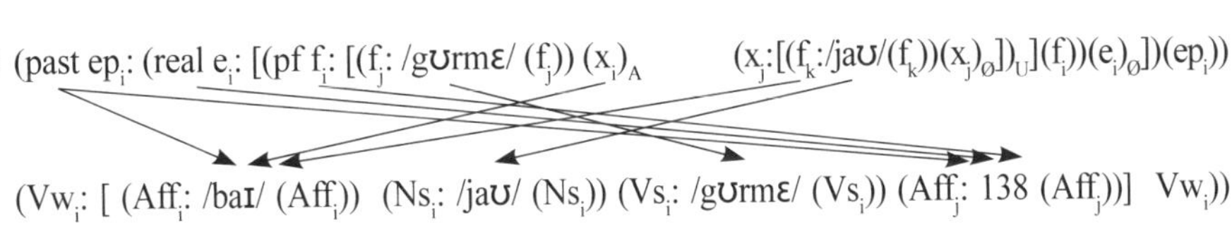

O que essa representação mostra é que há uma relação de um para um entre os elementos lexicais no nível representacional e os *slots* de raiz dentro do padrão de palavra morfossintática, mas uma relação de muitos para um entre os elementos não lexicais, no nível representacional, e os *slots* de sufixo no nível morfossintático. Esse último ponto indica claramente a natureza cumulativa dos afixos flexionais em bininj gun-wok e ainda mostra que unidades independentes no nível semântico entram na constituição interna de uma única palavra morfossintática.

A contrapartida morfossintática de A_J é simples:

(58) Iw$_i$: (Is$_i$: /wɔcbɪr/ (Is$_i$)) (Iw$_i$))

Dado que a classe de ideofones constitui uma classe de palavra especial em bininj gun-wok, usamos a categoria (I$_w$) para dar conta dela. Além disso, esse é um bom exemplo de um Ato que corresponde a uma única palavra, ou seja, uma expressão holofrástica.

A formalização no nível fonológico do exemplo (45) é apresentada em (59). O espectograma, mostrado abaixo da fórmula, é retirado de Bishop e Fletcher (2005: 350), em quem nossa argumentação se baseia.

(59) (f U$_i$: [(f IP$_i$: [(f PP$_i$: [(h F$_i$: [(s s$_i$: /baɪ/ (s$_i$)) (s$_j$: /jaʊ/ (s$_j$))] (F$_i$)) (F$_j$: [(s s$_k$: /gʊr/ (s$_k$)) (s$_l$: /mɛŋ/ (s$_l$))] (F$_j$))] (PP$_i$)) (IP$_i$)) (f IP$_j$: (f PP$_j$: [(F$_k$: [(s s$_m$: /wɔc/ (s$_m$)) (s$_n$: /bɪr/ (s$_n$))] (F$_i$)) (PP$_j$))] (IP$_j$))] (U$_i$)

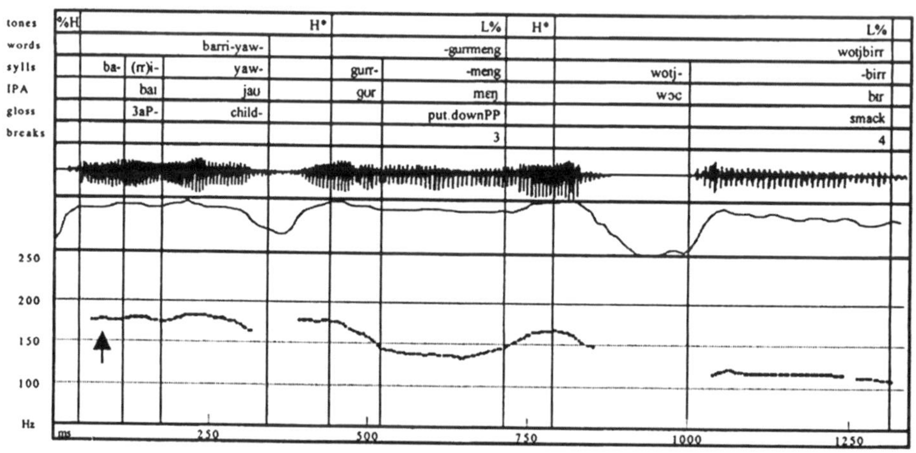

Bishop e Fletcher (2005: 358) mostram que a pausa entre *barriyawgurrmeng* e *wotjbirr* tem o índice 3, indicando uma ruptura medial do enunciado entre as frases entonacionais e, em decorrência disso, as duas IPS dentro do enunciado U_i (para mais detalhes sobre os índices de quebra, ver Bishop e Fletcher, 2005: 352-354). Cada uma das IPS corresponde a um Ato no nível interpessoal. O fato de que existe um enunciado (U) é sustentado, aqui, pela pausa final com índice de ruptura 4, que indica uma fronteira de emissão (Bishop e Fletcher, 2005: 358). O enunciado como um todo corresponde a um movimento no nível interpessoal.

Ambas as IPS têm um contorno de queda, como demonstrado por seus operadores-f, que expressa sua natureza declarativa. A gravação mostra que a segunda IP tem uma queda particularmente clara a partir de /wɔc/ até /bɪr/, que interpretamos como um efeito paratonal indicativo do fim de um movimento e indicado por um operador-f em U_i. A primeira IP tem um pé inicial alto (h F_i), refletindo a identificação de Bishop e Fletcher (2005: 350) desse exemplo como tendo, nos termos deles, um "tom de fronteira inicial elevado" (% H).

No exemplo, cada IP contém uma PP e, em outro dialeto bininj gun-wok, sabe-se que as PPS têm um contorno de queda ("tonalmente marcado (com um tom baixo) na sua margem direita"), Bishop e Fletcher, 2005: 341). Esses autores supõem que isso também se aplique ao dialeto mayali manyallaluk. Esse contorno de queda é indicado pelo operador-f das PPS.

A IP da língua bininj gun-wok tem um acento nuclear único e a "fronteira tonal" é assinalada na última ou na penúltima e na última sílabas da IP (Bishop e Fletcher, 2005: 342). Isso se reflete na análise: cada IP tem um operador de queda que o articulador atribuirá à sílaba final acentuada de cada um, ou seja, /gʊr/ e /wɔc/. As sílabas seguintes /mɛŋ/ e /bɪr/ são produzidas em um tom menor do que as sílabas anteriores.

O nível da palavra fonológica (PW) não foi considerado necessário para uma descrição da entonação do bininj gun-wok (Bishop e Fletcher, 2005: 339) e, portanto, não foi incluído aqui.

Em cada pé (F), é a primeira sílaba que é acentuada (como sempre em bininj gun-wok; Bishop e Fletcher, 2005: 340 salientam que o pé é "troqueu e ilimitado", dando um exemplo de um pé com três sílabas não acentuadas: *gorlomomo* "crocodilo de água doce"). Isso é indicado por meio dos operadores-s nas primeiras sílabas de cada pé. O pé F_i, que corresponde à estrutura morfosintática *barriyaw*, pode alternativamente ser analisado como tendo três sílabas, mais uma vez com o acento na primeira. Nesse caso, S_i seria, em (59), expandida como em (60):

(60) (s S_i: /ba/ (S_i)) (S_{i+1}: /rɪ/ (S_{i+1}))

Dessa forma, o colapso das duas primeiras sílabas em uma na realização efetiva do enunciado teria que ser deixado para o articulador, possivelmente como uma característica da fala *allegro*.

Das várias características prosódicas manifestadas por esse exemplo, podemos dizer que aquelas que se aplicam ao nível do enunciado e ao nível das frases entonacionais são significativas, no sentido de que elas expressam distinções relevantes no nível interpessoal, enquanto as outras correspondem a configurações padrão. As correspondências globais entre o nível interpessoal e o nível fonológico podem, então, ser indicadas como em (61), em que omitimos os níveis intermediários representacional e morfossintático para manter a legibilidade:

(61) $(M_I$: $[(A_I$: $[(F_I$: DECL $(F_I))$ ....] $(A_I))$ $(A_J$: $[(F_J$: DECL $(F_J))$....] $(A_J))$] $(M_I))$

↓

$(f\,\text{U}_i$: $[(f\,\text{IP}_i)$ $(f\,\text{IP}_j)$] (U_i)

Variação dinâmica

Nossa argumentação nas seções anteriores baseou-se em dados estáticos sincrônicos a partir tanto de uma língua específica como de uma perspectiva tipológica. A GDF, no entanto, também tem como objetivo oferecer um quadro para a análise de dados dinâmicos, sejam esses relacionados com a aquisição e perda da linguagem ou com a gênese e a mudança da língua. Nós podemos abordar essas questões aqui apenas brevemente.

A estrutura da GDF oferece, como visto em Butler e Taverniers (2008), duas grandes predições no que tange à variação dinâmica: uma está relacionada à etapa variacional entre os níveis representacional e interpessoal e a outra, às etapas variacionais entre as diversas camadas hierarquicamente ordenadas em cada nível. Em ambos os casos, a manifestação real das etapas variacionais estará localizada nos níveis morfossintático e fonológico.

Como um exemplo da etapa entre o nível interpessoal e o nível representacional, considere o estatuto de conjunções adverbiais em inglês. Hengeveld e Wanders (2007) mostram que uma distinção básica pode ser feita em inglês entre conjunções lexicais e gramaticais: as primeiras podem ser modificadas, enquanto as últimas não podem, como mostram (62) e (63):

(62) He arrived **three hours** before she left.
"Ele chegou três horas antes de ela sair."
(63) *He continued walking around **three hours** until the meeting began.
"Ele continuou passeando três horas até que a reunião começou."

Ambos os tipos de conjunção, no entanto, admitem modificadores que tenham escopo sobre a frase conjuncional inteira, como mostram (64) e (65):

(64) He arrived **exactly** three hours before she left.
"Ele chegou exatamente três horas antes de ela sair."
(65) He continued walking around **exactly** until the meeting began.
"Ele continuou passeando exatamente até que a reunião começasse."

Todas as conjunções mostradas em (62) a (65) operam no nível representacional. Conjunções no nível interpessoal não admitem nenhum tipo de modificação, como ilustrado em (66):

(66) *He is a nice guy, **exactly** while she is a rather unpleasant character.
"*Ele é um cara legal, exatamente enquanto ela é uma personagem bastante desagradável."

Este ponto é particularmente evidente nos casos em que uma conjunção pode ser usada em ambos os níveis, como em (67) e (68):

(67) *Watch out, **exactly because** there is a bull in the field.
"*Cuidado, exatamente porque há um touro no campo."
(68) Providing food assistance is not easy **exactly because** the infrastructure is lacking.
"Fornecer assistência alimentar não é fácil exatamente porque a infraestrutura é inexistente."

Em (67), a oração causal motiva um ato discursivo no nível interpessoal, mas, em (68), ela fornece a razão de um estado de coisas no nível representacional. Com base em fatos como esses, pode-se concluir que a gramaticalização de conjunções anda junto com o desenvolvimento de uma função interpessoal a partir de sua função representacional original.

As etapas variacionais entre as diversas camadas hierarquicamente ordenadas em um determinado nível podem ser ilustradas por meio da aquisição de categorias de operadores no nível representacional. Baseando-se em uma grande quantidade de dados da aquisição de inglês por crianças, Boland (2006) mostra que os operadores das camadas inferiores são adquiridos anteriormente e/ou mais rapidamente do que os operadores das camadas superiores. Mais especificamente, a autora mostra que os operadores aspectuais (camada da propriedade f) são adquiridos mais rapidamente e mais cedo do que os operadores de tempo (camada do estado de coisas e), que, por sua vez, são adquiridos antes dos operadores que expressam uma atitude proposicional (camada do conteúdo proposicional p). Ela revela ainda que essa observação é válida para a aquisição de uma vasta gama de línguas tipologicamente diferentes e é condizente com a evolução diacrônica nesse domínio.

Considerações finais

Isto conclui nossa visão geral do modelo GDF, uma teoria estrutural-funcional da linguagem com uma forte base tipológica. Suas características definidoras podem ser resumidas da seguinte forma: (i) a GDF tem uma organização descendente; (ii) a GDF toma os atos discursivos em vez da sentença como sua unidade básica de análise; (iii) a GDF é concebida como o componente gramatical de uma teoria mais ampla da interação verbal no qual ela está conectada com os componentes conceitual, contextual e de saída; (iv) a GDF contém os níveis interpessoal, representacional, morfossintático e fonológico. Essa arquitetura é aplicada tanto a dados estáticos quanto a dinâmicos.

Abreviaturas

1	primeira pessoa	IRR	irrealis
2	segunda pessoa	LOC	locativo
3	terceira pessoa	LSF	Linguística Sistêmico-Funcional
ABIL	abilidade	M	masculino
ABS	absolutivo	NEG	negação
ANIM	animado	NONPST	não passado
ASP	aspecto	OBJ	objeto
AUX	auxiliar	PF	perfectivo
BEN	beneficiário	PL	plural
CL	oração	POSS	possessivo
CNJ	conjunção	PRED	predicativo
COMPL	completiva	PRS	presente
COMPV	comparativa	PST	passado
CONN	conectiva	PTCP	particípio
CONTR	contraste	REAL	realis
COP	cópula	REC	recipiente
COREF	correferência	REL	relativa
CORR	correlativa	REM	remoto
DECL	declarativa	REP	reportativo
DEF	definido	RRG	Gramática de Papel e Referência
DEM	demonstrativo	SG	singular
F	feminino	SUBJ	sujeito
FAM	familiar	SUBS	tempo subsequente
GDF	Gramática Discursivo-Funcional	TOP	tópico
IND	indicativo	TR	transitivo
INF	infinitivo	VIS	visual
INFER	inferencial		

Notas

1 Para uma descrição completa da GDF, ver Hengeveld e Mackenzie (2008). A contribuição de Mackenzie para este artigo foi parcialmente financiada pelos projetos de pesquisa INCITE09 204 155 PR (Xunta de Galícia) e FFI2010-19380 (Ministério Espanhol de Ciências e Inovação). Este artigo foi publicado originalmente como Hengeveld e Mackenzie (2010). Agradecemos à Oxford University Press a permissão para republicar esta versão em português. Estamos muito gratos pela excelente tradução feita por Marize Mattos Dall'Aglio Hattnher.

2 Apesar de a terminologia ter sido traduzida, a notação segue o original (N.T.).

3 Note que, nos casos em que nem todas as particularidades são necessárias para a análise do fenômeno em questão, usamos o símbolo '–' para indicar o início e o fim de um fragmento que não será analisado em detalhe.

4 "final F0 lowering, segmental lengthening, creaky voice, amplitude lowering, long pauses, stylized 'finality' contours, etc." (Venditti, 2005: 191)

5 Agradecemos a Nick Evans por sua ajuda na análise desse exemplo.

6 Na GDF, o papel semântico de *Undergoer* é entendido, nos moldes de Foley e Van Valin (1984), como um macropapel que identifica um participante mais passivo que o ator, podendo se referir tanto o objeto direto de um verbo transitivo na voz ativa quanto ao sujeito de um verbo na voz passiva. (N.T.)

7 Uma caracterização mais precisa que nos foi sugerida por Nick Evans seria dizer que ideofones em bininj gun-wok denotam 'impressões sinestésicas'.

8 A forma do sufixo de tempo é, entre outras coisas, dependente da última sílaba da raiz verbal anterior ou do sufixo reflexivo/recíproco que possa estar ligado a ela (Evans, 2003: 323), como é mostrado contrastivamente nos exemplos (53) e (54). Isso significa que a verdadeira forma do sufixo só pode ser selecionada no nível fonológico. Por esta razão, um marcador de posição [*placeholders*], aqui arbitrariamente "138", ocupa o *slot* de afixo relevante.

Bibliografia

Aikhenvald, A. Y. *A Grammar of Tariana, from Northwest Amazonia*. Cambridge: Cambridge University Press, 2003.

Ashton, E. O. *Swahili Grammar (Including Intonation)*. London: Longman, 1944.

Bishop, J.; Fletcher, J. Intonation in six dialects of Bininj Gun-wok. In: Jun, S. (Ed.) *Prosodic Typology:* the Phonology of Intonation and Phrasing. Oxford: Oxford University Press, 2005, pp. 331–361.

Boland, A. *Aspect, Tense and Modality:* theory, typology, acquisition. Utrecht: LOT, 2006.

Booij, G. *The phonology of Dutch*. Oxford: Oxford University Press, 1999.

Brown, G.; Yule, G. *Discourse Analysis* (Cambridge Textbooks in Linguistics). Cambridge: Cambridge University Press, 1983.

Burling, R. *The Language of the Modhupur Mandi (Garo)*. New Delhi: Bibliophile South Asia, 2004 (Volume 1: Grammar).

Butler, C. S. *Structure and Function:* a guide to three major Structural-Functional Theories. Amsterdam: John Benjamins, 2003, pp. 63-64 (Studies in Languagem Companion).

______. Interpersonal meaning in the noun phrase. In: Rijkhoff, J.; Velasco, D. G. (Eds.). *The Noun Phrase in Functional Discourse Grammar*. Berlin: Mouton de Gruyter, 2008, p. 221-261.

______; Taverniers, M. Layering in structural-functional grammars. *Linguistics,* v. 46, 2, 2008, pp. 689-756.

Caffarel, A. Systemic Functional Grammar and the Study of Meaning. In: Heine, B.; Narrog, H. (Eds.). *The Oxford Handbook of Linguistic Analysis*. Oxford: Oxford University Press, 2010, pp. 797-826.

Culicover, P. W. Simpler Syntax. In: Heine, B.; Narrog, Heiko (Ed.). *The Oxford Handbook of Linguistic Analysis*. Oxford: Oxford University Press, 2010, pp. 761-98.

Di Cristo, A. Intonation in French. In: Hirst, D.; Di cristo, A. (Eds.). *Intonation Systems:* a Survey of Twenty Languages. Cambridge: Cambridge University Press, 1998, pp. 195-218.

Evans, N. D. *Bininj Gun-Wok: a Pan-Dialectal Grammar of Mayali, Kunwinjku and Kune*. Canberra: Australian National University, 2003, 2v.

______; Osada, T. Mundari: the myth of a language without word classes. *Linguistic Typology*, v. 9, 3, 2005, pp. 351–90.

Givón, T. *Functionalism and Grammar*. Amsterdam: John Benjamins, 1995.

Halliday, M. A. K.; Matthiessen, C. M. I. M. *An Introduction to Functional Grammar*. London: Hodder Arnold, 2004.

Hayes, B. The prosodic hierarchy in meter. In: Kiparsky, P.; Youmans, G. (Eds.). *Rhythm and Meter*. Orlando/FA: Academic Press, 1989, pp. 201–60.

Hengeveld, K.; Mackenzie, J. L. *Functional Discourse Grammar:* a typologically-based Theory of Language Structure. Oxford: Oxford University Press, 2008.

______; ______. Functional Discourse Grammar. In: Heine, B.; Narrog, H. (Ed.). *The Oxford Handbook of Linguistic Analysis*. Oxford: Oxford University Press, 2010, pp. 367–400.

______; Wanders, G. Adverbial conjunctions in Functional Discourse Grammar. In: Hannay, M.; Steen, G. J. (Eds.). *Structural-Functional Studies in English Grammar*: in Honour of Lachlan Mackenzie. Amsterdam: John Benjamins, 2007, pp. 209–26.

Himmelmann, N. P. Lexical categories and voice in Tagalog. In: Musgrave, S.; Austin, P. K. (Eds.). *Voice and Grammatical Functions in Austronesian Languages*. California: Stanford University, 2008, pp. 247-93.

Hinds, J. *Japanese*. London: Croom Helm, 1986.

Jackendoff, R.; Culicover, P. W. *Simpler Syntax*. Oxford: Oxford University Press, 2005.

Kenesei, I.; Vago, R. M.; Fenyvesi, A. *Hungarian*. London: Routledge, 1998.

Lee, C. *Topic, contrastive topic and focus*: what's on our minds, 1999. Disponível em: <http://www.jcss.gr.jp/iccs99OLP/pt1/pt1.htm>. Acesso em: 14/11/2010.

Levelt, Willem J. M. *Speaking*. Cambridge: MIT Press, 1989.

Levinson, S. C. *Pragmatics*. Cambridge: Cambridge University Press, 1983.

LI, C. N.; THOMPSON, S. A. *Mandarin Chinese*: a Functional Reference Grammar. Berkeley: University of California Press, 1981.

MATTISSEN, J. The ontology and diachrony of polysynthesis. In: WUNDERLICH, D. (Ed.). *Advances in the Theory of the Lexicon*. Berlin: Mouton de Gruyter, 2006, pp. 287–353.

MOSEL, U.; HOVDHAUGEN, E. *Samoan Reference Grammar.* Oslo: Scandinavian University Press, 1992.

NESPOR, M.; VOGEL, I. *Prosodic Phonology*. Dordrecht: Foris, 1986.

RIALLAND, A.; ROBERT, S. The intonational system of Wolof. *Linguistics*, v. 39, 2001, pp. 893-939.

SKORIK, P. J. *Grammatika čukotskogo jazyka* [Grammar of Chukchee]. Moscow: Izdatel'stvo Akademii Nauk, 1961/1977, 2v.

SLOBIN, D. I. From "thought and language" to "thinking for speaking". In: GUMPERZ, J. J.; LEVINSON, S. C. (Eds.). *Rethinking linguistic relativity.* Cambridge: Cambridge University Press, 1996, pp. 70-96.

SMIT, N. Noun incorporation in Functional Discourse Grammar. In: DE GROOT, C.; HENGEVELD, K. (Eds.). *Morphosyntactic Expression in Functional Grammar*, Berlin: Mouton de Gruyter, 2005, pp. 85-134

VAN VALIN, JR, Robert D. *An Introduction to Syntax*. Cambridge: Cambridge University Press, 2001.

______; LAPOLLA, R. *Syntax:* structure, meaning and function. Cambridge: Cambridge University Press, 1997.

______. *Exploring the syntax-semantics interface.* Cambridge: Cambridge University Press, 2005.

______. Role and Reference Grammar as a framework for Linguistic Analysis. In: HEINE, B.; NARROG, H. (Eds.). *The Oxford Handbook of Linguistic Analysis*. Oxford: Oxford University Press, 2010, pp. 703-38.

VENDITTI, J. J. The J_ToBI model of Japanese intonation. In: JUN, S. (Ed.). *Prosodic Typology*. Oxford: Oxford University Press, 2005, pp. 172-200.

VOELTZ, F. K. E.; KILIAN-HATZ, C. (Eds.). *Ideophones*. Amsterdam: John Benjamins, 2001.

VRIES, L. Topic and Focus in Wambon discourse. In: BOLKESTEIN, A. M.; DE GROOT; C.; MACKENZIE, J. L. (eds.). *Syntax and Pragmatics in Functional Grammar*. Dordrecht: Foris, 1985, pp. 155–80.

WANDERS, G. *Typology and Diachrony*: On the Use of the Subjunctive in Adverbial Clauses in the Ibero-Romance Languages. Amsterdam: University of Amsterdam (in prep.).

WATTERS, J. R. Focus in Aghem. In: HYMAN, L. (ed.). *Aghem Grammatical Structure*. Los Angeles: University of Southern California, 1979, pp.137-97.

Funcionalismo, cognitivismo e a dinamicidade da língua

Mário Eduardo Martelotta
Karen Sampaio Alonso

Nosso objetivo, neste capítulo, é apresentar um conjunto de reflexões acerca da relação entre duas tendências de análise presentes na literatura associada à ciência da linguagem, normalmente conhecidas pelos rótulos *funcionalismo* e *cognitivismo*. A tarefa não é nada fácil, já que ambos os termos costumam ser utilizados para designar arcabouços teóricos distintos, com propostas de análise que nem sempre apresentam características comuns. E, no caso do funcionalismo, o problema se agrava já que o termo, além de funcionar como rótulo para abordagens teóricas distintas (funcionalismo holandês, inglês, norte-americano etc.), também pode ser usado como uma expressão de alcance mais amplo oposta ao chamado formalismo, designativa de qualquer abordagem teórica que leve em conta que a função primordial da língua é a comunicação nas situações reais de interação entre os seres humanos. Vale ressaltar que, nesse sentido mais amplo, o termo funcionalismo abarca o tipo de cognitivismo do qual trataremos aqui, que também foca a importância do uso da língua em situações reais de comunicação.

Tentaremos levar essas reflexões de forma gradual e didática. Começaremos por questões mais gerais, buscando levantar cada aspecto problemático associado a distinções categóricas entre rótulos dessa natureza, até chegar aonde queremos:

propor a existência de uma tendência atual, adotada entre alguns linguistas brasileiros e estrangeiros, de unir propostas do funcionalismo praticado por autores como Givón, Hopper, Bybee e Traugott, sobretudo o conjunto de fenômenos associados à teoria da gramaticalização, com algumas tradições teóricas desenvolvidas no âmbito da linguística cognitivista, de autores como Lakoff, Langaker e Goldberg, principalmente as recentes propostas ligadas à teoria das construções gramaticais. Essa tendência tem sido chamada de linguística cognitivo-funcional ou, mais comumente, de linguística centrada no uso (Barlow e Kemmer, 2000; Tomasello, 2003a, b; Bybee, 2010).

A Linguística e seus caminhos

É comum definirmos a Linguística como a ciência da linguagem ou o estudo científico da linguagem. Mas, quando nos propomos a estudar cientificamente uma língua, nos deparamos com diferentes caminhos, perspectivas teóricas, que acabam delimitando o modo como vamos conceber a linguagem humana.

Do ponto de vista didático, é bem-vinda a divisão mais geral entre funcionalistas, aqueles que compreendem a língua como um instrumento de comunicação e, portanto, como uma estrutura maleável, moldada pelas vicissitudes da interação, e formalistas, que veem a língua como um objeto autônomo, ou seja, independente de seu uso em situações comunicativas reais (Martelotta e Areas, 2003). Entretanto, não devemos nos esquecer de que qualquer distinção desse tipo deve ser tomada como um critério mais geral e apenas norteador de uma visão panorâmica das tendências que apresenta a literatura referente aos estudos linguísticos.

No *Cours*, Saussure nos mostrava a multiplicidade do olhar sobre os fenômenos da linguagem, ao afirmar:

> Alguém pronuncia a palavra *nu*: um observador superficial será tentado a ver nela um objeto linguístico concreto; um exame mais atento, porém, nos levará a encontrar no caso, uma após outra, três ou quatro coisas perfeitamente diferentes, conforme a maneira pela qual consideramos a palavra: como som, como expressão duma ideia, como correspondente ao latim *nūdum* etc. Bem longe de dizer que o objeto precede o ponto de vista, diríamos que é o ponto de vista que precede o objeto; aliás, nada nos diz de antemão que uma dessas maneiras de considerar o fato em questão seja anterior ou superior às outras. (Saussure, 2006:15)

É no espírito dessa pluralidade de teorias e da impossibilidade de estabelecer fronteiras nítidas entre elas que nos colocamos a discutir os pontos convergentes e divergentes entre o que se costuma chamar de Linguística Cognitiva (Langacker, 1987; Lakoff, 1987; Fauconnier e Turner, 2002; Goldberg, 1995, 2006) e a Linguística Funcional, praticada por autores como Givón (1979b, 1995, 2001, 2005), Hopper e Traugott (2003); Traugott e Dasher (2005) e Heine e Kuteva (2007).

Para tanto, a seguir apresentaremos os pressupostos epistemológicos, recorrendo à herança filosófica que cada uma carrega em termos do tratamento que dão ao sentido. Nas seções posteriores, serão levantadas as concepções básicas de cada um desses estudos, bem como o foco de descrição das teorias. Por fim, faremos uma discussão em torno das semelhanças e diferenças entre as duas correntes (funcionalismo e cognitivismo), procurando traçar possíveis análises integradas, no sentido de avaliar o quanto uma das teorias pode fazer uso de questionamentos e descrições presentes na outra.

Pressupostos epistemológicos

Uma vez que o objetivo final deste capítulo é refletir sobre possíveis aproximações entre abordagens que se filiam, de um lado, a uma linha cognitivista não chomskyana e, de outro, a uma abordagem funcionalista, nos propomos, neste momento, a investigar os pressupostos filosófico-epistemológicos que suportam nossa empreitada. Procuraremos, assim, verificar em que medida esses campos se alinham em termos de questões fundamentais, como, por exemplo, a discussão em torno do sentido. Entender a relação palavra-sentido, por assim dizer, parece nos remeter a todo um paradigma construído no ocidente, que, de certa forma, toma como marco inicial as primeiras reflexões filosóficas originadas na Grécia Antiga.

Antes de mais nada, entretanto, é importante registrar que qualquer tentativa de abordar propostas filosóficas tão complexas e abstratas, em um artigo com a estrutura em que este se apresenta, constitui um esforço cujo resultado se concretiza invariavelmente em uma visão excessivamente simplificadora. Por outro lado, parece que é buscando heranças passadas que encontraremos o elo fundacional de ambos os caminhos teóricos a que nos prestamos a analisar.

Para prosseguir nessa reflexão, tomemos emprestadas as palavras de Martins (2005), que nos apresenta, logo no início de seu texto, uma subdivisão interessante no que diz respeito às perspectivas que se adotam para a compreensão do que estamos tomando aqui, de forma geral, como relação palavra-sentido. De acordo com a autora, temos:

> Pois bem, podemos dizer simplificadamente que a Filosofia nos oferece três ângulos principais, sob os quais se entende que a linguagem humana significa quando: (i) identifica parcelas da realidade; (ii) representa acontecimentos mentais compartilhados entre falantes e ouvintes; (iii) é usada ou vivenciada no fluxo das práticas e costumes de uma comunidade linguística, histórica e culturalmente determinadas. Por conveniência abreviatória, denomino aqui esses pontos de vista, respectivamente, *realista*, *mentalista*, *pragmatista*. (Martins, 2005: 442)

Vale ressaltar que a autora, em seu texto, reforça o fato de que essa divisão não apresenta fronteiras tão rígidas como de início sua colocação poderia sugerir. De fato, a diferenciação parece se estabelecer mais em torno do que é tomado como central e menos do que é ou não incluído em cada um dos olhares constatados.

Tomando as perspectivas realista, mentalista e pragmatista, assim simplificadamente consideradas, podemos entender que a primeira se revela na filosofia platônica; a segunda se consolida com o desenvolvimento do pensamento de Aristóteles; e, por fim, a terceira teria surgido nas reflexões iniciais dos filósofos ditos sofistas – as quais chegarão até nós pela voz de Platão. Seria possível, de modo geral, considerar o realismo de Platão no sentido de uma oposição entre mundo sensível e mundo inteligível. A essência das coisas só poderia ser encontrada no mundo real, no mundo das essências, onde a verdade se revela. Esse mundo das essências (ou inteligível) é compreendido em oposição ao mundo das aparências, das formas imperfeitas, ao qual nós, seres humanos, temos acesso por meio dos sentidos (visão, tato etc.) – daí, mundo sensível. Dessa forma, quando observamos à nossa volta, nos deparamos, por exemplo, com diferentes tipos de cadeiras (que podemos ver, tocar etc.), que seriam réplicas imperfeitas da essência da cadeira ou a cadeira *em si*. O nome *cadeira* remeteria à essência do objeto.

Assim, o real platônico não corresponde à realidade física em que vivemos, mas a um mundo que *paira sobre nós*. Seria possível, dentro da filosofia platônica, tomar a linguagem como parcela da realidade ou um duplo do real. A questão que será discutida no diálogo *Crátilo*, por exemplo, é a de se os nomes designam, naturalmente, o sentido que foram feitos para designar ou se são apenas uma convenção. Essa discussão, que não será resolvida no diálogo, implicará necessariamente o fato de que nomes referem alguma coisa; no caso, identificam parcelas da realidade tal como concebida por Platão.

Já para Aristóteles, que inaugura, por assim dizer, o *mentalismo*, os seres humanos seriam racionalmente capazes de captar o sentido de uma *cadeira*, retomando o exemplo, uma vez que racionalmente, após se depararem com cadeiras de diversos tipos, cores e tamanhos, poderiam delimitar as características necessárias e suficientes para que um determinado elemento seja incluído na categoria *cadeira* e que, consequentemente, seja referido com tal etiqueta linguística.

Tanto Platão quanto Aristóteles apostam filosoficamente na existência de verdades universalmente válidas. Ambos também apostam em uma linguagem que, de certa forma, se refere a algo externo a ela, afastando-se de propostas que tomam o discurso como construtor de realidades. Com base no fato de que se considera, tanto em Platão quanto em Aristóteles, a existência uma *verdade estável* à qual o nome faz referência, pode-se comumente separar o que se poderia chamar de pensamento platônico-aristotélico do pensamento sofístico – o qual ditará os fundamentos epistemológicos do pragmatismo.

Os filósofos sofistas, diferentemente dos anteriores, apostavam na impossibilidade da existência de *verdades universalmente válidas;* mais ainda, na incapacidade de a linguagem veiculá-las. No famoso trecho de Protágoras, *o homem é a medida de todas as coisas*, fica constatado que tudo aquilo que passa pelo homem, inclusive sua linguagem, é filtrado pelo subjetivo. A linguagem, portanto, seria sempre subjetificada e nunca objetificada, o que revela uma postura diante da questão do sentido completamente oposta às outras duas mencionadas anteriormente. Nesse caso, fica entendido que, quando fazemos uso da linguagem, construímos uma realidade discursiva, que só existe se tomada nessa dimensão.

Tomando um exemplo forçosamente simplificador, poderíamos sugerir que, mesmo uma palavra como *escola* poderia, em certa medida, ter significado diferente de pessoa para pessoa, já que a palavra não aprisiona o sentido real ou mental/racional da coisa por ela denotada. Dito de outra maneira, o sentido de escola poderia depender, entre vários fatores, da experiência escolar do indivíduo, por exemplo. Assim, parece que essa aposta filosófica sobrevive ainda nos estudos da linguagem, quando se defende que o sentido é sócio-historicamente construído.

Os gregos, preocupados com questões ontológicas que se colocavam à época (no surgimento do pensamento filosófico e no afastamento das explicações míticas), teriam construído um legado que em alguma medida ainda carregamos. Assim, quando, estudando Linguística, uma ciência moderna, retomamos questões do tipo: o que uma palavra significa? Qual é a importância do contexto para o estabelecimento de seu significado? O sentido é uma convenção ou ele está circunscrito à forma? Pois bem, é procurando por respostas a perguntas como essas que prosseguiremos com nossas reflexões.

A discussão sobre se o sentido de uma palavra se refere ou não a uma realidade externa ou se ele é subjetivo, ou seja, construído na interação localizada,[1] orienta os caminhos teóricos aqui escolhidos para serem comparados. Em relação ao pragmatismo sofista, poderíamos dizer que, modernamente, a inspiração da teoria wittgeinsteiniana para fundamentação de modelos como o do funcionalismo e da Linguística Cognitiva refletiriam uma ascendência daquela escola filosófica clássica.

Em um texto sobre a construção do sentido, Salomão (1999) afirma que:

> No momento em que, segundo a recomendação saussureana, adota-se outro ponto de vista, os estudos da linguagem reconhecem novo objeto: quando os estudos da linguagem afastam-se da tradição formalista das análises do significante e do significado, e encaram o desafio de tratar o fenômeno da significação, tornam-se insustentáveis tanto a tese da exclusão do sujeito, cultivada pelos estruturalismos de todos os matizes, como a tese gerativa da exclusividade do sujeito cognitivo, enobrecida pela reflexão platônico-cartesiana.
> A alternativa que as semânticas construcionistas propõem a esta dicotomia indesejável é postular a linguagem como operadora da conceptualização socialmente localizada através da atuação de um sujeito cognitivo, em situação comunicativa real, que produz significados como construções mentais, a serem sancionadas no fluxo interativo. Em outras palavras, a hipótese-guia é que o sinal linguístico (em concomitância com outros sinais) guie o processo de significação diretamente no contexto de uso. Pela sua ênfase equilibrada em todas as fontes de conhecimento disponíveis (gramática, esquemas conceptuais, molduras comunicativas), esta hipótese denomina-se sociocognitiva.

Por exemplo, dentro do paradigma cognitivista ou sociocognitivista, como propõe a autora, o significado é dinamicamente construído, funcionando o nome apenas como um guia. A palavra passa a ser entendida não mais como portadora de significado, mas como porta para construção do sentido – de um lado, amparado pelas bases de conhecimento do falante; de outro, orientado pelas construções linguísticas que se vão realizando no discurso.

A teoria funcionalista também adota esses princípios norteadores, uma vez que parte da linguagem em uso, do sentido contextualmente situado. Givón (1979) já defende, em várias partes de suas análises, a importância da pressuposição para a compreensão da Sintaxe, assumindo, em sua essência, a visão wittgensteiniana do sentido como uso. Mais recentemente, Traugott e Dasher (2005) reforçam essa visão, propondo uma teoria da inferência sugerida da mudança semântica, segundo a qual a gramática é sistema linguístico e código, sendo que o elo entre gramática e uso se concretiza na relação entre falante e ouvinte, que negociam sentido de maneira interativa, tanto respondendo ao contexto quanto criando contexto.

Nesse sentido, parece que tanto as análises funcionalistas quanto as abordagens ditas cognitivistas decorrem de perspectivas comuns, uma vez que ambas se colocam no panorama geral das teorias que preconizam a instabilidade do significado atrelado à forma linguística. E ambas fazem dessa instabilidade a base para a construção do suporte teórico que as caracterizam.

Além disso, tanto o funcionalismo quanto a Linguística Cognitiva estão inseridos dentro do paradigma realista-experiencialista. Experiencialista, pelo entendimento de que o sentido transmitido linguisticamente é sócio-historicamente condicionado; realista, por considerarem que há universais conceptuais relativamente estáveis envolvidos no processo de significação. Rompem, assim, com o aparente paradoxo que se impunha entre sofistas e socráticos.

Nesse sentido, entende-se que fatores culturais determinam parcialmente o modo de organização cognitiva da mente humana. Ou seja, o funcionamento dos sistemas conceptuais no homem estaria condicionado à sua experiência com o mundo externo. Por exemplo, se tomarmos a *Teoria da metáfora conceptual* de Lakoff e Johnson (1980), podemos recordar que essa se estabelece no princípio de que, a partir da experiência, seres humanos são capazes de mapear um domínio-alvo (comumente mais abstrato, menos perceptível a partir dos sentidos, por exemplo) por meio de um domínio-fonte (comumente mais concreto, físico e geralmente vinculado a alguma experiência humana de base corpórea).

Assim, uma metáfora conceptual como DISCUSSÃO É GUERRA é capaz de gerar expressões metafóricas do tipo *Ela me* ***atacou*** *com diversos argumentos novos*. Nesse exemplo, é possível perceber que o falante passa a entender o mecanismo de uma discussão por meio de uma experiência sua de vida ou de seu entendimento sobre o que é uma guerra. Temos aí uma singela demonstração de como a experiência pode moldar o modo como o ser humano organiza seu conhecimento. É interessante observar que essa projeção entre domínios está na base de diferentes expressões metafóricas que envolvem metáforas conceptuais, inclusive essa que esta sendo descrita – DISCUSSÃO É GUERRA. Isso significa dizer que novas expressões metafóricas diferentes entre si vão ser originadas de universais conceptuais relativamente estáveis, como o mecanismo de projeção entre domínios.

Poderíamos citar outras bases teóricas em que a relação experiência-sistema conceptual humano se estabelece (MCIS, esquemas imagéticos etc.); entretanto, servindo ao propósito comparativo do presente artigo – estabelecer reflexões acerca da possível aproximação entre funcionalismo e cognitivismo – procuremos retomar o princípio da trajetória concreto > abstrato, tipicamente considerada com um fator envolvido no processo de gramaticalização.

A passagem do verbo *ir* espacial para auxiliar de futuro (como o que se vê na mudança de sentido do verbo em *Ele vai abrir a* porta > *Vai chover amanhã*), por exemplo, pode evidenciar a relação entre o funcionalismo com o paradigma realista-experiencialista. De forma análoga à Teoria da Metáfora Conceptual mencionada anteriormente, poderíamos argumentar que há aí também um mapeamento do domínio do tempo no domínio do espaço: um verbo designativo de movimento no espaço assume o valor de marcador de futuro. Sendo assim, novamente aqui percebemos o fator experiência como determinante do modo de funcionamento do sistema conceptual humano. No funcionalismo, esse mapeamento será descrito por meio de inferências sugeridas, e de mecanismos de subjetificação e intersubjetificação (Traugott e Dasher, 2005), que são os fatores que, efetivamente, acionam essa metáfora. Além disso, fenômenos como esse demonstram que houve uma passagem de um valor lexical para gramatical – ou seja, uma gramaticalização – que envolve outros fenômenos translinguísticos dos quais a Teoria da Metáfora Conceptual não é capaz de dar conta.

Estabelecendo essa comparação, foi possível perceber que há uma relação forte entre experiência de mundo e cognição. Assim, partimos do princípio de que, para ambas as teorias, é preciso considerar, em maior ou menor medida, que a forma como armazenamos e processamos informação está fortemente ligada às relações que fazemos entre os elementos do mundo à nossa volta e à maneira como nos relacionamos com eles. Essa relação é sócio-historicamente determinada e, portanto, é culturalmente localizada, o que faz com que associemos cognição e cultura.

Tendo tudo isso em vista, passemos a comentar, resumidamente,[2] algumas concepções básicas de cada uma das teorias tomadas para análise.

Concepções básicas de cada corrente

Linguística Cognitiva

Não é nosso objetivo aqui explicar de modo completo a chamada Linguística Cognitiva, mas apresentar alguns pressupostos básicos capazes de dar uma ideia geral dessa corrente Linguística que seja suficiente para tecermos posteriormente alguns comentários. Podemos começar falando da visão não modular do cognitivismo, ou seja, da adoção de uma postura teórica distinta da adotada pelo formalismo chomskyano.

A modularidade chomskyana prevê que a mente é composta de módulos, sendo cada módulo responsável por uma atividade cognitiva diferente. Assim, a linguagem, como atividade cognitiva, pode ser observada independentemente de outras formas de conhecimento. E mais do que isso: cada componente da gramática constitui um módulo autônomo e, nesse sentido, é possível, por exemplo, estudar a sintaxe das línguas isoladamente de seus demais componentes, como o componente semântico ou o lexical.

O cognitivismo, ao contrário, adota uma perspectiva integradora, no sentido de que compreende a cognição como um conjunto de sistemas conectados, que envolve, além da linguagem, nossa percepção do mundo que nos cerca, nossa capacidade de armazenar as informações na memória, nossos sentimentos, as informações do contexto sociocultural em que nos inserimos.

Nesse sentido, a linguagem se relaciona com o pensamento e com a experiência. Nossos sentidos corporais nos fornecem os dados referentes ao ambiente em que vivemos, o que significa que a nossa experiência mais básica se estabelece a partir de nossa estrutura corporal. Assim, a mente é vista como não separada do corpo e o pensamento é corporificado, no sentido de que sua estrutura se relaciona à configuração do nosso corpo e suas restrições de percepção. São essas informações referentes a domínios mais concretos que podem prover as bases de nossos sistemas conceptuais. Os dados mais concretos fornecem o material para que projeções metafóricas e metonímicas se apliquem no sentido de desenvolver noções mais abstratas.

É importante registrar que todo esse dinâmico processo de significação se associa a rotinas comunicativas que são moldadas, mantidas e modificadas pelo uso (Langacker, 1986). Assim, a comunicação é vista como uma atividade compartilhada e o processo de produção do sentido é compreendido como uma negociação entre falante e ouvinte no contexto comunicativo, o que enfatiza a importância da interação e do ambiente sociocultural na compreensão do fenômeno da linguagem.

Além disso, o cognitivismo propõe uma interação entre os subcomponentes da linguagem, abandonando a rígida separação entre léxico e sintaxe. A teoria das construções gramaticais, como veremos mais adiante, reflete bem essa tendência, propondo que a unidade preliminar da gramática é a construção gramatical, que pode ser caracterizada por qualquer elemento formal diretamente associado a algum sentido, alguma função pragmática ou alguma estrutura informacional. Isso inclui palavras, expressões idiomáticas e até padrões sintáticos abstratos, o de *movimento causado*, do tipo X causa Y mover-se a Z.

Funcionalismo

Como mencionamos anteriormente, há várias propostas teóricas que se intitulam funcionalistas, já que partem do princípio de que a linguagem é um instrumento de comunicação, não podendo, portanto, ser compreendida sem que se leve em conta os fenômenos associados ao seu uso em contextos concretos de comunicação.[3] Nesse grupo, podem ser arroladas a gramática funcional holandesa, inicialmente proposta por Dik (1997a; 1997b) e atualmente desenvolvida através da gramática cognitivo-funcional por Hengeveld e Mackenzie (2006; 2008), a gramática do papel e da referência, proposta por Foley e Van Valin (1984), a gramática sistêmico-funcional de Halliday (1994), entre outras.

O funcionalismo que trabalhamos aqui é aquele que Butler (2003) chamou de funcionalismo da Costa Oeste, provavelmente pelo fato de muitos de seus representantes trabalharem nesta parte dos Estados Unidos, sobretudo na Califórnia, especificamente nas universidades de Santa Barbara, Stanford e Berkeley.[4] Trata-se de uma abordagem do fenômeno da linguagem altamente enraizada na tradição neogramática, que ganhou força nos Estados Unidos a partir da década de 1970, tendo como pioneiro o texto *The origins of syntax in discourse: a case study of Tok Pisin relatives* de Sankoff e Brown (1976).

Givón (1979a, 1979b), um dos principais pensadores dessa escola, influenciado pelas descobertas de Sankoff e Brown, escreveu alguns trabalhos de natureza antiformalista, buscando demonstrar que a sintaxe existe para desempenhar uma determinada função e é esta função que determina sua maneira de ser (Martelotta e Areas, 2003). A partir daí se desenvolve uma Linguística baseada em ideias como a linguagem é uma atividade sociocultural, cuja estrutura serve a funções cognitivas e comunicativas e, por essa razão, caracteriza-se por uma dinamicidade constante, resultante da criatividade dos usuários da língua em adaptar sua fala aos diferentes contextos de comunicação.

Essa dinamicidade se manifesta na noção de Hopper (1987) de gramática emergente e na teoria da gramaticalização, que descreve as motivações que levam elementos lexicais, que atuam no nível representacional, designando entidades, ações e qualidades (Martelotta, Votre e Cezario, 1996), a funcionar como elementos gramaticais, que operam no nível interpessoal, organizando os itens do léxico no discurso, dando-lhe, assim, uma conformação estrutural destinada a veicular uma determinada estratégia pragmático-discursiva.

Essa trajetória de mudança marca uma passagem de unidades linguísticas atuantes em domínios mais concretos e objetivos e mais fáceis de serem conceptualizados para domínios mais abstratos e subjetivos, associados a estratégias comunicativas que refletem o direcionamento argumentativo que o falante quer dar a seu anunciado, a indicação do posicionamento do falante em relação ao que fala, bem como sua preocupação com a recepção do enunciado pelo ouvinte.

Relações entre as duas teorias: uma linguística centrada no uso

Muitos autores (Tomasello, 1998, 2003a, 2003b; Barlow e Kemmer, 2000; Bybee, 2006, 2010) vêm utilizando os termos "Linguística centrada no uso" (*usage-based linguistics*) ou "Linguística cognitivo-funcional" (*cognitive-functional linguistics*) para designar uma tendência de análise das línguas, paralela às abordagens formalistas, que reflete uma junção das tradições desenvolvidas pelas pesquisas de representantes da Linguística funcional, como Talmy Givón, Paul Hopper, Sandra Thompson, Elizabeth Traugott, entre outros, e por cognitivistas, como George Lakoff, Ronald W. Langacker, Gilles Fauconnier, Adele Goldberg etc. Vejamos alguns pontos principais que caracterizam essa abordagem.

A relação entre biologia e cultura

Um aspecto importante que caracteriza a Linguística centrada no uso é a relação entre biologia e cultura, ou seja, a habilidade humana para a linguagem não pode ser explicada apenas por uma estrutura biológica básica, como propõe a linguística gerativa. A gramática, portanto, não é vista como uma estrutura autônoma da base biológica cujos princípios estão inseridos na estrutura genética humana. O sentido é sempre contextualmente dependente e os aspectos culturais têm interferência direta nos mecanismos que envolvem o modo como estruturamos nossas frases. Assim, abandona-se o princípio da autonomia da gramática e Semântica e Pragmática são incorporadas nas análises.

Nesse sentido, a gramática não é vista como um conjunto de regras fixas, independentes do conteúdo que elas veiculam ou dos sentimentos e valores envolvidos na interação entre os usuários da língua. A Sintaxe, ao contrário, está a serviço do discurso, compreendido como o uso real de língua em situações específicas de comunicação ou, em outras palavras, a gramática é vista como um conjunto de princípios de adaptação contextual. E é exatamente por isso que as línguas apresentam grande quantidade de variação, no sentido de que suas unidades podem se apresentar de formas diferentes no uso sincrônico, e gradiência, ou seja, a dificuldade de se estabelecer fronteiras entre as unidades porque a mudança ocorre através do tempo de modo gradual, movendo os elementos através de um *continuum* de uma categoria a outra (Bybee, 2010).

Em termos evolucionários, abandona-se chamada *hipótese do salto*, que tende a se relacionar a conceitos de biologia evolucionária como exaptação ou mutação para dar conta da evolução da linguagem. Na visão centrada no uso, a faculdade da linguagem evoluiu, na espécie humana gradualmente como uma adaptação para valores mais precisos e comunicação mais eficiente (Pinker e Bloom, 1990; Givón, 2005; Heine e Kuteva, 2007).

Segundo Givón (2005), a comunicação, nos seus primeiros estágios, era caracterizada em geral por atos de fala manipulativos, em que o desenvolvimento em direção a atos de fala declarativos constitui um desenvolvimento posterior na evolução da linguagem humana. Evidências para essa hipótese podem ser vistas tanto na linguagem de primatas quanto na aquisição da linguagem pela criança: ambas são predominantemente manipulativas, embora a massa da maquinaria gramatical das línguas modernas esteja relacionada à codificação de atos de fala declarativos. A teoria de gramaticalização, segundo Heine e Kuteva (2007), com suas descobertas de mecanismos regulares e graduais de mudança, atestados em várias línguas, também fornece evidências para essa hipótese da evolução gradual.

O papel da interação

Na visão centrada no uso, a gramática constitui um fenômeno sociocultural, o que sugere que sua estrutura e sua regularidade vêm do discurso, sendo moldadas em um processo contínuo. Nesse sentido, dominar a gramática de uma língua significa não apenas conhecer mecanismos de natureza sintática, mas também processos associados à organização textual, como a utilização adequada de diferentes planos discursivos como coesão e coerência, figura e fundo (Hopper, 1979), entre outros. Como esses mecanismos textuais estão a serviço da comunicação, o conhecimento da gramática engloba necessariamente fenômenos de natureza interacional, como saber se ajustar às molduras comunicativas que compõem nossa vida social (Miranda, 2009), assim como trabalhar comunicativamente intenções e expectativas dos participantes, leituras de intenção, implicaturas conversacionais (Traugott e Dasher, 2005).

O papel da cognição

Ao processar o discurso, o falante atualiza uma série de mecanismos de natureza cognitiva, essenciais aos seres humanos, como simbolização, transferência entre domínios, armazenamento de informação na memória, processamento e interpretação da informação, entre outras (a gramática está, dentro da visão referida, essencialmente relacionada a esses mecanismos gerais).

O uso de expressões preposicionadas na língua, por exemplo, reflete, muitas vezes, a perspectivização que o falante toma em relação à cena a ser descrita. Por exemplo, dizer que *O livro está* ***embaixo*** *da caixa* ou que *A caixa está* ***em cima*** *do livro* dependerá, por exemplo, do perfilamento (Langacker, 1987) do falante, relativo a quem ele está considerando como trajetor (que está sendo tomado como mais proeminente) ou marco – no caso, o primeiro exemplo traz *o livro* como trajetor e o segundo, inversamente, *a caixa* é perfilada.

Outro exemplo são casos de extensão de sentido que podem ser interpretados como organizados nos moldes de uma estrutura radial, em que um sentido central passa a ser estendido a novos sentidos que se afastam ou se aproximam dele em maior ou menor grau. O caso clássico do uso do *there*, tal como descrito por Lakoff (1987), ilustra bem esse fenômeno, em que uma instância construcional (relativa à construção locativa com *there*) passa a gerar toda uma rede de construções semanticamente relacionadas àquela primeira, a qual é tomada como ponto central das extensões de sentido que suportam a rede.

Parece que a relação linguagem-realidade-cognição se coloca de modo muito imbricado dentro da perspectiva centrada no uso e poderíamos citar aqui diversos outros bons exemplos de como essa relação se dá. Entretanto, optamos por continuar a tratar das questões que envolvem as duas teorias tomadas para comparação, procurando, no item a seguir, refletir sobre a possibilidade de aliar estudos de gramaticalização e de gramática das construções.

Teoria das construções gramaticais e gramaticalização

Uma forte tendência que tem se manifestado em vários trabalhos atuais na linha do uso é a aproximação entre o conceito de construção e o processo de gramaticalização (Traugott, 2003a; Noël, 2006). Essa relação se manifesta no fato de que não apenas morfemas e palavras se gramaticalizam, mas, sobretudo, expressões com mais de uma palavra:

a) Desenvolvimento de advérbios:
acima < *a cima*, *apenas* < *a penas*, *então* < *in tunc(e)*, *depois* < *de* + *pos*, *ontem* < *ad noctem* etc.
b) Desenvolvimento de conjunções:
embora < *em boa hora; porém* < *por ende*.
c) Desenvolvimento de expressões intensificadoras:
um bocado feliz < *um bocado de gente*.[5]

Essas expressões com mais de uma palavra nos remetem à proposta da gramática das construções. Isso porque o conceito de construção gramatical (Goldberg, 1995; 2006) se baseia na noção de pareamentos de forma e sentido que pode abarcar desde morfemas da língua até sentenças inteiras. Além disso, a noção de construção gramatical pode englobar unidades teóricas mais abertas como as construções de movimento causado (*SN V SN SP*), assim como algumas construções lexicais, a exemplo de *X-eiro* ou *X-ada* (Miranda e Salomão, 2009). Além disso, expressões formulaicas mais lexicalmente especificadas (a saber: *pagar mico*; *catar coquinho*) também são consideradas construções gramaticais e estão na base desses estudos (Fillmore, Kay e O'Connor, 1988).

Tomada em tão largo aspecto, a noção de construção gramatical passou a ser repensada à luz da teoria da gramaticalização. Ocorre que, tradicionalmente, os estudos em gramaticalização focalizavam mais fortemente em suas análises o item que estava se gramaticalizando, como é o caso do já citado verbo pleno *ir* (Ele *vai* para casa), que passa a assumir a função gramatical de auxiliar indicador de futuro (*Vai* chover). Com o desenvolvimento dos estudos, começa-se a observar o papel da contiguidade discursiva no processo. Ou seja, parte-se do princípio de que um item se gramaticaliza dentro de uma estrutura discursiva maior, que gera uma inferência tal que desencadeia uma nova possibilidade de interpretação da função do item na língua. Ao incorporar o conceito de construção nesses estudos, essa estrutura discursiva maior passa a poder ser vista como a própria unidade que se gramaticaliza.

A gramaticalização do futuro perifrástico, portanto, envolveria não apenas um processo sofrido pelo verbo *ir*, mas o estabelecimento de um padrão mais geral que abarca todo o contexto sintático imediatamente envolvido. Conforme propõem Ferrari e Alonso (2009: 4), a construção, gramaticalizada de futuro caracterizaria um padrão do tipo [(SN) AUX INFINITIVO (X)], do que se poderia concluir que todo verbo que licencie a ideia de futuro poderia instanciar essa construção. No artigo, as autoras incluem os verbos *poder* e *dever* como possíveis instâncias, aproximando esses modais e o auxiliar de futuro. A proposta de tratamento da construção de futuro tal como delineada anteriormente mostra-se afim aos estudos de gramaticalização, uma vez que foi só a partir dos dados históricos (envolvidos na gramaticalização de *ir*, bem como na formação dos verbos modais) característicos desses estudos que chegou às conclusões apresentadas.

Alonso e Martelotta (2009: 10-11) acrescentam:

> Inclusive, além dos modais *dever* e *poder*, que indicam noções como necessidade ou obrigação – que apontam para algo posterior –, há ainda outras categorias verbais a partir dos quais a noção de futuro pode ser inferida, a saber: i) verbos de movimento, como *vir* (*Ele vem fazer Letras*); ii) verbos de desejo, como *querer, desejar*, *pretender* (*Ele quer fazer Letras*); iii) verbos de planejamento, como *planejar*, *pensar* (*Ele pensa/planeja fazer Letras*); iv) verbos de tentativa ou esforço, como*, tentar, buscar, esforçar-se para* (ele *tenta fazer Letras*); v) verbos de predisposição, como *predispor-se a*, *propor-se a*, *preparar-se para, estar para* (*Ele se propõe a fazer Letras*), etc.

Para entender um pouco mais sobre a contribuição dos estudos de gramaticalização na descrição da formação do auxiliar de futuro em português, devemos considerar novamente a noção de contiguidade discursiva. Assim, temos que uma forma, para se gramaticalizar, deve aparecer recorrentemente em uma determinada sequência discursiva. Por exemplo, a gramaticalização do *ir* como auxiliar de futuro em português só foi possível porque esse item ocorria frequentemente em uma sequência em que ele era seguido por um verbo na forma infinitiva constitutivo de uma cláusula final. Ou seja, em um contexto em que o sujeito transparecia a intenção de realizar a ação sugerida pelo verbo no infinitivo (como o que se vê em *Ele vai abrir a porta*, em que *ele* se desloca espacialmente a fim de realizar a ação de abrir a porta).

A realização imediata dessa segunda ação passou a poder também ser entendida como uma realização em um futuro mais distante, valendo-se, neste caso, também da projeção do domínio do tempo no domínio do espaço. A ambiguidade, gerada pela contiguidade discursiva, levou à interpretação da nova função de *ir*, como auxiliar de futuro, ficando o padrão *ir + infinitivo* como a construção de futuro perifrástico, que serve de alternativa à de futuro simples. Essa é a essência da ideia de inferência sugerida (Traugott e Dasher, 2005), já que o falante, a partir do contexto morfossintático e da situação interacional, evoca implicaturas e convida o ouvinte/leitor a inferi-las, atribuindo ao elemento linguístico uma nova função.

A perspectiva da inferência sugerida parece estar, em alguma medida, relacionada à proposta da construção gramatical, uma vez que toda unidade construcional é resultante de um padrão de uso cognitivamente apreendido e associado a uma função pragmático-discursiva, gerando um pareamento forma-sentido. Assim, tanto na perspectiva funcionalista quanto na abordagem cognitivista, operações cognitivas estão subjacentes ao uso e têm, nos momentos reais de interação, seu fator desencadeador, em um processo no qual frequência de uso e contiguidade discursiva exercem papel preponderante.

A contiguidade discursiva, como se vê, sempre sugeriu uma visão para *além do item*, uma vez que reconhece a necessidade de se considerar, mesmo que como pano de fundo, a estrutura sintática envolvente, assim como o contexto de interação. Dessa maneira, a noção de construção gramatical parece cair como uma luva para que o pano de fundo viesse à cena, ou seja, para que um contexto maior que o item, seja ele de que extensão for, pudesse ser tomado como *se* gramaticalizando. Isso significa dizer que, embora não estivesse descrita em termos de todo um arcabouço teórico que traz a construção gramatical como uma unidade teórica congelada pelo uso, a urgência de observar um contexto maior sempre esteve na agenda dos estudos de gramaticalização.

Como consequência, o item passa a ser visto como construção, e a construção pode ser mais do que um item: um sintagma, uma frase etc. Tendo isso em vista, parece que o conceito de construção pôde ser bem aproveitado nos estudos funcionalistas de gramaticalização, uma vez que ambos partem de uma base comum, de um olhar sobre a linguagem que procura não ser meramente composicional.

Integração entre as teorias: algumas considerações

Uma das questões que a proximidade entre a teoria da gramaticalização e a gramática das construções pode levantar é a indagação sobre de onde surgem as construções gramaticais, do ponto de vista da formação gradual diacronicamente atestável desses padrões. O que estamos defendendo é que, seguindo a linha da gramática centrada no uso, a formação diacrônica das construções gramaticais advém, de modo geral, do processo de gramaticalização – isto é, da formação de pareamentos forma-sentido cristalizados pelo uso, em decorrência da alta frequência com que uma determinada configuração sintática ocorre.

Haveria, então, aí implicado um processo que se vai chamar de gramaticalização de construções, em que um padrão construcional vai se fixando ao longo do tempo na língua.

A relação entre gramaticalização e gramática de construções leva em conta não só a nova abrangência do escopo de análise, mas também a importância que os itens que instanciam essa construção exercem na geração de operações cognitivas que estão na base do surgimento de novos padrões construcionais. Por exemplo, considerando uma expressão como *um pouco de leite*,[6] por exemplo, admitimos que é possível aproximá-la de outras como *um litro de leite*, *dois quilos de arroz*. *um punhado de areia*, entre outras. Além disso, podemos também postular um padrão construcional em que haveria um numeral (que poderia ser *um*, *dois* etc.), um nome indicativo de parte (N1, como *litro, quilo* e *punhado*), a preposição *de* e um segundo nome indicativo de todo (N2, como *arroz, areia* e *leite*) – do que se pode produzir o padrão Num N1 de N2. Sendo assim, desse raciocínio, percebe-se que há uma estrutura mais abstrata (a construção Num N1 de N2), que regula a ocorrência de diversas expressões (ou instâncias) linguísticas. Ou seja, há aí um padrão gramaticalizado que está na base de diferentes usos do português.

Defende-se que a construção referida foi sendo formada ao longo da história do português, na medida, em que suas partes foram se juntando (por exemplo, pode-se tomar a junção do numeral com o nome, em um primeiro momento, depois Num N1 com o sintagma preposicional *de* N2) e, através dos séculos, se tornando a estrutura complexa que encontramos hoje – Num N1 de N2. Consequentemente, a contiguidade formal virá acompanhada de uma contiguidade cognitiva, dando origem a um pareamento forma-sentido que será mais tarde chamado de construção. Entretanto, devemos ter em mente que, assim como nos estudos de gramaticalização voltados para o item, o produto final do processo ainda carrega prioridades[7] que remetem à sua origem, aqui também a compreensão do pareamento forma e sentido será mais bem delineada com o suporte diacrônico.

Tendo tudo isso em vista, devemos passar a refletir sobre a possibilidade de se trabalhar com a tradição diacrônica dos estudos de gramaticalização em harmonia com a tradição sincrônica da gramática das construções. A proposta é a de que, sendo a gramática da língua uma estrutura dinâmica, maleável, a distinção entre sincronia e diacronia precisará ser repensada e, tendo isso em vista, propõe-se a gramaticalização como o processo que está na base da formação de padrões construcionais, dos mais simples aos mais complexos e a rede construcional como a arquitetura gramatical disponível para o falante construir seu discurso.

Considerações finais

Resumindo o que vimos até aqui, vale registrar que a abordagem centrada no uso reúne algumas características comuns ao funcionalismo e ao cognitivismo. Entre essas caraterísticas estão a importância do contexto de interação e das operações cognitivas nos processos de significação, a importância dos mecanismos de mudança para compreender o fenômeno da linguagem e a não distinção entre léxico e sintaxe, uma vez que a unidade linguística básica passa a ser a construção, que pode ser caracterizada por qualquer elemento formal – um lexema, uma palavra, uma estrutura sintática mais complexa – diretamente associado a algum sentido, alguma função pragmática ou alguma estrutura informacional.

Considerando as discussões levantadas no presente capítulo, parece plausível uma proposta de aproximação entre as duas teorias. Assim, esperamos ter contribuído, de alguma forma, para as reflexões que estão em curso acerca da abordagem centrada no uso, tendo em vista que essa é uma perspectiva que atualmente vem chamando atenção de um número cada vez maior de linguistas em todo o mundo.

Notas

1 Em função disso, em Traugott (2003b) e Traugott e Dasher (2005), podemos perceber uma preferência pelo termo *intersubjetivo*.

2 Para maiores detalhes acerca dessas duas tendência de análise, ver Cunha, Oliveira e Martelotta (2003), Martelotta (2008) e Miranda e Salomão (2009).

3 Para maiores detalhes ver Butler (2003).

4 Não concordamos com essa designação por vários motivos. Entre eles apontamos: (i) esses linguistas não utilizam esse rótulo para designar seu trabalho, (ii) há representantes importantes dessa escola, como Bybee e Hopper, que não estão na Costa Oeste, (iii) há linguistas em universidades da Costa Oeste que praticam outro tipo de funcionalismo, como de Robert Van Valin, por exemplo, (iv) há importantes praticantes desse funcionalismo, trabalhando sobretudo na Alemanha, como Heine, Kuteva, Lehmann, entre outros.

5 Esse caso é um pouco diferente do que vemos nos exemplos apresentados em a e b, porque na escrita não ocorre erosão fonética e univerbação (duas ou mais palavras se tornando apenas uma). Entretanto, se pensarmos em termos de fala, podemos ver um movimento nesse sentido na assimilação um mocado < um bocado.

6 Uma análise mais detalhada dessas construções encontra-se em Alonso (2010).

7 No caso da gramaticalização de -mente, por exemplo, o sufixo apresenta uma base no feminino (primeiro + mente = primeiramente), por conta de, em sua origem lexical (mente, razão), ser um nome do gênero feminino com o qual o adjetivo concordava.

Bibliografia

Alonso, K. S. B. *Construções binominais quantitativas e construção de modificação de grau: uma abordagem baseada no uso*. Rio de Janeiro, 2010. Tese (Doutorado em Linguística) – Programa de Pós graduação em Linguística, UFRJ.

______; Martelotta, M. E. Como se forma a gramática de uma língua? Uma proposta de aproximação entre gramaticalização e gramática das construções. *Intersignos* – Revista Acadêmica do curso de Letras da Faculdade CCAA, v. 2, 2009, pp. 21-30.

Barlow, M.; Kemmer, S. (Eds.). *Usage based models of language*. Stanford/California: CSLI Publications, 2000.

Butler, C. S. *Structure and function*: a guide to three major structural-functional theories. Amsterdam/ Philadephia: John Benjamins, 2003.

Bybee, J. From usage to grammar: the mind's response to repetition. *Language*, v. 82, n. 4, 2006, pp. 711-33.

______. *Language, usage and cognition*. Cambridge: Cambridge University Press, 2010.

Cunha, M. A. F.; Oliveira, M. R.; Martelotta, M. E. (Orgs.). *Linguística funcional*: teoria e prática. Rio de Janeiro: DP&A, 2003.

Dik, S. C. *The theory of Functional Grammar*. the structure of the clause. In: Hengeveld, K. (Ed.). Dordrecht: Foris Publication, [1989] 1997a.

______. *The theory of Functional Grammar*: complex and derived Constructions. In: Hengeveld, K. (Ed.). Berlin/New York: Mouton de Gruyter, 1997b.

Fauconnier, Gilles; Turner, Mark. *The way we think*: conceptual blending and the mind's hidden complexities. New York: Basic Books, 2002.

Ferrari, L. V.; Alonso, K. S. B. Subjetividade e construções de futuro no português brasileiro. *Alfa (Revista de Estudos Linguísticos)*, v. 53, n. 1, 2009, pp. 223-41.

Foley, W. A.; Van Valin, R. D. *Functional syntax and universal grammar*. Cambridge: Cambridge Univesity Press, 1984.

Givón, T. From discourse to syntax: grammar a processing strategy. In: Givón, T. (Ed.). *Syntax and semantics*: discourse and syntax. New York: Academic Press, 1979a, v. 12, pp. 81-212.

______. *On understanding grammar*. New York: Academic Press, 1979b.

______. *Functionalism and grammar*. Amsterdam/ Philadelphia: John Benjamins, 1995.

______. *Sintax: an introduction*. Amsterdam/ Philadephia: John Benjamins, v. 1, 2001.

______. *Context as other minds*: the pragmatics of sociality cognition and communication. Amsterdam/ Philadephia: John Benjamins, 2005.

Goldberg, A. E. *A construction grammar approach to argument structure*. Chicago/ London: The University of Chicago Press, 1995.

______. *Constructions at work*: the nature of generalization in language. Oxford: Oxford University Press, 2006.

Halliday, M. A. K. *An introduction to functional grammar*. 2. ed. London/ Melbourne/Auckland: Edward Arnold, 1994.

Heine, B.; Kuteva, T. *The genesis of grammar:* a reconstruction. Oxford: University Press, 2007.

Hengeveld, K.; Mackenzie, J. L. Functional Discourse Grammar. In: Brown, K. (Ed.). *Encyclopedia of language and linguistics*. Oxford: Elsevier, 2006, pp. 668-76.

______. *Functional Discourse Grammar*: A typologically-based theory of language structure. Oxford: Oxford University Press, 2008.

Hopper, P. Aspect and foregrounding in discourse. In: Givón, T. (Ed.). *Syntax and semantics*: discourse and syntax. New York: Academic Press, v. 12, 1979.

________. *Emergent grammar*. Berkeley: Linguistics Society, 1987, pp. 139-57.

______; Traugott, E. *Grammaticalization*. Cambridge: Cambridge University Press, 2003.

Lakoff, G. *Women, fire and dangerous things:* what categories reveal about mind. Chicago/London: The University of Chicago Press, 1987.

_____; Johnson, M. *Metaphors we live by*. Chicago: The University of Chicago Press, 1980.

LANGACKER, R. W. *Foundations of cognitive grammar*. Stanford/California: Stanford University Press, 1987.

MARTELOTTA, M. E. (Org.). *Manual de linguística*. São Paulo: Contexto, 2008.

______; VOTRE, S. J.; CEZARIO, M. M. (Orgs.). *Gramaticalização no português do Brasil*: uma abordagem funcional. Rio de Janeiro: Tempo Brasileiro, 1996.

______. AREAS, E. K. A visão funcionalista da linguagem no século XX. In: CUNHA, M. A. F.; OLIVEIRA, M. R.; MARTELOTTA, M. E. (Orgs.) *Linguística funcional*: teoria e prática. Rio de Janeiro: DP&A, 2003.

MARTINS, H. Três caminhos na Filosofia da Linguagem. In: MUSSALIN, F.; BENTES, A. C. (Orgs.). *Introdução à linguística:* fundamentos epistemológicos. São Paulo: Cortez, 2005, v. 3.

MIRANDA, N. S. *A configuração das arenas comunicativas no discurso institucional:* professores *versus* professores. Juiz de Fora, 2000. Tese (Doutorado em Educação) – Programa de Pós-graduação em Educação, UFJF.

______; SALOMÃO, M. M. M. *Construções do português do Brasil*: da gramática ao discurso. Belo Horizonte: Editora UFMG, 2009.

NOEL, D. *Diachronic construction grammar vs. Grammaticalization theory*, 2006. Disponível em: <http://hub.hku.hk/handle/123456789/38694>. Acesso em: 10 de julho de 2007.

PINKER, S.; BLOOM, P. Natural language and natural selection. *Behavioral and Brain Sciences*, 1990, pp. 707-84.

SALOMÃO, M. M. M. A questão da construção do sentido e a revisão da agenda dos estudos da linguagem. *Veredas*, v. 3, 1999, pp. 61-79.

SANKNOFF, G.; BROWN, P. The origins of syntax in discourse: a case study of Tok Pisin relatives. *Language*, v. 52, 1976, pp. 631-66.

SAUSSURE, F. *Curso de linguística geral*. 26. ed. São Paulo: Cultrix, 2006.

TOMASELLO, M. (Ed.). *The new psychology of language*: cognitive and functional approaches to language structure. New Jersey/ London: Lawrence Erlbaum Associates Publishers, 1998, v. 1.

______. *The new psychology of language*: cognitive and functional approaches to language structure. New Jersey/London: Lawrence Erlbaum Associates Publishers, 2003a, v. 2.

______. *Constructing a language*: a usage-based theory of language acquisition. Cambridge/ London: Harvard University Press, 2003b.

TRAUGOTT, E. C. Constructions in grammaticalization. In: JOSEPH, B. D.; JANDA, R. D. (Eds.). *The handbook of historical linguistics*. Oxford: Blackwell Publishing Ltda, 2003a.

______. From subjetification to intersubjetification. In: HICKEY, R. (Ed.). *Motives for language change*. Cambridge: Cambridge University Press, 2003b.

______; DASHER, R. B. *Regularity in semantic change*. Cambridge: Cambridge University Press, 2005.

A Gramática Discursivo-Funcional e o contexto

Erotilde Goreti Pezatti

Qualquer abordagem de língua que merece o epíteto 'funcional' tem de explicar não somente os recursos lexicais, morfossintáticos e semânticos do sistema linguístico, mas também os meios pelos quais esses recursos devem ser dispostos para o propósito da comunicação (Connolly, 2007: 11).

Questões textual-discursivas e expressão morfossintática constituem, na verdade, um ponto bastante delicado para modelos teóricos que não tratam especificamente de *discurso*, *contexto* e *texto*. Este é o caso da Gramática Discursivo-Funcional (doravante GDF), pois, embora procure entender a estrutura dos enunciados em seu contexto discursivo, essa teoria não tem a pretensão de oferecer uma descrição completa do contexto discursivo como um todo e nem é de modo algum um modelo de Análise do Discurso. No entanto, uma importante característica da GDF é considerar muito seriamente o fato de que os enunciados são produzidos e entendidos no contexto, já que assume que a intenção do falante não surge em um *vacuum*, mas sim em um multifacetado contexto comunicativo.

De acordo com os princípios estabelecidos na Gramática Funcional (GF) por Dik (1997: 6), a GDF, que dela deriva e a expande, representa uma abordagem que leva em conta a natureza situada da comunicação linguística e, por isso, apresenta uma explicação da inter-relação entre linguagem e contexto.

Com base em Connolly (2007), Cornish (2009) e Hengeveld e Mackenzie (2008), este capítulo tem por objetivo, por um lado, mostrar como alguns fenômenos do contexto são tratados na GDF e, por outro, chamar a atenção para outros que ainda não receberam uma explicação satisfatória para a codificação gramatical. Para isso, se detém em dois aspectos que envolvem o componente contextual: a anáfora discursiva e a ordenação de constituintes. A anáfora, como afirma Cornish (2009: 108), fornece particularmente um ótimo diagnóstico do contexto, uma vez que envolve a dimensão (co)textual e a discursiva, relacionada ao mundo de referentes, propriedades e estados de coisas disponíveis aos participantes em qualquer ponto não inicial de um evento comunicativo. Sem contexto – situacional, textual ou discursivo –, seria impossível a referência anafórica (assim como a dêitica). A ordenação de constituintes na sentença é também altamente dependente do contexto, uma vez que está relacionada às intenções do falante em salientar determinados constituintes (pragmática), alterando a ordem deles no cotexto, fornecendo assim pistas ao destinatário para interpretar adequadamente sua mensagem.

Este capítulo se organiza da seguinte maneira. Primeiramente será apresentado o suporte teórico que embasa o trabalho, seguido do tratamento do contexto dado pela Gramática Discursivo-Funcional. A terceira parte é reservada para a natureza da estrutura do contexto, ou seja, a distinção entre *texto*, *contexto* e *discurso*, importante para explicar o uso de elementos anafóricos, e, por fim, na parte intitulada *anáfora discursiva e contexto*, alguns exemplos são utilizados para explicar como as diferentes facetas do contexto discursivo afetam tanto a escolha de uma forma particular feita pelo falante quanto a interpretação que o destinatário faz dela.

A arquitetura da GDF

A arquitetura geral da GDF é constituída de quatro componentes: o conceitual, o contextual, o gramatical e o de saída (cf. figura 1 na pág. 110).

O componente conceitual é pré-linguístico. Nele, a intenção comunicativa (por ex.: aviso de perigo) e a representação mental correspondente (por ex.: o evento causador de perigo) são relevantes. Por meio da operação de formulação, essas representações conceituais são traduzidas em representações pragmáticas, no nível interpessoal, e semânticas, no nível representacional. As regras usadas na formulação são específicas de cada língua.[1] Como resultado, representações conceituais similares podem receber representações pragmáticas e semânticas diferentes em diferentes línguas.

As regras de formulação fazem uso de um conjunto de primitivos que contêm *frames*, lexemas e operadores. As configurações nos níveis interpessoal e representacional são traduzidas em estruturas morfossintáticas na codificação morfossintática. As regras de codificação morfossintática caem em um conjunto de primitivos que contém *templates* morfossintáticos, morfemas gramaticais e operadores morfossintáticos. Similarmente, as estruturas dos níveis interpessoal, representacional e morfossintático são traduzidas em estrutura fonológica no nível fonológico. As regras de codificação fonológica caem em um conjunto de primitivos que contém *templates* fonológicos, formas supletivas e operadores fonológicos.

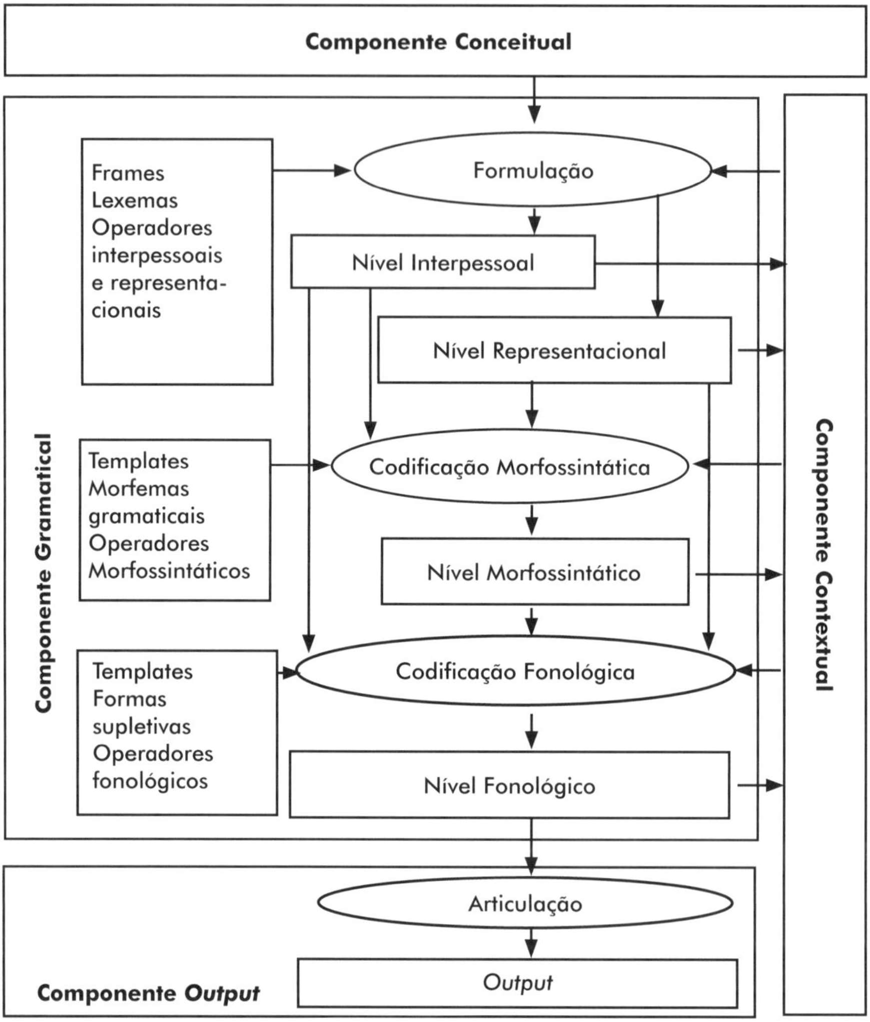

Figura 1 – Esboço geral da GDF (adaptado de Hengeveld e Mackenzie, 2008: 13)

Ao organizar o componente gramatical desse modo, a GDF considera a abordagem funcional de língua em seu extremo lógico: dentro da organização *top-down* da gramática, a Pragmática comanda a Semântica, a Pragmática e a Semântica comandam a Morfossintaxe e a Pragmática, a Semântica e a Morfossintaxe comandam a Fonologia.

O nível fonológico de representação é o *input* para a operação de articulação, que, no caso de um componente de saída acústico (diferentemente da escrita ou da língua de sinais), contém regras fonéticas necessárias para alcançar um enunciado adequado. A articulação ocorre fora da gramática propriamente dita.

Os vários níveis de representação dentro da gramática alimentam o componente contextual, capacitando subsequente referência a vários tipos de entidades relevantes para cada um desses níveis uma vez introduzidos no discurso. O componente contextual alimenta as operações de formulação e codificação, ao disponibilizar antecedentes, referentes visíveis e participantes do ato de fala que podem influenciar a composição do ato discursivo subsequente. Para criar uma especificação contextual, o ouvinte tem de reconstruir todos os níveis de representação dentro da gramática com base no *output* real da gramática, como por exemplo, o enunciado fonético. A GDF parte da perspectiva da produção linguística e concentra-se no componente gramatical.

O componente gramatical é representado por meio de elipses, caixas e retângulos: elipses são reservadas para operações; caixas, para primitivos, e retângulos, para níveis de representação. A operação de formulação no componente gramatical converte a intenção comunicativa em representações pragmáticas e semânticas, nos níveis interpessoal e representacional, respectivamente. No próximo estágio, operações de codificação, por seu turno, convertem essas representações pragmáticas e semânticas em representações morfossintáticas e fonológicas; essas representações constituem o *output* da gramática e ao mesmo tempo o *input* para a operação final de articulação, cujo resultado é a expressão linguística.

Os quatro níveis de representação são hierarquicamente estruturados em camadas de vários tipos. A mais alta camada do nível interpessoal é o movimento, que consiste de um ou mais ato discursivo; um ato discursivo é, por sua vez, organizado sobre um esquema ilocucionário (IL), que contém dois participantes do discurso, falante e ouvinte, e o conteúdo comunicado, composto, por seu turno, de subatos de referência e de atribuição.

No nível representacional, a unidade mais alta é o conteúdo proposicional (p), que contém um ou mais episódio, que, por sua vez, contém um ou mais estado de coisas, organizado em propriedade, indivíduo, lugar, tempo, modo, quantidade e razão.

O nível morfossintático é responsável pelas representações estruturais em termos de propriedades lineares das unidades linguísticas e, similarmente a outros níveis, é hierarquicamente organizado em sentença, oração, sintagmas e palavras.

Considerando que a produção começa com as intenções comunicativas, que são processadas de cima para baixo, a eficiência do modelo da GDF é proporcional ao modo como ela reflete a produção linguística. Na figura 1, os percursos são representados por flechas. As flechas horizontais referem-se ao conjunto de primitivos de várias operações. A implementação dinâmica, que é representada por flechas verticais, indica o Princípio de Profundidade em primeiro lugar e o Princípio de Profundidade máxima, ambos destinados a acelerar a implementação da gramática. O Princípio de Profundidade em primeiro lugar afirma que a informação de certo nível é enviada para um nível mais baixo logo que o *input* informacional necessário para esse nível estiver completo, enquanto o Princípio de Profundidade máxima assegura que somente os níveis de representação relevantes para a construção (de certo aspecto) do enunciado são usados na produção desse (aspecto do) enunciado (Hengeveld, 2005: 73).

Cada um dos níveis de representação dentro do componente gramatical é estruturado de modo próprio. O que todos eles têm em comum é uma organização hierarquicamente ordenada em camada, ou seja, são dispostos numa estrutura em camadas. Cada camada é composta de um *núcleo* (obrigatório), que pode ser restringido por um *modificador* (opcional), especificado por um *operador* e ter uma *função*. Núcleos e modificadores (Σ, σ) representam estratégias lexicais, enquanto operadores (π) e funções (Φ) representam estratégias gramaticais. Função é sempre relacional e ocorre entre unidades da mesma camada, já o operador se aplica a uma unidade em si mesma.

O tratamento do contexto na GDF

A GDF procura entender a estrutura dos enunciados em seu contexto discursivo, embora não seja de modo algum um modelo de análise do discurso e nem tenha a pretensão de oferecer uma descrição completa do contexto discursivo como um todo. Como já observado, a GDF, adota uma perspectiva orientada para a produção do falante e não uma perspectiva orientada para a interpretação do destinatário.

Esse modelo assume que a intenção do falante não surge em um *vacuum*, mas sim em um multifacetado contexto comunicativo. Uma dessas facetas constitui o componente contextual. Esse componente contém dois tipos de informação:[2]

(i) a informação imediata (de curto prazo) recebida do componente gramatical relativa a um enunciado particular que é relevante para a forma que os enunciados subsequentes assumem;

(ii) informações de longo prazo sobre a interação corrente que é relevante para as distinções que são requeridas na língua em uso e que influenciam a formulação e a codificação nessa língua.

Em termos gerais, esses dois tipos de informação podem ser equacionados com as dimensões "texto" e "discurso" respectivamente, como concebido por Cornish (2009). Eles também correspondem em sentido amplo à distinção "forma" e "conteúdo" proposta por Hengeveld (2005) como parte do componente contextual do modelo. A GDF admite que fatores relativos a questões de gênero, registro, estilo etc. são aspectos do contexto de interação que podem ter impactos sobre as escolhas linguísticas do falante. O que está por trás desta visão é que incluir os vários aspectos do contexto em um modelo de estrutura de língua retira do modelo seu poder preditivo. Assim, somente quando o contexto tem um impacto sistemático sobre as escolhas gramaticais disponíveis para o falante na formulação é que esses aspectos merecem explicação.

Como mostra a figura 2, o *input* do componente contextual não só vem do resultado da formulação como também do resultado da codificação, ou seja, dos níveis morfossintático e fonológico. É por isso que a referência anafórica é possível não só a partir de constructos pragmáticos e semânticos, mas também de seções de estruturas oracionais morfossintáticas e de estruturas de enunciados fonológicos.

Em português, informação vinda do contexto situacional, tal como a diferença de gênero (sexo) e a de relação social, é relevante para a codificação. Em (1), a escolha da forma "senhora" em vez de "você" reflete a formalidade da relação entre os interlocutores; já a escolha de *pálida* (e não *pálido*) e de *senhora* (e não de *senhor*) sinaliza o gênero (sexo) do destinatário. Tanto a relação social quanto o gênero são especificações do componente contextual.

(1) Como a *senhora* está pálid*a*!

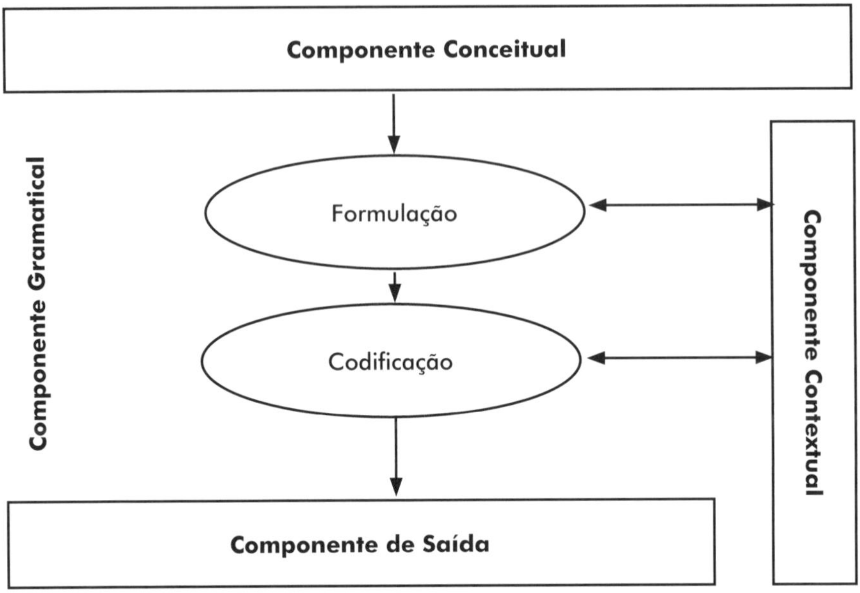

Figura 2 – GDF como parte de uma teoria de interação verbal mais ampla (Hengeveld e Mackenzie, 2008: 6)

Referência anafórica

A referência anafórica é o caso mais claro do tipo de fenômeno diretamente relacionado ao componente contextual, que a GDF adota como aspecto relevante.

A anáfora discursiva fornece particularmente um bom diagnóstico do contexto, por envolver claramente uma dimensão (co)textual (informação de curto prazo), mas também (e necessariamente) uma dimensão discursiva (informação de longo prazo), relacionada ao mundo dos referentes, propriedades e estados de coisas disponíveis aos interlocutores em qualquer ponto não inicial de um evento comunicativo.

Cadeias anafóricas relacionam-se a informações de curto prazo, que devem ser continuamente atualizadas, e dependem de os antecedentes estarem disponíveis no componente contextual. Conforme o discurso progride, alguns antecedentes podem deixar de estar disponíveis enquanto outros surgem como antecedentes potenciais.

A referência anafórica fornece comprovação formal explícita das várias diferentes camadas da estrutura funcional reconhecidas na representação da GDF.

Ela é possível para qualquer um dos quatro níveis da gramática: os níveis de formulação (interpessoal e representacional, de análise pragmática e semântica respectivamente) e os de codificação (morfossintática e fonológica). Anáforas, catáforas e expressões dêiticas, se explícitas ou implícitas (i.e., *zero realized*), são tratadas por meio de coindexação no nível representacional e assumem a forma apropriada no nível morfossintático, que leva em conta informações do componente contextual. Ocorrências de vários tipos de anáfora podem ser usadas para retomar cada um desses tipos de entidade dentro do texto.

No nível interpessoal, o pronome anafórico retoma um antecedente para relacionar constituintes entre atos discursivos, diferentemente dos logofóricos que retomam diferentes constituintes de um único conteúdo comunicado. Ato discursivo é definido como a menor unidade linguística do comportamento comunicativo e constitui-se de no máximo quatro componentes: uma ilocução (IL), que indica a finalidade do ato verbal, um falante (F), um destinatário (D) e um conteúdo comunicado (C), que contém tudo que o falante deseja evocar na sua interação com o destinatário e, de modo geral, é completamente novo para o destinatário ou é uma combinação de informação nova e dada. Um ato pode ser constituído de orações, como em (2),[3] em que há duas orações e dois atos: *portanto não há mais discriminação no ensino, a partir de, de mil novecentos e sessenta e cinco* e *e isto é um aspecto importante*. Em certas circunstâncias, um fragmento de oração (um único SN ou SP), conforme (3), ou mesmo uma interjeição, conforme (4), pode ser o bastante.

(2) portanto não há mais discriminação no ensino, a partir de, de mil novecentos e sessenta e cinco, e isto é um aspecto importante (Ang97:EnsinoAngola:48)
(3) Bom dia. (Moç97: Maternidade)
(4) - Pô! (Bras80: CriarFilhos)

Pronomes catafóricos, por sua vez, diferem de pronomes anafóricos e logofóricos, porque a correferência funciona para a frente dentro de seu domínio de operação, que é geralmente o ato discursivo, como em (5a), em que a relação catafórica é obtida entre dois estados de coisas dentro de um único ato discursivo. A catáfora não é permitida, em português, quando há equipolência entre duas predicações, conforme (5b), ou quando ela está na predicação principal, anteposta à subordinada, como em (5c).

(5) a) Depois de $ø_i$ tomar banho, $Pedro_i$ foi ao cinema./ Depois que ele_i tomou banho, $Pedro_i$ foi ao cinema.
b) *Ele_i tomou banho e $Pedro_i$ foi ao cinema.
c) *Ele_i tomou banho antes de $Pedro_i$ ir ao cinema.[4]

No nível interpessoal, um anafórico pode retomar um ato discursivo como em (6), em que *assim*, contido no segundo ato discursivo *No meu tempo de rapaz era assim que se dizia*, refere-se ao ato discursivo *sim senhor, padrinho*, expresso anteriormente.

(6) Não custa muito dizer "sim senhor, padrinho". No meu tempo de rapaz era *assim* que se dizia. (Neves, 2000: 242)

Nesse nível, é possível observar retomadas anafóricas de subatos que compõem o conteúdo comunicado. Cada subato constitui uma forma de ação comunicativa do falante, que pode ser de referência ou de atribuição. Um subato de atribuição é uma tentativa do falante para evocar uma entidade, enquanto um subato de referência é uma tentativa do falante para evocar um referente, ou seja, um conjunto nulo, único ou múltiplo de entidades ou qualidades. subatos atributivos podem ser referidos por anafóricos, como atestado em (7), em que *o* se refere ao predicado *um escolhido*.

(7) Sim, um escolhido. E por que *o* era, por que sentia ser um condenado, por mais que tentasse, não sabia explicar. (Neves, 2000: 494)

O mais comum, no entanto, é a referência anafórica de subatos referenciais, como em (8a), em que o pronome de terceira pessoa *ele* é caracterizado como identificável para o destinatário no nível interpessoal (NI), e coindexado no nível representacional (NR), conforme representado em (8b).

(8) a) Eu encontrei o *noivo*$_i$ de Leila ontem. *Ele*$_i$ parece muito gentil.
b) NI: (+id R_1: [–S, –A] (R_1))
NR:x_i
NM: ele

O que aciona a forma pronominal apropriada no nível morfossintático (NM) é a presença de um subato referencial, que é coindexado no nível representacional para uma prévia ocorrência de descrição de entidade. Em termos de processamento, a ocorrência de *ele* induz o destinatário a procurar um referente plausível em informações de curto prazo do componente contextual com o qual a coindexação pode ser estabelecida. No entanto, nem sempre há um antecedente textual para cada anafórico. Nesses casos, o destinatário derivará um correferente para o pronome a partir da informação de longo prazo presente no componente contextual, como se observa em (9), em que o destinatário inferirá um referente plausível concluindo que um dos novos vizinhos é uma mulher.

(9) Eu encontrei nossos novos vizinhos ontem. Ela$_i$ é uma executiva. (adaptado de Hengeveld e Mackenzie, 2008:120)

No nível representacional, as estruturas linguísticas são descritas em termos da denotação que fazem de uma entidade e, portanto, a diferença entre as unidades desse nível é feita em termos da categoria denotada. A referência anafórica requer a existência de núcleos (ausentes ou vazios) de antecedentes de todos os tipos de camadas desse nível. Dependendo do tipo de categoria semântica, será a forma acionada para representá-la no nível morfossintático.

Algumas línguas, como o português e o espanhol, dispõem de formas especiais para referência anafórica de um antecedente que não designa um objeto concreto. Antecedentes do tipo de conteúdos proposicionais (p), estados de coisas (e) e propriedade (f) acionam o uso de um pronome neutro especial, insensível à distinção masculino/feminino (os demonstrativos *isto*, *isso* e *o*).

Um conteúdo proposicional (p) é uma entidade de terceira ordem, um constructo mental que não pode ser localizado no espaço nem no tempo, mas pode ser avaliado em termos de sua verdade. Dada a sua natureza, o conteúdo proposicional é caracterizado pelo fato de que pode ser qualificado em termos de atitudes proposicionais (certeza, dúvida, descrença), e/ou em termos de sua origem ou fonte (conhecimento partilhado, evidência sensorial, inferência). Essa categoria semântica pode ser referida por um pronome neutro, como em (10a, b), ou por um anafórico sem expressão morfossintática, ou como (10c):

(10) a Tal fato se deve às condições peculiares de sensibilidade individual e constituem-se num indício de que, por mais que *o* desejemos, a Medicina não é uma ciência exata. (Neves, 2000: 495)

b Tal fato se deve às condições peculiares de sensibilidade individual e constituem-se num indício de que, por mais que desejemos *isto*, a Medicina não é uma ciência exata.

c Tal fato se deve às condições peculiares de sensibilidade individual e constituem-se num indício de que, por mais que desejemos ø, a Medicina não é uma ciência exata.

O verbo *desejar* tem um argumento que designa um conteúdo proposicional, *a Medicina seja uma ciência exata*, que é referido anaforicamente na segunda oração por meio dos demonstrativos *o*, *isto* e por anáfora zero (ø).

Unidades que designam estados de coisas (e) são entidades de segunda ordem e, como tal, podem ser localizadas no tempo e avaliada em termos de seu estatuto de realidade. Estados de coisas podem ocorrer (ou não), acontecer (ou não) em algum ponto de um intervalo de tempo. Assim, estados de coisas são distinguidos de indivíduos e de conteúdos proposicionais unicamente por seu traço temporal. Essa categoria semântica pode também ser referenciada por pronome neutro, como se observa em (11):

(11) a. O leitor deve ter observado que, sempre que me referi aos números "imaginários", coloquei entre aspas o adjetivo. Faço-*o* porque julgo [...] infeliz a palavra, [...]. (Neves, 2000: 495)
b. O leitor deve ter observado que, sempre que me referi aos números "imaginários", coloquei entre aspas o adjetivo. Faço *isso* porque julgo [...] infeliz a palavra, [...].

Os anafóricos *o* e *isso* referem-se ao estado de coisas encaixado *colocar o adjetivo entre aspas*, o que significa que eles têm a representação subjacente, em que a coindexação aciona a expressão anafórica, e a natureza da variável determina a seleção do pronome apropriado, neste caso os demonstrativos *o* e *isso*. Convém notar que a construção com zero anafórico (ø) parece não ser adequada. É relevante observar ainda que em (12) há a existência do pró-verbo (vicário) *fazer* que pode ser o responsável pelo não licenciamento de zero anafórico, o que remete para investigações futuras.

(12) c ?O leitor deve ter observado que, sempre que me referi aos números "imaginários", coloquei entre aspas o adjetivo. Faço ø porque julgo [...] infeliz a palavra, [...].

Conforme anteriormente observado, propriedades (f) também podem ser referidas anaforicamente, uma vez que propriedades existem no mundo discursivo. A categoria semântica propriedade não tem existência independente e, assim, não pode ser caracterizada em termos dos parâmetros de tempo e espaço; pode, no entanto, somente ser avaliada em termos de sua aplicabilidade a outros tipos de entidades ou à situação que ela descreve em geral. Assim, a propriedade "azul" se aplica a entidades de primeira ordem; a propriedade "comprar" a duas entidades de primeira ordem; a propriedade "recente" a entidades de segunda ordem; e a propriedade "inegável" a entidades de terceira ordem. A unidade sem núcleo do nível representacional corresponde a um subato atributivo no nível interpessoal. Nesse caso, a referência anafórica só pode ser efetuada por meio do pronome neutro *o* e do zero anafórico, que, como exemplificado em (13), equivalem a *sobrinho torto*. Observe a estranheza causada pelo uso de demonstrativo *isso*, *isto*, em (13c).

(13) a Que lhe responda seu sobrinho torto, se é que *o* é realmente. (Neves, 2000: 494)
b Que lhe responda seu sobrinho torto, se é que ø é realmente.
c ?Que lhe responda seu sobrinho torto, se é que *isso* é realmente.

Pronomes e nomes próprios são introduzidos no nível interpessoal, como subatos de referência. A unidade semântica correspondente a este subato não contém informação lexical e, portanto, é desprovida de núcleo (núcleo ausente). No entanto, a unidade não pode ser simplesmente omitida uma vez que ela participa da valência em seu ambiente semântico. A unidade sem núcleo no nível representacional corresponde ao subato referencial no nível interpessoal. Para esse tipo de entidade semântica, o português dispõe de pronomes pessoais, masculino e feminino, usados especificamente para referência anafórica de objetos concretos (ou seja, indivíduos), designados por um nome masculino ou feminino. Indivíduos (x) designam entidades de primeira ordem (concretas, tangíveis), que podem ser localizadas no espaço e avaliadas em termos de sua existência, ou seja, indivíduos são definidos como as unidades que ocupam um lugar no espaço de tal modo que dois Indivíduos não podem ocupar o mesmo espaço. Em (14), o pronome pessoal toma a forma feminina (*ela*), pois retoma o SN *menina*, explícito no (co)texto discursivo. Já em (15), a forma feminina é usada devido a informações do contexto situacional (dêixis discursiva).

(14) *a minha menina* tem três anos agora *ela* foi a escola com um ano e quatro meses. (DID-SA-231: 75-77)
(15) *Ela* está pálid*a*.

Outras categorias do nível representacional são representadas no nível morfossintático por expressões apropriadas.

Assim, designações de locação (l) são identificáveis pelo fato de que a referência anafórica, no contexto de função semântica de *locação*, envolve os advérbios *lá*, *cá* ou *aqui* e *ali*. O uso do pronome pessoal, próprio para referir indivíduo, é inadequado para referir-se a locação conforme mostra (16).

(16) Desde que eu vi o filme sobre Lisboa, eu quis morar *lá*/**nela*. (adaptado de Hengeveld e Mackenzie, 2008: 249)

Designações de modo (m), a maneira como o estado de coisas é executado, são identificáveis pelo fato de que a referência anafórica, no contexto de função semântica de modo, envolve o advérbio *assim*, conforme mostra (17), em que *assim* se refere ao advérbio *impensadamente*.

(17) João impensadamente$_i$ comprou o carro. Não gosto quando ele aje *assim*$_i$.

Outros tipos de categorias semânticas, como *tempo* (t) e *quantidade* (q), também permitem referência anafórica, como mostram (18) e (19), em que os advérbios *então* e *tanto* retomam respectivamente *1966* e *dez quilos de tomate*.

(18) Situado a 4 quilômetros da cidade, o campo de pouso de Porecatu foi construído com dinheiro do Estado do Paraná em 1966 pelo *então* governador, Paulo Pimentel. (*Revista Época*, n. 104 – 15/05/2000 – Notícias)

(19) Maria comprou dez quilos de tomate. Não sei por que comprou esse *tanto*.

Razão (r), outra categoria semântica reconhecida pela GDF, parece ser a única que resiste à referência anafórica em português. Poder-se-ia pensar em *por isso* como seu anafórico, como em (20), mas, na verdade, o que acontece é que o demonstrativo *isso* retoma o estado de coisas *gostar de me corresponder com outros adolescentes*, e a categoria semântica razão é marcada pelo operador *por*. Não se pode dizer, portanto, que *por isso* constitui o anafórico de razão.

(20) Gostava que a Anónima X me escrevesse. Também gostaria muito de me corresponder com outros adolescentes, **por isso**, mando a minha morada: (Adolescentes! – n.º 14 – 3º Período – p. 77)

Ordenação de constituintes

Outro exemplo da influência de informações pertencentes ao componente contextual que determinam a codificação no nível morfossintático está na ordenação de constituintes na sentença. Essa dependência do contexto pode implicar informações de longo prazo, como é o caso da ordenação de interrogativas-Q.[5]

Ilocuções interrogativas indicam que o falante solicita uma resposta do destinatário para preencher uma lacuna de informação existente em sua (de F) informação pragmática (cf. Dik, 1997). Essa resposta pode se referir a todo o conteúdo comunicado (Interrogativa polar) ou a uma parte (subato) específica do conteúdo comunicado (Interrogativa de conteúdo).

A Interrogativa de conteúdo, conhecida como Inter-Q, está relacionada à *identificabilidade* do referente, conforme veiculada pelo falante; em outras palavras, relaciona-se ao *contexto situacional*, uma vez que implica a situação específica de enunciação e o ambiente sociocultural pressuposto, que inclui o conhecimento pessoal mútuo bem como o conhecimento enciclopédico e cultural. A noção de identificabilidade envolve dois aspectos: o primeiro relaciona-se à concepção do falante sobre a identificabilidade do referente pelo destinatário, ou seja, o referente pode ser identificável ou não pelo destinatário. O segundo, por sua vez, relaciona-se à indicação pelo falante da identificabilidade do referente para si próprio, ou seja, o referente pode ser específico ou não para o falante.

Em interrogativas-Q, o item interrogado é sempre marcado como identificado pelo destinatário (o falante espera que o destinatário saiba a resposta), mas não especificado para o falante (por isso ele pergunta ao destinatário). Expressa-se o elemento interrogado por meio de palavra-Q acompanhado de entonação apropriada, em posição inicial, como exemplificam as ocorrências a seguir.

(21) *quem* cozinha,você ou seu marido? (Bras80:A Macarronada)
(22) *quando* isso vai se dar? (Bras80:EconomiaSociedade)
(23) *quantos* anos tinha? (Ang97: JovemGaspar)
(24) *por que* o samba não podia? (Bras80:MundoDireito)
(25) *onde* é que aprendeu a coser? (To-Pr96:Costureira)
(26) *como* vão fazer para recomeçar? (CV95:IlhaFogo)
(27) *para quê* queres aquilo? (GB95:JuventudeGuineense)

Os exemplos mostram que o elemento interrogado, independentemente da categoria semântica (x, l, t, m, q ou r) e do estatuto (núcleo, modificador ou operador), posiciona-se no início da oração. A ordenação de constituintes, na GDF, é uma questão de codificação, portanto pertence ao nível morfossintático. Elementos interrogados constituem naturalmente um subato, atributivo (T) ou referencial (R), que é comunicativamente saliente e assinala a seleção estratégica do falante de informação nova; em outras palavras, veiculam a função pragmática *foco*, o que lhe permite assumir a posição reservada para constituintes mais altos na hierarquia. Isso demonstra que o peso da função pragmática sobrepuja o das categorias do nível representacional.

Entretanto, ocorrências como (28),

(28) a) vou ganhar *o quê*? vou perder! (Bras80: JogoBicho)
b) perde a virilidade *porquê?* acho que isso não faz r[...], sentido (PT96:Bom SensoRosto)

tradicionalmente denominadas interrogativa *in situ*, em que constituinte interrogado permanece na posição canônica de orações declarativas, são também decorrentes de informações trazidas do conteúdo contextual; mais precisamente, esse tipo de estrutura está relacionado ao *gênero do discurso* em construção, e, como sabemos, o gênero discursivo é um dos fatores de contextualização uma vez que tem a ver com o conjunto de expectativas do usuário particular baseado em sua familiaridade com o tipo de evento de língua envolvido. Requer, pois, informações de longo prazo.

Interrogativa *in situ* comumente constitui *perguntas retóricas*, existentes em discursos monológicos (como aulas, conferências ou mesmo dentro de um turno de um único locutor). Nesse caso, não se trata de uma busca de informação nova para preencher uma lacuna existente na informação pragmática do falante, mas sim uma estratégia discursiva do falante com o objetivo de conseguir uma atenção especial do destinatário para um determinado subato; em outras palavras, o subato é não identificável para o destinatário, mas específico para o falante, diferentemente do que ocorre com Inter-Q. Trata-se, na verdade, da atribuição de ênfase a um subato. O uso do operador de *ênfase* vai refletir, no nível morfossintático, na preservação da posição *in situ*.[6]

Texto, contexto e discurso

A GDF, como observado, não se propõe a ser uma "gramática do discurso", mas sim um modelo de estrutura de língua que explica o fato de ser ela um instrumento usado pelo falante para engajar-se em uma interação verbal com o outro. Assim, a concepção de contexto que emerge da GDF parte do pressuposto de que os vários aspectos dele servem sistematicamente para motivar determinadas formas de enunciados (assume, portanto, o ponto de vista do falante).

Como os próprios autores do modelo reconhecem, o tratamento do componente contextual na GDF é muito simplificado e pouco desenvolvido (cf. Cornish, 2009: 104). Connolly (2007: 12) considera que, para oferecer uma explicação explícita da inter-relação entre língua e contexto é necessário tratar o contexto como um nível de descrição, que precisa dar conta de outros tipos de anáfora discursiva, como os que serão discutidos adiante.

Connolly (2007) e Cornish (2009) apresentam um tratamento mais detalhado do componente contextual no arcabouço da GDF. Para Connolly, *contexto* consiste em qualquer parte circundante a um discurso e é relevante para sua produção e interpretação. Para ele é essencial restringir contexto ao que é relevante, pois do contrário seria impossível tratá-lo dentro de um modelo. Obviamente o que é relevante depende do julgamento do analista. Isso implica que contexto não é um fenômeno objetivo, mas sim um constructo analítico.

Cornish (2009) observa que, se é um constructo analítico, toma a perspectiva do destinatário, o que, para ele, é uma posição mais apropriada, uma vez que a produção da fala em circunstâncias normais de uso do sistema linguístico é de fato orientada para o recipiente/destinatário.

O contexto, conforme concebido por Connolly, é dinâmico e está em constante mudança, já que, na medida em que o discurso progride, o contexto também se modifica. Para ele, o contexto deve restringir-se ao que é relevante para propósitos particulares de interação comunicativa.

Na visão de Connolly (2007), há quatro dicotomias básicas para estruturar a noção de "contexto":

a) contexto discursivo x contexto situacional;
b) contexto físico x contexto sociocultural;
c) contexto estrito x contexto amplo;
d) contexto mental x contexto extramental. (Connolly, 2007: 14)

A dicotomia fundamental é a de *contexto discursivo* e *situacional*.

Contexto situacional constitui a parte de contexto que está fora do discurso corrente. Em sentido amplo, corresponde ao universo físico e social fora do contexto imediato; em uma concepção mais restrita, limita-se ao que Hymes define como "cenário" (*setting*), i.e., ao estado de coisas puramente físico, correspondente a um determinado contexto de elocução. O contexto situacional pode ser subdividido em *contexto físico*, ou seja, o universo material, que inclui fatores como tempo e espaço, e *contexto sociocultural*, que abrange fenômenos não materiais como organização social e normas de pensamentos e comportamentos. O conceito mais restrito de contexto sociocultural equivale à noção de "cena" (*scene*) de Hymes (1972: 60), definida como "a ocasião de uma dada instância de comunicação verbal". Nesse conceito incluem-se os participantes do discurso, seus atributos psicossociais e seus relacionamentos, a natureza do evento de fala (claramente, a noção de "gênero" faz parte deste aspecto do contexto) e o propósito bem como o desfecho da interação. A concepção mais ampla de contexto sociocultural, por outro lado, relaciona-se à organização social mais global e às normas de pensamentos e comportamentos.[7] Cornish adverte, entretanto, que todo "contexto" relevante é mentalmente representado, uma vez que o que é crucial na comunicação é a percepção dos usuários e a concepção do mundo externo, e não os "fatos" objetivos do universo extramental.

Já contexto discursivo, para Connolly (2007), é o discurso multimodal circundante, incluindo tanto aspectos linguísticos como não verbais. Em termos mais restritos, pode ser equivalente a "cotexto" (o contexto textual circundante ao fragmento a ser analisado ou entendido), e em termos mais amplos, a "intertexto" (referências ou alusões a outros textos).

Cornish (2009: 105), entretanto, considera que aspectos linguísticos e não verbais são manifestações de "texto" e não de "discurso", pois constituem elementos formais que podem ser percebidos pelo destinatário, e assim agem como *inputs* para a construção do discurso. Para Cornish (2009), a definição de contexto discursivo de Connolly não abriga aspectos cruciais do "discurso" como o avanço e a interpretação situada, provisória e "revisável" do evento comunicativo.

Assim, Cornish (2009: 98) propõe distinguir *texto*, *contexto* e *discurso*, uma vez que a distinção entre *texto* e *discurso* facilita a tarefa de descrição e explicação satisfatória da referência anafórico-discursiva em textos reais.

Para Cornish, "contexto" pode ser "discursivo", "textual" e "situacional", mas não são do mesmo nível. (v. figura 3).

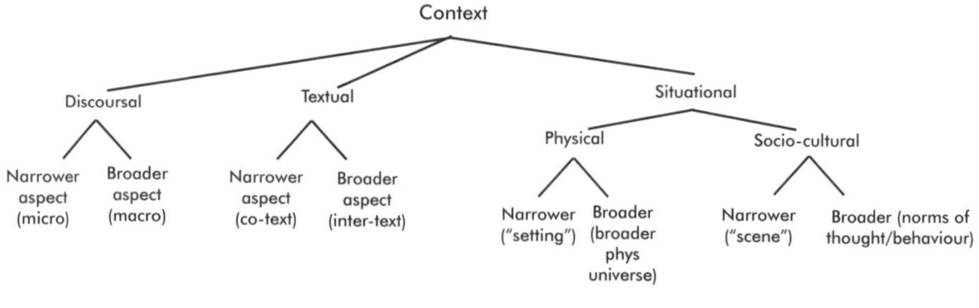

Figura 3 – Representação esquemática, revisada por Cornish, da concepção de Contexto de Connolly (2007:14).

O mais fundamental é o "situacional", uma vez que sem ele, nem "texto" nem "discurso" ocorreriam. Todo evento comunicativo é ancorado em algum contexto de enunciado, que ele pressupõe. Texto é o produto disso. Uma vez que o "texto" é produzido por um falante (com possíveis *inputs* do destinatário, via objeções, correções, sinais de aprovação etc.), então, do ponto de vista do destinatário pelo menos, a criação do discurso está sujeita à evocação de um contexto relevante. O texto e o discurso produzidos e criados desse modo formarão, por sua vez, o contexto para o próximo segmento de texto (v. figura 4).

A figura 4, obviamente, é uma representação preliminar de parte de uma rede de relações muito mais complexa, e só pretende capturar as inter-relações entre texto, discurso e situação de elocução como parâmetros contextuais.

Para Cornish (2009), texto constitui uma sequência conectada de signos verbais e sinais não verbais em termos dos quais o discurso é coconstruído pelos participantes no ato de comunicação; ou melhor, é uma sequência de pistas ou instruções para evocar um contexto relevante e criar discursos. Ele é sempre incompleto e indeterminado em relação ao discurso que pode ser dele derivado com a ajuda de um contexto (incluindo o conhecimento de mundo, o gênero de texto e as convenções sociais e comunicativas que regulam o evento linguístico). Em circunstâncias normais de comunicação, o texto é essencialmente linear, devido às restrições impostas pela produção da fala em tempo real.

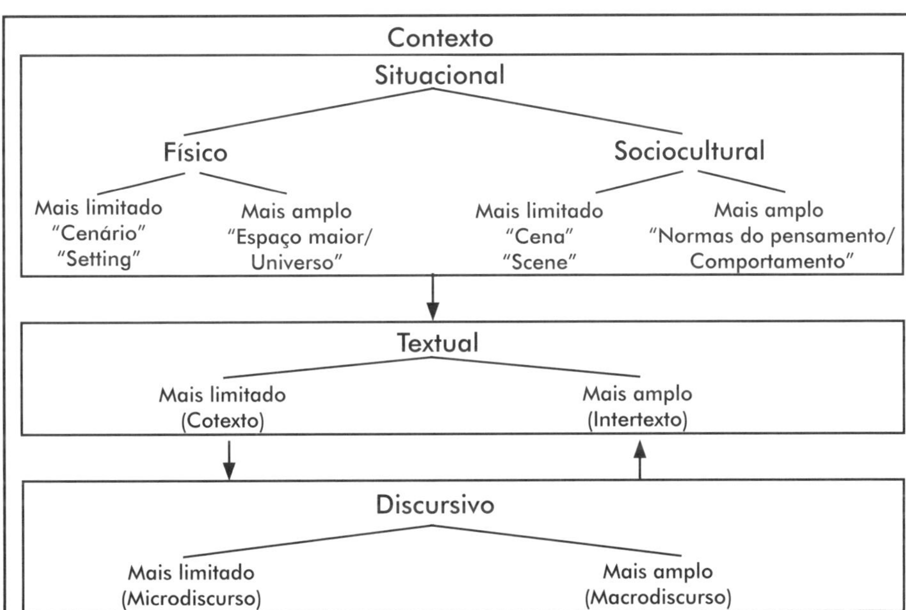

Figura 4 – Relação entre as três principais partes de contexto: situacional, textual e discursivo (traduzido de Cornish, 2009: 108).

Já contexto é o domínio de referência, que envolve o cotexto, o gênero do evento de fala, o discurso já previamente construído, a situação específica de enunciação de um dado texto e o ambiente sociocultural pressuposto, que inclui o conhecimento pessoal mútuo bem como conhecimento enciclopédico e cultural. É por evocar um contexto apropriado que o destinatário (ou leitor) pode criar discursos com base em sequências conectadas de pistas textuais que é o texto.

Discurso, por sua vez, constitui o produto mentalmente representado e hierarquicamente estruturado de sequências de enunciados e de atos proposicionais e ilocucionários, trazidos com alguma intenção comunicativa e integrado dentro de um dado contexto. Discurso é a interpretação situada e provisória das intenções comunicativas do falante. Do ponto de vista do falante, o discurso é criado tanto em termos de suas intenções comunicativas quanto em função do *feedback* do texto produzido para compreender essas intenções dadas pelas reações do destinatário. Já do ponto de vista do destinatário, o discurso é construído por meio dos *inputs* provenientes do texto e do contexto, mas as textualizações do destinatário em reação às do falante naturalmente farão emergir um novo discurso via negociação com o falante. Assim o discurso claramente depende tanto do *texto* quanto do *contexto*.

Texto, *contexto* e *discurso*, segundo Cornish (2009: 100), são interdependentes, interativos e interdefinidores. Assim, tanto o (co)texto quanto o discurso já construído devem ser incluídos no componente contextual da GDF na representação de um evento comunicativo.

Os fatores de contextualização, conforme Cornish (2009: 101), envolvem o gênero (e subgênero) do texto, que tem a ver com o conjunto de expectativas do usuário particular baseado em sua familiaridade com o tipo de evento de língua envolvido; a prosódia, cuja influência opera tanto retrospectivamente nos segmentos imediatamente precedentes quanto prospectivamente nos seguintes; o contexto físico (Okada, 2007: 186), que compreende o cenário real ou ambiente em que a interação ocorre; e a natureza do contexto da enunciação.

Na criação de um discurso, o contexto evocado serve para selecionar e restringir o sentido relevante dos lexemas e torná-lo compatível com o discurso já construído. Serve para desambiguar interpretações potencialmente múltiplas de determinados segmentos textuais, como se verifica em "Ela cortou a *manga* e deu um pedaço para o filho" e "Ela cortou a *manga* e costurou-a no vestido".

O contexto pode ser usado para enriquecer alusões ao conhecimento do mundo real feitas no texto e para ajudar o destinatário a determinar a força ilocucionária de cada nova oração. Também torna possível identificar referências elididas e indeterminadas no cotexto. A dêixis e a anáfora discursiva requerem, para operar certos aspectos do contexto (em termos de produção e interpretação), como, por exemplo, avisos, tais como *Cuidado* em uma situação com chão molhado.

Como se pode observar, o ponto crucial de ambas as visões encontra-se na perspectiva assumida, ou seja, Connolly (e a GDF) assume o ponto de vista da forma escolhida e, portanto, a perspectiva do falante, enquanto Cornish prefere adotar a perspectiva do destinatário. Essa é, a meu ver, uma questão divergente e ao mesmo tempo crucial, não só entre esses autores, mas também entre os vários modelos funcionalistas.

Anáfora discursiva e contexto

Conforme já apontado, pode-se realizar a referência indexada em termos de uma referência textual explícita (o "antecedente") no cotexto circundante do referente pretendido, como na tradicional explicação desse fenômeno; mas pode-se também fazê-la diretamente para uma representação discursiva de uma entidade que pode ser o resultado de uma *inferência*. Nesse caso, não há expressão de coocorrência contextual que a anáfora pode retomar. Em qualquer caso, mesmo onde tenha havido uma referência cotextual por meio de uma apropriada expressão antecedente, o anafórico, que toma esse referente em algum ponto, deve ser interpretado em termos de predicações subsequentes que terão sido aplicadas a ele. Confira (29), um caso de um tipo especial de gênero textual – receita culinária (por conveniência, as orações estão enumeradas).

(29) *Arroz com champagne e amêndoas*

1) Coloque **1 xíc. (chá) de amêndoas** com pele, grosseiramente picadas em uma frigideira seca e leve ao fogo para que dourem ligeiramente. 2) Retire **ø** do fogo e reserve **ø**. 3) Em uma panela média, aqueça a manteiga e nela refogue a cebola. 4) Quando a cebola começar a dourar, junte o arroz e deixe fritar até ficar brilhante e soltinho. 5) Adicione champanhe, água e sal. 6) Quando a água estiver quase secando, junte **as amêndoas** e deixe no fogo até que o arroz esteja cozido e soltinho. 7) Tampe a panela e deixe repousar por 5 minutos. 8) Solte o arroz com um garfo e sirva a seguir.

O texto se caracteriza por uma sequência de orações curtas, compactas, com verbos no modo imperativo. O gênero diretivo – uma receita – requer que cada operação culinária expressa por uma dada oração se aplique ao *output* da operação imediatamente prévia. Claramente, o contexto discursivo é incrementado para cada oração que é encontrada e processada. Como resultado, o núcleo ausente (anáfora ø) em 2) e o SN definido *as amêndoas* em (6), retomam anaforicamente não o referente de sua expressão antecedente *1 xícara de amêndoas* em 1), mas o conjunto particular de amêndoas que esse SN terá evocado nas orações subsequentes.

É também possível exemplos em que não há nenhum antecedente textual canônico, mas o SN definido anafórico se refere sem problemas ao termo de uma apropriada inferência, conforme se pode observar em (30). É claro que essa inferência ocorre necessariamente em uma porção do texto relativamente distante, que pode ser caracterizado como *características*. É isso que motiva o uso do SN lexical definido com o lexema *características* como seu núcleo, ao recuperar essa entidade facilmente inferida.

(30) Mesmo com a redução de Imposto sobre Produtos Industrializados para carros populares e abaixo de mil cilindradas, a Autolatina não fará nenhum projeto neste sentido. É o que afirmou Ex-Presidente da Empresa, observando que até o antigo "besouro" tinha motor mais potente [...]. Sauer criticou os carros econômicos fabricados pela Fiat e Gurgel, que se enquadram *nestas características* afirmando que são o maior problema para os revendedores Volkswagen quando são trocados por um Gol. (Neves, 2000: 503)

Em outros casos, traços do cotexto ajudam a determinar graus relativos de topicalidade (de saliência psicológica) entre referentes nominais evocados e assim indiretamente especificar a referência anafórica preferida de indexados, conforme se verifica em (31).

(31) O presidente Bush nomeou Henry Paulson, o chefe executivo da Goldman Sachs, como secretário dos EUA em lugar de John Snow. O banqueiro investidor de sessenta anos é um especialista em China e um ambientalista.[8] (Cornish, 2009: 111)

O SN definido expandido *o banqueiro investidor de sessenta anos* claramente se refere ao referente anteriormente introduzido pelo nome próprio *Henry Paulson* na sentença inicial. Em princípio, ele poderia se referir a *John Snow*, também introduzido nessa sentença. No entanto, o primeiro indivíduo tem claramente o estatuto de tópico e o SN que o representa está na função de objeto direto, enquanto o segundo desempenha uma função periférica como complemento de uma preposição. Além disso, o primeiro referente é expandido por uma aposição *o chefe executivo da Goldman Sachs*. Essas são pistas cotextuais do estatuto discursivo de dois referentes tratados aqui, que mostram a utilidade de haver disponibilidade de um registro do cotexto recente dentro de um modelo de estrutura de língua sensível ao discurso, como o da GDF.

Considerações finais

Assumindo as palavras de Cornish (2009: 112), fica claro que algumas explicações precisam ser dadas dentro do componente contextual da GDF. "Discurso", construído não simplesmente como "cotexto" mas como resultado de uma interpretação situada de um segmento do cotexto em termos do contexto evocado para ele, terá inevitavelmente de ser coconstruído pelos participantes do discurso. Não distinguir "discurso" de "(co)texto" é assumir que o entendimento de textos, orais ou escritos, é um problema restrito à decodificação de superfície textual para ter acesso às intenções do falante (ou escritor). Mas textos dão somente um conjunto de pistas para o discurso (a interpretação situada do evento comunicativo), que tem de ser enriquecido ou expandido por meio da evocação de aspectos relevantes do contexto.

Nenhuma discussão sobre contexto seria completa sem a consideração de seu propósito – sua razão de ser. O mais importante é o terreno do discurso em coconstrução (sendo coconstruído), em termos de gênero (tipo de evento de fala) e de domínio tópico. Contexto relevante é o que capacita criar discursos: é por meio da evocação de contexto que o destinatário pode fazer inferências sobre os enunciados do falante. Esse é um traço muito importante do uso de língua, uma vez que permite ao falante ser tão econômico quanto possível ao criar textos. O falante pode deixar para seu destinatário a tarefa de preencher as muitas lacunas existentes para entender o texto de sua mensagem. É o contexto também que capacita a crucial integração de unidades discursivas (atos ou movimentos) em unidades de discurso mais altas.

Representações de cotexto imediatamente precedente e de discurso recente também devem fazer parte do componente contextual dentro do modelo da GDF: o cotexto imediatamente precedente é necessário para o falante escolher uma expressão apropriada ao contexto para retomar um dado referente acessível via discurso prévio e dar pistas ao destinatário para efetuar inferências sobre um referente implícito. A estrutura prosódica deve também ser representada, uma vez que tem um papel crucial na realização de expressões anafóricas dadas, bem como na sua interpretação potencial.

A representação do discurso prévio torna disponíveis referentes discursivos, cuja expressão anafórica particular pode retomar; mas também precisa ter algum tipo de cálculo discursivo que fará uma classificação desses referentes discursivos em termos de graus relativos de saliência do ponto de vista da produção do enunciado, uma vez que tanto a escolha como a interpretação de expressões anafóricas são sensíveis a esse fator. Além disso, o gênero textual a ser construído deve também ser especificado no componente contextual, por trazer implicações para a forma de expressões indexadas.

Como se vê, apesar de reservar um lugar específico para o contexto, o que a difere de outros modelos teóricos, a GDF precisa ainda desenvolver o componente contextual, reservando um lugar para representações do contexto situacional, que inclui principalmente informações de longo prazo. Preocupados com essa questão, os elaboradores do modelo organizaram o *Workshop on Functional Discourse Grammar* especificamente para tratar do tema *The Interaction between the Grammatical Component and the Contextual Component*, que foi realizado na Universidade de Barcelona, Espanha.

Notas

1 A GDF não pressupõe noções semânticas e pragmáticas universais.

2 Simbolizado na figura 2 pelas flechas de mão dupla do componente contextual para o gramatical.

3 Ocorrências extraídas do *corpus* oral organizado pelo Centro de Linguística da Universidade de Lisboa, em parceria com a Universidade de Toulouse-le-Mirail e a Universidade de Provença-Aix-Marselha.Os materiais foram obtidos no endereço http://www.clul.ul.pt/sectores/linguistica_de_corpus/projecto_portuguesfalado.php

4 A GDF apresenta toda uma formalização para representar esses fenômenos, mas prefiro aqui não as apresentar, porque exigiria explicações que excedem o espaço de que disponho neste capítulo.

5 Para maiores detalhes, confira Pezatti e Fontes (2010).

6 O operador de ênfase é atribuído ao subato para o qual o falante deseja conseguir atenção especial.

7 Connolly (2007) não faz qualquer comentário extra à sua quarta dicotomia: contexto mental x extramental.

8 Tradução livre efetuada pela autora.

Bibliografia

CONNOLLY, J. H. Context in Functional Discourse Grammar. *Alfa – Revista de Linguística*, São Paulo, v. 51 (2), 2007, pp. 11-33.

CORNISH, F. Text and discourse: Discourse anaphora and the FDG Contextual Component. In: KEIZER, E.; WANDERS, G. (Eds.). *Web Papers in Functional Discourse Grammar*. Amsterdam, v. 82, 2009, pp. 97-115.

DIK, S. *The Theory of Functional Grammar.* New York: Mouton de Gruyter, 1997, 2v.

HENGEVELD, K. Dynamic Expression in Functional Discourse Grammar. In: DE GROOT, C. (Ed.). *Morphosyntactic Expression in Functional Grammar*. Berlin/New York: Mouton de Gruyter, 2005.

______; MACKENZIE, J. L. *Functional Discourse Grammar:* A typologically-based theory of language structure. Oxford: Oxford University Press, 2008.

HYMES, D. Models of interaction of language and social life. In: GUMPERZ, J.; HYMES D. (Eds.). *Directions in sociolinguistics.* New York: Rinehart & Winston, 1972, pp. 35-71.

NEVES, M. H. M. *Gramática de usos do português*. São Paulo: Editora Unesp, 2000.

OKADA, M. Whose common ground? A misunderstanding caused by incorrect interpretations of the lexical markers of common ground. In: FETZER, A.; FISCHER, K. (Eds.). *Lexical markers of common grounds*. Oxford: Elsevier, 2007, pp. 183-94.

PEZATTI, E. G.; FONTES, M. G. Interrogativas-Q nas variedades lusófonas. Apresentado no *International Conference of Functional Discourse Grammar* (ICFDG), Lisboa, 2010.

Agradeço imensamente a Lachlan Mackenzie pela leitura atenta e criteriosa/ que muito contribuiu para a melhoria deste capítulo.

Tendências atuais da pesquisa funcionalista

Mariangela Rios de Oliveira

O objetivo do presente capítulo é apresentar e discutir as tendências mais recentes da pesquisa de viés funcionalista hoje praticada em nossa comunidade acadêmica – o Grupo de Estudos Discurso e gramática.[1] Trabalhando na linha de Traugott, Bybee, Heine, Hopper, Givón, entre outros, dedicamo-nos, desde os anos 1990, à investigação da língua em uso, notadamente o português do Brasil. Daquele período para os dias de hoje, muito se manteve e, de outra parte, novas tendências e outras interfaces têm surgido, como se pode verificar em Oliveira e Rosário (2009).

Conforme postulamos em Oliveira e Votre (2009), a própria concepção de *uso linguístico* vem passando por revisão, de modo a incorporar um leque maior de práticas interacionais. No bojo dessa revisão, as concepções de *discurso* e *gramática* também são redimensionadas, investigando-se atualmente, entre estes dois polos, instâncias intermediárias, como se observa em Arena e Oliveira (2010) e Siqueira (2009). À pesquisa da mudança por gramaticalização (Heine e Kuteva, 2007), aliamos os estudos de continuidade linguística (Ferreira, 2003; Votre, 2006), no entendimento de que a ocorrência de novos usos se dá em meio à estabilização de muitos outros, relativizando-se, assim, a proposta da *gramática emergente*, como definida por Hopper (1991).

A fim de apontarmos, em linhas gerais, orientações mais recentes de nosso trabalho, elegemos aqui três aspectos que nos parecem relevantes, a que se dedicam as seções a seguir. Na segunda seção, tratamos da interface *lexicalização x gramaticalização* nos estudos funcionalistas, de acordo com Brinton e Traugott (2006), na demonstração de que, para além da dicotomia que pode assumir essa relação, muito há de proximidade e de hibridização entre ambos os processos. A terceira seção é dedicada à atuação e relevância de fatores pragmático-discursivos na motivação contingencial dos usos linguísticos (Traugott e Dasher, 2005), com destaque para aspectos intra e extralinguísticos que precisam ser considerados na pesquisa funcionalista. Na quarta seção, discutimos uma das tendências mais recentes e promissoras de nossas investigações – a perspectiva da gramaticalização de construções, com ênfase para os fenômenos de metonimização, conforme Croft (2001), Noël (2007) e Goldberg (1995, 2006). Por fim, fazemos um comentário geral, com a síntese das três tendências destacadas e os rumos que podem apontar ou sugerir em termos das pesquisas futuras de vertente funcionalista.

Para a ilustração dos pontos tratados no desenvolvimento do capítulo, usamos dados de três projetos de pesquisa implementados na sede UFF do Grupo Discurso e Gramática, dedicados à descrição e à análise dos padrões funcionais dos locativos em língua portuguesa.[2]

Interface *lexicalização x gramaticalização*

Tradicionalmente, o campo do léxico é abordado em contraste com o campo da gramática, fixando-se o consenso de que a língua é dividida em dois grandes blocos, que precisam e devem ser tomados como distintos e portadores de traços específicos. Mesmo na concepção funcionalista, que toma o léxico como ponto original da gramaticalização, desde Meillet (1926) até Heine e Kuteva (2007), passando por Givón (1979, 2001), com sua proposta do *ciclo funcional*, mantém-se, de certa forma, a distinção entre léxico e gramática, em que pese o caráter unidirecional da trajetória defendida.

Na verdade, esse contraste não é tão simples e nem sempre pode ser tomado de modo tácito. Estudos funcionalistas mais recentes, como o de Brinton e Traugott (2006), têm procurado investigar, para além do que distingue léxico e gramática, aspectos da interface entre esses domínios. A seguir, apresentamos o quadro proposto pelos autores, a partir de traços característicos de cada um dos polos:

Quadro 1 – Paralelos entre lexicalização e gramaticalização[3]

LEXICALIZAÇÃO	GRAMATICALIZAÇÃO
+ gradualidade	+ gradualidade
+ unidirecionalidade	+ unidirecionalidade
+ fusão	+ fusão
+ coalescência	+ coalescência
+ demotivação	+ demotivação
+ metáfora/metonímia	+ metáfora/metonímia
- decategorização	+ decategorização
- desbotamento	+ desbotamento
- subjetivação	+ subjetivação
- produtividade	+ produtividade
- frequência	+ frequência
- generalização tipológica	+ generalização tipológica

Como se observa, dos 12 traços elencados, a metade deles é compartilhada por processos de lexicalização e de gramaticalização. Assim, gradualidade, unidirecionalidade, fusão, coalescência, demotivação e metáfora/metonímia são marcas registradas tanto em itens ou arranjos que se lexicalizam quanto naqueles que se gramaticalizam. Por outro lado, os demais seis traços – decategorização, desbotamento, subjetivação, produtividade, frequência e generalização tipológica – são privativos de processos de gramaticalização.

O que a proposta de Brinton e Traugott (2006) destaca, na correspondência ilustrada no Quadro 1, é a relação entre as duas instâncias e sua proximidade. Tal constatação permite o tratamento de ambos os processos como trajetórias escalares, que apresentam, portanto, pontos de alguma interseção ou pouca distinção entre si. Assim posto, podemos propor que categorias abertas (+ lexicais) e fechadas (+ gramaticais) encontram-se numa escala gradiente e prototípica, partilhando traços, como gradualidade e unidirecionalidade, e contrastando outros, como desbotamento e decategorização, por exemplo.

Na pesquisa que empreendemos sobre os pronomes locativos do português, o trabalho de Aguiar (2010), acerca do arranjo SN + loc, do tipo *um cara aí* ou *meu amigo lá*, apresenta resultados que podem ser discutidos/tratados à luz do viés por vezes pouco distinto entre léxico e gramática, no tocante à função "clítica" (Braga e Paiva, 2003)[4] assumida pelo locativo. Segundo Aguiar (2010), a função clítica do pronome locativo resulta de processo de gramaticalização, a partir de usos dêiticos e fóricos, como demonstram os fragmentos a seguir, retirados de depoimentos falados do *Corpus* D&G:[5]

a) Função dêitica
   (1) ... isso é um assalto... você me dá o seu dinheiro que você tem aí... *eesse relógio aí*"'

b) Função catafórica
   (2) ela... ela::... tipo... estavanam/ começou a namo/ namorou não... ficou com *o cara lá* no carnaval

c) Função anafórica
   (3) eu não gosto assim... de ir a um restaurante e me esconder...então eles escolheram assim... *um cantinho lá*::...

d) Função clítica
   (4) esses moleques mata... sabe? tudo mafioso... sabe? aí falaram... falaram... que iam matar ele... não sei o quê... até ficaram de aparecer hoje aqui no colégio... *os cara lá* que ele brigou...

Ainda segundo Aguiar (2010) e Oliveira e Aguiar (2009), no último ponto do *cline*, identificado em (4) pela função clítica, teríamos o contato entre lexicalização e gramaticalização. Tal entendimento se funda na constatação de que, ao atuar como clítico, como em *os cara lá*, o locativo parece migrar do nível da sintaxe para o da morfologia, passando a efetivamente integrar o SN antecedente, atuando quase como um sufixo de valor atributivo. Assim interpretado, estaríamos diante de um processo de gramaticalização, relativo à trajetória advérbio > clítico, que passa a se inserir num processo maior de lexicalização, no qual *uns cara lá* se distingue de *uns cara*, conferindo ao primeiro sintagma sentido distinto em relação ao segundo. O processo de mudança que deriva *uns cara lá* partilha dos seis traços comuns do Quadro 1 e, de outra parte, apresenta marcas esporádicas dos demais, como subjetivação e desbotamento. Assim, consideramos que se trata de construção[6] híbrida, a meio caminho entre lexicalização e gramaticalização.

Esse meio caminho, de acordo com Hopper e Traugott (2003), corresponderia ao *cline*: item de conteúdo > palavra gramatical > clítico > afixo flexional. No ponto mais gramaticalizado da trajetória, como afixo flexional, o item perde autonomia e passa a integrar outra unidade lexical; na etapa imediatamente antecedente, como clítico, situa-se nessa área difusa entre o léxico e a gramática.

O que se constatou, a partir da pesquisa sobre ordenação de locativos, sua polissemia e gramaticalização, é que os fenômenos de mudança não atuam isoladamente, mas sim ocorrem em contextos específicos (Bybee e Hopper, 2001). Em certos casos, tais contextos mais amplos encontram-se no âmbito lexical, o que confere aos fenômenos referidos maior complexidade funcional e, por consequência, analítica.

Dimensão pragmático-discursiva

Na pesquisa funcionalista que empreendemos, crescem em importância os contextos efetivos em que ocorre o chamado *uso linguístico*. Assim, ganham destaque fatores pragmático-discursivos, como gênero textual e sequência tipológica (Marcuschi, 2002; Bonini, 2005), perfil dos interlocutores e o próprio conceito de *norma linguística* (Barbosa, 2007), bem como demais fatores envolvidos na interação, como época, local, modalidade, registro, entre outras.

Essa crescente valorização dos aspectos pragmático-discursivos na descrição e análise linguística nos faz chegar às seguintes constatações: a) é preciso compatibilizar a dimensão gramatical à pragmático-discursiva na abordagem funcionalista; b) pressões comunicativas e cognitivas podem ser mais relevantes do que questões de frequência na rotinização de determinados usos linguísticos; c) o conjunto de fatores aludido no parágrafo anterior diminui a ênfase da dimensão temporal, da trajetória histórica unidirecional, como responsável pela mudança gramatical; d) contextos marcados por maior *subjetivização*, nos termos de Traugott e Dasher (2005: 22), por pressões pragmáticas e negociações de sentido, favorecem polissemia e gramaticalização; e) deve-se levar em conta o perfil dos envolvidos na interação – emissores e receptores – em termos de sua história, nível de habilidade ou competência comunicativa e de sua representação na comunidade linguística.

A consideração dos fatores referidos confere aos fenômenos e objetos pesquisados a marca da contingência e da especificação. Essa característica afasta-nos, por conseguinte, cada vez mais, em termos metodológicos, das práticas de coleta e análise de dados eminentemente quantitativas, em prol de abordagem mais holística e qualitativa, como se defende em Martelotta (2009). Assim, o que teórico-metodologicamente se perderia em generalização, se ganha em acuidade e especificação no tratamento dos dados. Evidentemente, resultados de frequência nos interessam, como evidências de generalização tipológica e de produtividade, mas é preciso, de outra parte, observar os usos linguísticos em seu lócus de atuação.

A proposta de olhar mais acurado para os contextos de produção dos fenômenos linguísticos se deve a resultados de nossas pesquisas. Resultados esses que somente têm condições de serem interpretados se levados em conta os fatores intra e extralinguísticos envolvidos em tais usos. Hoje, não basta ao funcionalismo meramente registrar um ou outro processo de polissemia ou de gramaticalização, interessa-nos também, e com igual importância, o conjunto de fatores intervenientes na articulação de tais processos. Está claro para nós, cada vez mais, que o tipo e a seleção dos padrões funcionais usados na comunidade linguística em suas práticas interacionais é motivado por uma série de fatores, que devem ser incorporados à análise funcionalista.

Para ilustrar o comentário, trazemos mais um fragmento levantado por Aguiar (2010) em sua pesquisa sobre a função clítica dos locativos, também extraído do *Corpus* D&G, na modalidade falada:

(5) 'oh... então gente... eu acho que... tem que levar... num centro... pra... ver... fazer qualquer coisa... porque se... está... atrapalhando mesmo... tem que fazer alguma coisa...' aí elas foram *num centro lá*... e... fizeram *um negócio lá* que eu acho que era o tio dela... era uma pessoa... não sei quem é que estava... que morreu... que estava perseguindo ela... assim... né? aí... ela... fez... *uma... reza lá*... e... sumiu... mas ela ainda ficou assustada...

Em (5), a marca da indefinição não está presente apenas nas três recorrências destacadas, formadas por SN + *lá*. Esse traço encontra-se também em outros termos do fragmento, como em *num centro, qualquer/alguma coisa, uma pessoa, não sei quem,* entre outros. Consideramos que o contexto opinativo geral que marca o fragmento motiva o alto teor de abstração com que é articulado. Assim, a polissemia e a mudança gramatical detectadas nos usos locativos são partilhadas também por outros constituintes linguísticos, fazendo de (5) ambiente favorecedor à negociação de *inferências sugeridas* (Traugott e Dasher, 2005: 17). Segundo os autores, o termo diz respeito às estratégias interativas segundo as quais constituintes linguísticos têm seu sentido redimensionado, na negociação de funções mais pragmáticas e menos referenciais, relativas ao âmbito das crenças, atitudes, valores, persuasão etc. Essa negociação pode deflagrar polissemia, variação e mudança, tal como se detecta em (5).

De fato, no conjunto de dados sobre os quais foi feito o estudo de Aguiar, observa-se estreita relação entre função clítica e contextos de sequência expositiva ou dissertativa. No fragmento (4), apresentado na seção anterior, também se verifica a marca da abstração e generalidade do texto de cunho opinativo.

Outra frente de investigação em que se detecta a atuação de fatores pragmático-discursivos é a pesquisa da ordenação de locativos em textos epistolares,[7] conforme se encontra em Oliveira (2009). No desenvolvimento desse trabalho, observamos que, numa mesma fase da língua e no mesmo gênero, os resultados de pesquisa da ordenação de um único item locativo podem não apresentar correspondência. A partir de tal constatação, passamos a nos perguntar que outro(s) fator(es) poderia(m) estar motivando distintos usos. E a resposta está justamente no perfil dos remetentes, em termos do seu nível de habilidade, ou nas condições de produção dos textos.

Nas 41 cartas pesquisadas da família Ottoni (Lopes, 2005), integrantes do Projeto Para uma História do Português Brasileiro (PHPB), encontramos a primeira resposta, acerca do perfil dos remetentes. Escritas no Rio de Janeiro, no século XIX, por um casal de avós que se dirige a seus netos, residentes fora do Brasil, esse conjunto de cartas nos fala de traços de conservadorismo e de inovação linguísticas. Vivendo no mesmo espaço geográfico e na mesma época, produzindo textos do mesmo gênero para os mesmos destinatários, o casal Ottoni, em sua expressão escrita, dá mostras da distinção no nível de habilidade, e até mesmo no papel social, que distingue avô e avó. Cristiano Ottoni era um típico homem letrado de sua época: professor, engenheiro, capitão-tenente da Marinha, diretor da Estrada de Ferro Dom Pedro II, deputado, senador do Império e, depois da proclamação da República, senador; já Bárbara Ottoni era dona de casa, embora acima do nível de letramento da maioria das mulheres do século XIX no Brasil, já que sabia ler e escrever, mas registrava menor domínio da expressão escrita. Tal distinção em termos de papel social e de competência linguística está refletida nos resultados acerca da ordenação de pronomes locativos. Vejamos dois exemplos dessa distinção:

(6) Imagino que *ahi* o thermometro hoje ha de estar abaixo de zero, e fogo acceso em casa. (carta 21 – Cristiano Ottoni)
(7) Jantarõ *aqui* com migo Julio e Vovô e o Thomas e nos noslembramosdevoces todos... (carta 32 – Bárbara Ottoni)

O fragmento (6) ilustra um tipo de organização sintática recorrente nas cartas do avô Ottoni, articulada com base em subordinação oracional, o que confere complexidade maior, em termos semânticos e estruturais, ao referido fragmento. Em (6), o locativo *ahi* aparece em posição pré-verbal em relação à oração objetiva direta que integra, posição esta considerada mais frequente em sincronias anteriores do português, conforme se apresenta em Martelotta, Barbosa e Leitão (2001). Segundo esses autores, na trajetória de mudança da língua portuguesa, os advérbios prototípicos passam, notadamente a partir do século XIX, a se ordenar preferencialmente após o constituinte verbal, sendo esta, portanto, a posição não marcada.

Já em (7) encontramos a forma mais usual com que a avó Ottoni se comunica com seus netos, com base em arranjos oracionais coordenados, menos vinculados do ponto de vista semântico-sintático, de acordo com Hopper e Traugott (2003). Nesse fragmento, ilustra-se o tipo de ordenação de locativos mais recorrente nas cartas de Bárbara Ottoni – a posição pós-verbal (*jantarõ* ***aqui***), considerada justamente como a ordenação inovadora da língua, que se prestigia e se torna não marcada a partir do século XIX.

Assim, ao compararmos a tendência de ordenação de locativos em ambos os remetentes, observamos maior frequência de usos inovadores, ou pós-verbais, na produção da avó, aquela com menor habilidade linguística. De outra parte, o maior número de ordenações conservadoras, ou pré-verbais, é registrado nas cartas do avô, bem mais letrado do que sua esposa. Se considerarmos esses resultados à luz da hipótese de Martelotta (2006), podemos chegar a uma análise consistente. De acordo com o referido autor, em sua pesquisa acerca dos advérbios em *-mente* nos séculos XVIII e XIX, a mudança de ordenação adverbial se processa inicialmente em orações menos gramaticalizadas, as justapostas ou coordenadas, em que se verifica menor grau de pressuposicionalidade (Givón, 1979), ao passo que orações mais gramaticalizadas, como as hipotáticas e as subordinadas, tenderiam ao maior conservadorismo e cristalização. Desse modo, os usos pós-verbais da avó Ottoni, considerados mais inovadores, estão em conformidade com a maior frequência de orações paratáticas em suas cartas, redigidas por uma mulher com menor nível de habilidade escrita. Já nas cartas do avô, em que predominam ordenações pré-verbais, a articulação mais usual é de orações hipotáticas e subordinadas, também assumidas como de maior traço de conservadorismo e complexidade. Portanto, a dupla tendência de ordenação dos pronomes que registramos nas cartas do casal Ottoni somente pode ser analisada interpretativamente se forem considerados os dois perfis dos remetentes, que apresentam traços distintos.

Ainda na investigação dos locativos em textos epistolares, identificamos outro fator pragmático-discursivo interveniente em nossos resultados de pesquisa –

trata-se das efetivas condições de produção textual. Esse fator revelou-se como motivador de seleção e de padrões funcionais específicos principalmente nas cartas de Dona Leonor de Almeida, a marquesa de Alorna, nobre portuguesa que, no século XVIII, exilada num convento em Chelas com a mãe e a irmã, escreve a seu pai, preso político da Coroa portuguesa. Essas 36 cartas, eivadas de emoção e dramaticidade, são constituídas por sequências tipológicas que fogem, em termos de sentido e de forma, ao que convencionalmente se considera uma "carta pessoal". Não há, como geralmente se encontram nesse gênero, relatos de fatos ou situações cotidianas, pedidos de informação ou desejos de regresso; a marquesa, em tom formal e estilo cuidado, dirige-se a seu pai em torno de reflexões acerca de questões maiores e conceituais.

As condições de produção referidas fazem com que esse conjunto de textos tenha marcas linguísticas específicas, como, por exemplo, a incidência maior do locativo *lá*, ao invés de *aí*, na referência ao espaço do destinatário. Assim, contrariamente ao que levantamos nos demais textos do gênero epistolar, nas cartas da marquesa de Alorna, a maior recorrência de uso, após o locativo *aqui*, que constitui a referência ao espaço dos remetentes nesse gênero, é de *lá*, como em:

(8) E assim como há mais de um ano tive o valor de profetizar todos êstes perigos, como V. A. R. pode recordar-se, pelas cartas que *lá* tem minhas. (Carta 35)

Podemos hipotetizar que a maior frequência de *lá* em face de *aí* se deva justamente ao espaço em que encontra o destinatário, preso e isolado em outra cidade, afastado compulsoriamente da família. Provavelmente esse local seja desconhecido por parte da remetente, que usa o *lá* na articulação de um sentido mais vago e pouco preciso.

Esse contexto motiva outro resultado distinto na pesquisa com base nas cartas da marquesa – a maior incidência de polissemia na referência espacial. Ao contrário das demais fontes estudadas,[8] nas quais prevalece, em grande maioria, a referência a espaços físicos ou concretos, nos 60 usos de pronomes locativos levantados na produção da Marquesa, somente em 34 ocorrências articula-se tal sentido; nas demais, prevalecem referências mais abstratas, como os ilustramos em (9) e (10) a seguir:

(9) Porém, como lhe deu em ser beato há anos para *cá*, tem sido bom bispo desde então. (Carta 30)

(10) No estado de casada, importa muito que a limpeza e a elegância cresçam e que por nenhum modo se permitam reciprocamente os casados o que seria reprovado em presença de qualquer outra pessoa, porque dêsses descuidos nasce às vezes o nojo e a repugnância, e *daí* as decepções e as antipatias. (Carta 33)

Em (9), o locativo *cá* assume sentido temporal, integrado ao arranjo *há anos para cá*; em (10), levantamos o único dado do século XVIII em que *(d)aí* assume função conectora, articulando relação lógico-conclusiva. Consideramos que esses sentidos mais abstratos e polissêmicos, que chegam em (10) a configurar processo de gramaticalização, são motivados em grande parte justamente pelas particulares e específicas condições de produção das cartas da marquesa de Alorna, aliadas também ao perfil da remetente.

Os resultados obtidos com a pesquisa dessas cartas ratificam, mais uma vez, a importância das estratégias de subjetivização e de intersubjetivização, como assumidas por Traugott e Dasher (2005), na deflagração de trajetórias de polissemia e de mudança linguística.

Gramaticalização de construções

Uma das mais fortes tendências que o funcionalismo começa a assumir é a incorporação, no tratamento dos processos de gramaticalização, da perspectiva construcional, na linha cognitivista de Croft (2001), Goldberg (1995; 2006) e Miranda e Salomão (2009), entre outros. Se a gramaticalização é assumida como a emergência de um determinado padrão construcional, como se observa em Erman e Warren (2000), Bybee (2003), Haspelmath (2004) e Traugott e Dasher (2005), por exemplo, então os estudos funcionalistas devem dar conta da definição e do tratamento dos usos linguísticos enquanto instâncias construcionais.[9]

Uma das evidências dessa orientação é a crescente importância das relações metonímicas, em relação às metafóricas, na pesquisa sobre polissemia e mudança gramatical, como se encontra em Oliveira e Votre (2009). Hoje, a compreensão de que trajetórias de sentido e de padrões funcionais emergem de determinados modos de organização sintática, em que a combinação dos constituintes assume importância maior, conduz à prioridade da metonímia, face à metáfora, como dimensão fundamental para a descrição e análise linguística. Assim, a constatação de que usos são padrões construcionais ritualizados em que o sentido emergente não corresponde ao sentido da soma dos constituintes internos da construção ganha cada vez mais espaço e prestígio.

Nessa linha, ratificamos as palavras de Traugott (2008: 219-220):

> Considerando construções como sendo objetos teóricos projetados para apreender as associações sistemáticas entre forma e significado, assumo que estas, concebidas em tradições recentes da gramática de construção, e especialmente da gramática radical de construção, fazem parte, possivelmente a totalidade, da construção de blocos de gramática.
>
> Assumo também que gramaticalização, entendida como a saída do processo de uso da linguagem que leva a mudanças sistemáticas na forma morfossintática e no significado, é um tipo de mudança base que pode levar à reorganização dos aspectos centrais sintagmáticos e paradigmáticos da linguagem.[10]

Essa tendência apresenta aos pesquisadores funcionalistas, por um lado, fértil e promissor campo de pesquisas e, por outro, impõe desafios que devem ser considerados. Um dos problemas criados com a incorporação da abordagem construcional está em responder satisfatoriamente ao seguinte problema: como integrar à pesquisa linguística de viés histórico (funcionalista) uma perspectiva de cunho eminentemente sincrônico (cognitivista)? Em outras palavras, como compatibilizar a dimensão unidirecional, característica dos estudos sobre gramaticalização, com uma perspectiva que não leva em conta essa dimensão, voltada que está para a descrição e a análise dos fatos linguísticos fora de algum traçado ou percurso histórico? Uma segunda dificuldade reside em estabelecer que construções interessam à pesquisa funcionalista na investigação da polissemia e da mudança linguística, uma vez que, para o cognitivismo, não há separação entre léxico e gramática, todos os usos são tomados como construcionais.

Como Noël (2007), consideramos que é possível enfrentar esses desafios, a partir de algumas considerações. A primeira é a constatação de que é preciso delimitar que construções são passíveis de investigação pelo funcionalismo. Desse modo, faz-se necessário distinguir entre a formação inicial de uma construção, isto é, a associação primária de um sentido com uma configuração morfossintática particular (*esquematização*) e a possível e subsequente mudança da construção assim formada em direção a uma "mais gramatical" (*gramaticalização*). Portanto, é admissível assumir que construções ocupam um *cline*, do lexical ao gramatical e daí ao mais gramatical, e que nem toda esquematização constituiu gramaticalização. Ao funcionalismo, assim posto, interessam justamente as construções nesse último estágio de convencionalização. Conforme Heine e Kuteva (2007) e

Traugott e Dasher (2005), em construções gramaticais, o conteúdo semântico-lexical dá lugar a funções no nível pragmático-discursivo, observando-se o caminho + *objetivação* > + *subjetivação*, correspondente, de certa forma, à trajetória *léxico* > *gramática*.

De acordo com essa orientação, nos estudos sobre gramaticalização de construções, procuramos identificar padrões convencionais (mais gramaticais) a partir de seus correspondentes primários (mais lexicais), na assunção da trajetória *esquematização* > *gramaticalização*. Assim procedendo, acreditamos poder conciliar as duas vertentes teóricas, incorporando à pesquisa funcionalista sobre mudança linguística a perspectiva cognitivista da abordagem construcional.

Na investigação assim orientada, Teixeira e Oliveira (2010) investigam duas construções em torno do verbo *ir* e do locativo *lá*; trata-se de *vá lá* e *vamos lá*. As autoras encontram evidências a favor da abordagem desses objetos segundo a gramaticalização de construções, com base em *corpora* sincrônicos levantados em textos da internet, como blogues e sites em geral, e em revistas de grande circulação. No caso de *vá lá*, os dois fragmentos a seguir ilustram a trajetória referida:

(11) Nós conhecemos a ilha hoje à tarde, pelas mãos do próprio Jean-Paul, no INFOLAB, numa telona full HD de 52 polegadas, e babamos. *Vá lá* e comprove. (Blogue, site da Info Abril)

(12) Parece que a revista *People* perdeu o foco em sua última lista de mais-mais que ela sempre inventa. Afinal, o que dizer das amigas Lindsay Lohan e Nicole Richie (1), eleitas como as mais descoladas? Fossem as mais antipáticas, *vá lá*. (*Época*, 2005)

Em (11), *vá lá* é considerado um arranjo não gramaticalizado ou uma *unidade pré-fabricada* (UPF) de tipo lexical, nos termos de Erman e Warren (2000). Nesse nível primário de organização, a esquematização *vá lá* corresponde efetivamente à organização sintagmática em torno da forma verbal de deslocamento *vá* e do pronome locativo *lá*, este retomando anaforicamente o espaço físico *a ilha*.

Já em (12) *vá lá* é interpretado como caso de gramaticalização, uma vez que o sentido dos constituintes *vá* e *lá* é mais do que a soma das partes de cada um dos mesmos; a construção não está a serviço da expressão de algo objetivo ou físico, como verificado em (11), mas sim atua como estratégia persuasiva, num fragmento marcado pelo tom opinativo e persuasivo. Segundo Teixeira e Oliveira (2010), usos como o ilustrado em (12) são classificados como de monitoramento metalinguístico, situados em avançado estágio de gramaticalização, motivados por inferência sugerida, por intermédio da qual o emissor lança mão de estratégias de argumentação e convencimento. De acordo com Erman e Warren (2000), em (12) estamos diante de uma UFP de tipo pragmático, uma vez que sua funcionalidade está voltada para a articulação de estratégias ligadas à própria situação interacional, e não à expressão de sentidos externos ou mais referenciais. Trata-se do mesmo tipo de funcionalidade verificado a seguir:

(13) Ainda que, *vá lá*, os tradicionais adversários tivessem se juntado em Belo Horizonte, que, ao menos, tal união tivesse honrado a política com uma liderança real. (*Veja Online*)

Os fragmentos (12) e (13) ilustram outra característica da construção gramatical *vá lá* ratificadora da função pragmática aludida – seu desvinculamento semântico-sintático em relação ao contexto oracional em que se insere. Seja em (12), na parte final do fragmento, seja em (13), a intermediar a declaração, num caso de inserção, trata-se de um construto que atua em prol da negociação de sentidos, sem participar da organização sintática *stricto sensu*, sem assumir qualquer função neste nível.

Em relação a *vamos lá*, a situação é parecida. O ponto distintivo mais saliente é que, com o uso da primeira pessoa do plural, articulada na forma verbal *vamos,* acentua-se o traço pragmático e interacional, com o convite ou exortação ao interlocutor para que participe do que é declarado. A defesa do uso construcional se faz pelo levantamento do sintagma como UPF lexical, equivalente a estágio anterior ao padrão gramaticalizado. Partindo das mesmas fontes para a pesquisa de *vá lá*, Teixeira e Oliveira (2010) defendem a trajetória *esquematização > gramaticalização* de *vamos lá* com base nos seguintes dados:

(14) Eu jogo tranca com a mãe da diretora da loja. Ela sempre me diz: "*Vamos lá* que eu te apresento uma vendedora e você vai ser tratada feito rainha". (*Veja*, 2000)

(15) Sim, na linguagem do Senado a "nobreza" pode vir junto com a "mentira", a "excelência" com a "culpa", mas *vamos lá* – isto não é defeito, mas virtude. (*Veja*, 2001)

(16) Já deu para entender o bastidor deste negócio de US$ 700 bilhões, não? A questão complica na hora em que se define o papel de cada um. *Vamos lá*: quem decide quais papéis comprar? (*Veja Online*, 2008)

Os fragmentos de (14) a (16) ilustram o caminho unidirecional de gramaticalização de *vamos lá*, em três etapas funcionais distintas. Na primeira, representada por (14), temos a UFP lexical, integrada pela forma efetivamente verbal *vamos* e o pronome locativo *lá*. Nesse uso, a esquematização *vamos lá* se integra a uma sequência injuntiva, em discurso direto, constituindo o ponto original de onde se derivam os padrões mais convencionais, representados por (15) e (16), respectivamente.

O fragmento (15) ilustra já a construção *vamos lá*, que atua como monitor textual, por intermédio da qual o emissor expressa sua opinião acerca da linguagem usada no Senado. Com o fragmento, tal como observamos em (12) e (13), a construção atua a serviço do convencimento e da persuasão, com baixa vinculação semântico-sintática em relação ao contexto em que se insere. Com o uso da construção, o emissor introduz comentário avaliativo, no nível pessoal, expressando sua opinião – *isto não é defeito, mas virtude*, convidando ainda o interlocutor a partilhar desse entendimento.

O exemplo (16) ilustra o estágio mais avançado de gramaticalização da construção *vamos lá*. Nesse padrão de uso, Teixeira e Oliveira (2010) destacam a forte marca interacional assumida pela construção, que se volta, em contextos assim articulados, efetivamente para o interlocutor, invocando-o de modo mais direto e objetivo. Em (16), a construção introduz a interpelação *quem decide quais papéis comprar?*, em chamada direta à participação do leitor. Por conta de tal característica, as autoras situam casos como o ilustrado em (16) em ponto mais adiantado na escala da esquematização para a gramaticalização de *vamos lá*, correspondendo ao seguinte *cline*, conforme proposta de Traugott e Dasher (2005):

arranjo não gramaticalizado > monitor textual > monitor social

↓↓↓

\+ objetificação + subjetificação + intersubjetificação

\+ lexical ---> + gramatical

Em termos de frequência, os estudos empreendidos em nossa comunidade acadêmica têm demonstrado que, pelo menos nas fontes até agora levantadas, preponderam os padrões construcionais face aos lexicais em sua comparabilidade. Tal constatação aponta a generalização desses usos mais pragmáticos e sua forte tendência de regularização na comunidade linguística. Na investigação da construção *daqui vem*,[11] por exemplo, preponderam usos mais convencionalizados, como em (17) e (18), sobre formações mais lexicalizadas, como em (19):

(17) As obras a que falta a pureza de intenção reta parecem-se com moeda falsa, ou que tem liga. Pelo cunho correm e muitos se enganam; pelo metal não têm valor intrínseco. *Daqui vem que* não servem para comerciar com Deus, e comprar-lhe o Céus; porque este Senhor não pode ser enganado. (http://www.permanencia.org.br/revista/vida/Bernardes/silva1.htm)

(18) A história da Igreja diz-nos que a participação na Missa dominical tem sido, ao longo de vinte séculos, o melhor apoio para a fé dos católicos. *Daqui vem* a nossa preocupação de Pastores em cuidar de manter viva esta fonte primeira da vida cristã e de a lembrar a todos os filhos da Igreja; de verdade, não podemos esquecer o valor da Missa dominical e a necessidade de nela participarmos. (http://www.ansiao.net/domingo.html)

(19) Cada minúsculo detalhe é importante quando se trata de alguém reconhecida por superlativos como maior, melhor, super, hiper, über. A sensação de entrar no mundo fabuloso de Gisele não assusta porque a simpatia da maior popstar *daqui vem* antes de seus títulos. (http://www.rollingstone.com.br/edicoes/1/textos/287/)

Em (17) e (18), *daqui vem (que)* atua como operador discursivo, um todo de sentido e forma que articula a relação lógico-semântica de conclusão/consequência; tanto o constituinte locativo *daqui* quanto a forma verbal *vem* encontram-se afastadas de suas classes prototípicas, na formação de uma unidade maior que concorre para a articulação textual-discursiva. Já em (19), nem chega a se formar uma esquematização, uma vez que *daqui* e *vem* se encontram em sintagmas distintos, atuando como constituintes prototípicos: o primeiro integra o SN *a simpatia da maior popstar daqui* e o segundo se vincula ao SV *vem antes de seus títulos*.

Conforme Goldberg (2006), podemos afirmar que a maior frequência de uso ilustrada em (17) e (18) se dá pela correlação forte entre o sentido veiculado pela construção com o sentido geral da sequência articulada. No caso específico aqui apresentado, podemos dizer que ambientes discursivos marcados por relações de conclusão ou consequência motivam a recorrência de *daqui vem (que),* que passa a funcionar como um tipo de padrão saliente e recorrente em tais contextos. Essa correlação destacada pela autora ratifica a importância das relações metonímicas no processo de gramaticalização, uma vez que a mudança linguística envolve associação e contiguidade, levando em conta que alterações semântico-funcionais não atingem itens isoladamente, mas que se dão na relação que tais itens estabelecem entre si, num determinado modo ou arranjo de disposição dos constituintes na tessitura textual.

Considerações finais

As três tendências aqui apresentadas permitem estabelecer algumas generalizações, capazes de apontar caminhos promissores na pesquisa atual de orientação funcionalista. São vias que se apresentam como alternativas, viáveis e relevantes, para que essa corrente teórica dê continuidade a sua agenda acadêmica em nossos dias.

A primeira dessas tendências propõe a ruptura efetiva do tratamento dicotômico entre instâncias analíticas. Assim, distinções categóricas entre léxico x gramática ou gramaticalização x discursivização, por exemplo, têm cada vez menos espaço e poder explanatório na pesquisa funcionalista. Por outro lado, ganha destaque a abordagem de trajetórias, de processos unidirecionais marcados por hibridização, polissemia ou sobreposição/interseção categorial.

Outra vertente destacada é a investigação holística dos usos linguísticos, levando-se em conta distintos fatores aí envolvidos, para além dos clássicos quesitos sociolinguísticos, como idade, escolaridade, sexo, entre outros. O investimento na pesquisa contingencial da interação faz destacar seus aspectos pragmático-discursivos, trazendo ao pesquisador em funcionalismo indagações como: Quem fala/escreve? Quem ouve/lê? Qual o perfil desses atores, em termos de letramento, representação na comunidade e propósitos discursivos? Que uso linguístico se investiga, no tocante ao gênero e à sequência em elaboração? Enfim, o objeto de pesquisa é tratado no âmbito do lócus de sua produção/recepção, no destaque para esse conjunto de fatores que, de modo mais direto ou indireto, concorre para a configuração dos usos linguísticos.

Por fim, destaca-se a abordagem construcional da gramaticalização, como promissora vertente de investigação funcionalista. No bojo dessa vertente, encontra-se o destaque para as relações metonímicas ou associativas, face às metafóricas ou polissêmicas, na pesquisa da mudança linguística. Ganha destaque a proposição de que o todo é maior e distinto em relação à soma das partes, de que alterações de sentido ou forma não acontecem em constituintes isoladamente, mas sim no âmbito de construtos maiores, que devem ser levados em conta.

As tendências aqui tratadas, de outra parte, impõem aos pesquisadores funcionalistas novos desafios, com destaque para os atinentes às questões de ordem metodológica. É preciso, pois, investir em alternativas de análise eficientes para dar conta desse quadro atual de pesquisa, apurar procedimentos de coleta e de tratamento de dados capazes de compatibilizar, de modo mais harmônico, o viés qualitativo e o qualitativo. Em outros termos, é necessário, considerando aspectos relativos à frequência com que uma forma é usada, dar conta dos contextos e motivações específicos desse uso, unindo, assim, a dimensão gramatical à discursiva. Como se observa, as tarefas não são poucas ou simples, mas desafios são o cotidiano daqueles que se dedicam à pesquisa da língua em situação efetiva de uso.

Notas

1 Para mais informações, consultar www.discursoegramatica.letras.ufrj.br.

2 Trata-se dos seguintes projetos apoiados pelo CNPq: *Ordenação de advérbios locativos no português escrito: uma abordagem histórica* (2004 a 2006); *Ordenação de advérbios locativos no português escrito dos séculos XVIII e XIX* (2007 a 2009); *Pronomes locativos em construções nominais e verbais do português contemporâneo: ordenação, polissemia e gramaticalização* (2010 em diante).

3 Esse quadro consta em Brinton e Traugott (2006: 110).

4 Para as autoras, a função clítica é derivada diretamente da função dêitica do pronome locativo, sem aterrissagem na função fórica, como processo de "poligramaticalização" (Braga e Paiva, 2003: 207).

5 A íntegra do banco de dados *Discurso & Gramática – a língua falada e escrita* em cinco cidades do Brasil encontra-se no site do mesmo grupo de pesquisa, conforme nota 2.

6 Nas seções "Dimensão pragmático-discursiva" e "Gramaticalização de construções", quando tratamos das demais tendências, retomamos contextos como o apresentado em (4).

7 Os dados relativos aos textos epistolares aqui apresentados foram levantados pelo bolsista Pibic/UFF Thiago Quintas Valadares; atualmente, o aluno dá continuidade a essa pesquisa no Mestrado em Estudos de Linguagem da UFF.

8 Além das cartas dos avós Ottoni e da marquesa de Alorna, a pesquisa tomou como *corpora* a correspondência de Eça de Queiroz a Oliveira Martins e outro conjunto de cartas de remetentes diversos, aí incluídos o barão de Mauá, o barão de Paraná e César Vianna de Lima, entre outros; cada um desses dois conjuntos é composto por 41 cartas, todas escritas no século XIX.

9 A respeito desses estudos no Brasil, destaca-se o Grupo do CNPq "Gramaticalização de construções", liderado por Angélica Rodrigues, da UFU, que congrega uma série de pesquisadores em torno do tema.

10 Tradução nossa do texto original.

11 Objeto da dissertação de mestrado defendida no Programa de Pós-Graduação em Letras da UFF por Rossana Alves Rocha no primeiro semestre de 2011, em que se investiga ainda outra construção: *daí vem*.

Bibliografia

Aguiar, M. T. *Padrões funcionais no uso dos pronomes locativos*: uma abordagem construcional. Niterói, 2010. Dissertação (Mestrado em Língua Portuguesa) – Universidade Federal Fluminense.

Arena, A. B.; Oliveira, M. R. Padrões funcionais do elemento "então" em sequências tipológicas do português: uma abordagem pancrônica. *Veredas online*, 2010, v. 1, pp. 36-52.

Barbosa, A. G. Normas cultas e normas vernáculas: a encruzilhada histórico-diacrônica nos estudos sobre português brasileiro. In: Castilho, A. et al. (Org.). *Descrição, história e aquisição do português brasileiro*. São Paulo: Ponte/Fapesp, 2007, pp. 483-98.

BONINI, A. A noção de sequência textual na análise pragmático-textual de Jean-Michel Adam. In: MEURER, J. L.; BONINI, A.; MOTTA-ROTH, D. (Org.). *Gêneros*: teorias, métodos, debates. São Paulo: Parábola, 2005, pp. 208-36.

BRAGA, M. L.; PAIVA, M. C. Do advérbio ao clítico é isso *aí*. In: RONCARATI, C.; ABRAÇADO, J. (Orgs.). *Português brasileiro*: contato linguístico, heterogeneidade e história. Rio de Janeiro: 7Letras, 2003, pp. 206-12.

BRINTON, L; TRAUGOTT, E. *Lexicalization and language change*. Cambridge: Cambridge University Press, 2006.

BYBEE, J; HOPPER, P. (Eds.). *Frequency and the emergence of linguistic structure*. Amsterdam/Philadelphia: John Benjamins, 2001.

______. *Mechanisms of change in grammaticalization*: the role of frequency. In: Janda, R.; Brian, J. (Eds.) *Handbook of historical linguistics*. Oxford: Blackwell, 2003.

CROFT, W. *Radical Construction grammar*: syntactic theory in typological perspective. Oxford: Oxford University Press, 2001.

ERMAN, B; WARREN, B. The idiom principle and the open choice principle. *Linguistic*: an interdisciplinary journal of the language sciences. Berlin/New York: Mouton de Gruyter, 2000, pp. 29-62.

FERREIRA. L. M. A. Estabilidade e continuidade semântica e sintática. In: FURTADO da CUNHA, M. A; OLIVEIRA, M. R; MARTELOTTA, M. E. (Orgs.). *Linguística funcional*: teoria e prática. Rio de Janeiro: Faperj/DP&A, 2003, pp. 73-88.

GIVÓN, T. *Syntax*: an introduction. Amsterdam/Philadelphia: John Benjamins, v. 1., 2001.

______. *On Understanding Grammar*. New York: Academic Press, 1979.

GOLDBERG, A. *Constructions at work*: the nature of generalization in language. Oxford: Oxford University Press, 2006.

______. *Constructions*: a construction grammar approach to argument structure. Chicago: Universiy of Chicago Press, 1995.

HASPELMATH, M. On directionality in language change with particular reference to grammaticalization. In: FISCHER, O; NORDE, M; PERRIDON, H. (Eds.). *Up and down the cline*: the nature of grammaticalization. Amsterdam/Philadelphia: John Benjamins, 2004, pp. 17-44.

HEINE, B; KUTEVA, T. *The genesis of grammar*: a reconstruction. Oxford: Oxford University Press, 2007.

HOPPER, P. On some principles of grammaticalization. In: TRAUGOTT, E. C.; HEINE, B. (Eds.). *Approaches to grammaticalization*. Philadelphia: John Benjamins Company, 1991, v. 1, pp. 17-35.

______; TRAUGOTT, E. C. *Grammaticalization*. Cambridge: Cambridge University Press, 2003.

LOPES, C. R. S. (Org.). *A norma brasileira em construção*: fatos linguísticos em cartas pessoais do século 19. Rio de Janeiro: Faperj/UFRJ, 2005.

MARCUSCHI, L. A. Gêneros textuais: definição e funcionalidade. In: DIONÍSIO, A.; MACHADO, A.; BEZERRA, M. A. (Orgs.). *Gêneros textuais & ensino*. Rio de Janeiro: Lucerna, 2002, pp. 19-36.

MARTELOTTA, M. E. Funcionalismo e metodologia quantitativa. In: OLIVEIRA, M. R.; ROSÁRIO, I (Org.). *Pesquisa em linguística funcional*: convergências e divergências. Rio de Janeiro: Léo Christiano Editorial, 2009, pp. 1-20.

______. Ordenação de advérbios qualitativos em "-mente" no português escrito no Brasil nos séculos XVIII e XIX. *Gragoatá*, 2006, n. 21, pp. 11-26.

______; BARBOSA, A. G.; LEITÃO, M. M. *Ordenação de advérbios intensificadores e qualitativos em –mente, em cartas de jornais do séc. XIX*: bases para uma análise diacrônica. Rio de Janeiro: UFRJ, 2001, inédito.

MEILLET, A. *Linguistique historique etlinguistique genérale*. Paris: Klincksieck, 1926.

MIRANDA, N. S.; SALOMÃO, M. M. (Orgs.). *Construções do português do Brasil*: da gramática ao discurso. Belo Horizonte: Editora da UFMG, 2009.

NOEL, D. Diachronic construction grammar and grammaticalization theory. *Functions of Language*, 2007, pp. 177-202.

OLIVEIRA, M. R. Pronomes adverbiais locativos em cartas do português: trajetória, ordenação e função. *Revista de Estudos da Linguagem*, 2009, v. 17, n. 1, pp. 179-206.

______; Rosário, I. (Orgs.). *Pesquisa em linguística funcional*: convergências e divergências. Rio de Janeiro: Léo Christiano, 2009.

______; Aguiar, M. T. A trajetória advérbio > clítico no uso dos pronomes aí, ali, aqui e lá. In: Oliveira, M. R.; Rosário, I. (Orgs.). *Pesquisa em linguística funcional*: convergências e divergências. Rio de Janeiro: Léo Christiano, 2009, pp. 142-52.

______; Votre, S. J. As concepções de "discurso" e de "gramática" no funcionalismo de orientação norte-americana. *Matraga – Revista do Programa de Pós-Graduação em Letras da* uerj, 2009, pp. 97-114.

Siqueira, S. *O elemento "onde": polissemia e gramaticalização*. Niterói, 2009. Dissertação (Mestrado em Língua Portuguesa) – Universidade Federal Fluminense.

Teixeira, A. C. M.; Oliveira, M. R. Gramaticalização das construções "vá lá" e "vamos lá". *Revista Todas as Letras*, v. 12, 2010, pp. 70-79.

Traugott, E. C. Grammaticalization, constructions and the incremental development of language: Suggestions from the development of degree modifiers in English. In: Eckardt, R.; Jäger, G.; Veenstra, T. (Eds.). *Variation, Selection, Development:* probing the evolutionary Model of Language Change. Berlin/New York: Mouton de Gruyter, 2008.

Traugott, E. C.; Dasher, R. *Regularity in semantic change*. Cambridge: Cambridge University Press, 2005.

Votre, S. O princípio da extensão imagética, uma nova ótica para a estabilidade linguística. In: Gorski, E. M.; Coelho, I. L. (Orgs.). *Sociolinguística e ensino*: contribuições para a formação do professor de língua. Florianópolis: Editora da ufsc, 2006, pp. 135-54.

O equilíbrio na mudança linguística: a gradualidade em processo

Vânia Casseb-Galvão
Maria Célia Lima-Hernandes

Lidar com a mudança linguística pressupõe um trabalho de identificação de formas que estiveram num estado *x* e passaram a um estado *y*. Em se tratando de gramaticalização, somente no estudo de estágios de mudança, como revela o princípio da persistência (Hopper, 1991), é que se reconhece que algo do estágio *x* é mantido no estágio *y*, e que esse 'algo' é que permite associar esses dois estágios, como a dar equilíbrio ao sistema. Esse é o foco de interesse neste capítulo, lidar com a inevitável, mas nem sempre focalizada, busca do equilíbrio na mudança linguística.

Como uma equilibrista ou mesmo uma malabarista, a língua vai se mantendo aprumada por meio do uso constante feito pelos indivíduos que integram a comunidade de fala. Ela se nivela pelas diferenças no momento da interação necessária, pois nesse momento em que as diferenças se confrontam é que ela mais intensamente busca o ponto de equilíbrio. Esse fenômeno se dá pela seleção do que é tido como mais frequente e usual, logo com menor demanda de atenção e de esforço, o que neutraliza as diferenças. É sobre equilíbrio e a dinâmica de fatos sociolinguísticos que trataremos, tema caro a funcionalistas e aos que se interessam pela mudança linguística motivada por fatores sociolinguísticos.

Em busca de um modelo de equilíbrio de forças

Givón (2005) propõe que a gramática de interação social recapitula a gramática da comunicação interpessoal. Se temos, assim, marcadores de processo na dinâmica da interação social, certamente esses refletem as necessidades comunicativas de uma comunidade de fala. Então, pela identificação e recolha de pistas dessa dinâmica, é possível reconhecer também o processo de gramaticalização. Note-se que os procedimentos individuais manifestam-se na gramática geral. Note-se, também, que a dinâmica interativa mais representativa do indivíduo é, espantosamente, a mesma que cimenta a gramática das necessidades globais da comunidade. Trata-se de forças aparentemente contrárias ao que se esperaria para os efeitos lógicos.

Se um professor numa sala de aula inicia seu curso com 40 alunos e oferece a esse grupo o mesmo momento de interação, não é o rendimento similar que mostrará os pontos deficitários ou de maior dificuldade do conteúdo para esse nível de aprendizagem, mas contraditoriamente será a observação dos aspectos menos produtivos e de menor sucesso nas avaliações que permitirá depreender os pontos de dificuldades, o que certamente provocará um efeito no próximo curso que o professor oferecerá sobre o mesmo tema. É disso que falamos: a diferença e o discrepante contribuem fortemente para o equilíbrio futuro de uma dada situação comunicativa. Trata-se do reconhecimento de situações paradoxais e de fatores que as motivem.

Em seu estudo, Givón identifica sete paradoxos que permitiriam evidenciar a correlação entre essas duas gramáticas. São eles: paradoxo do Yin e Yang, paradoxo de singularidade e continuidade, paradoxo de enraizamento e leveza, paradoxo de velocidade e consciência, paradoxo de atenção e automatismo, paradoxo de atenção difusa e paradoxo de prática fora do contexto. Todos eles representam a dinâmica de usos linguísticos e suas forças entrópicas (que impelem o sistema à morte) e anatrópicas (que produzem a resistência e a busca pela sobrevivência do sistema) em um constante dinamismo.

Forças contrárias e aparentemente contraditórias agem conciliando o que é diverso por mecanismos historicamente recorrentes (*paradoxo Yin e Yang*). Enquanto as diferenças parecem atuar de modo a desintegrar o sistema sociolinguístico (em toda sua diversidade), o resultado é a coesão sistêmica. Portanto, forças impelem o falante a ser expressivo e inovador enquanto forças contrárias impõem regras de intercompreensão (eu digo o que digo em função do que imagino que o outro já saiba sobre o tema, administrando a quantidade de material linguístico em função disso). Portanto, a clareza e a objetividade são limitadas por uma regra conversacional geral que prevê que não se deve dizer mais do que o necessário. A fórmula, no entanto, para que isso funcione, contraditoriamente, provém da intuição e da memória de quem produz esse material, ou seja, vem do outro, do interlocutor, e do que ele já sabe e conhece.

Singularidade e continuidade

Não é incomum que situações interativas sejam levadas a termo a despeito de ocorrerem equívocos. A depender da ruptura lógica estabelecida com o equívoco, pode-se interromper ou não a situação comunicativa em curso. O lócus da resolução desses equívocos não está na língua formal, mas num componente há muito considerado *out of hard linguistic*: a pragmática, lugar dos efeitos comunicativos.

Para lidar com as inconvenientes dúvidas ou mesmo antecipações equivocadas, está à disposição do falante sua bagagem pragmática, que atuará na busca do restabelecimento da interação e do equilíbrio, mediado pelo material linguístico (*paradoxo de singularidade e continuidade*).

Regras de polidez entrarão em campo a fim de prover o equilíbrio dinâmico com o sistema como um todo. Mesmo que uma mudança se imponha, como força entrópica do sistema suscitando algum novo efeito comunicativo, algo que era utilizado em situações similares encaminhar-se-á em direção à estagnação de usos (*continuidade*). Assim, para toda força anatrópica, vinda em socorro à necessidade de uma sobrevivência singular (muitas vezes marcada pela variação e estratificação de usos), haverá uma força contrária minimizando os efeitos dessa mudança, ainda que à custa de sua sobrevivência nas camadas mais jovens.

Essas forças mobilizariam formas em uso para a criação, num novo contexto comunicativo, de novas funções. O que permite essa dinâmica em suas forças anatrópicas é justamente a mudança de perspectiva (tal como no sistema biológico, quando um símio deixou de ser quadrúpede e, ereto, passou a olhar o mundo de outra perspectiva). Tudo o que já conhecia passa a ser visto de outra forma, como uma grande novidade que lhe cria novas ramificações nervosas demandadas pelas novas sensações.

O efeito é, dessa forma, um rearranjo de todas as capacidades cognitivas, envolvendo contextos globais (eventos, participantes, cena comunicativa, tópico, foco, capacidades cognitivas e habilidades físicas). O que estamos dizendo é que a gramaticalização não pode ser interpretada mais como um processo de mudança puramente linguístico ou gramatical, a menos que se reanalise o sentido do que é língua e do que é gramática.

Já há décadas, diz-se que o processo de gramaticalização mobiliza conceitos concretos para o entendimento, explanação e descrição de um conceito menos concreto:[1]

> By means of this principle, concrete concepts are employed to understand, explain or describe less concrete phenomena. In this way, clearly delineated and/or clearly structured entities are recruited to conceptualize less clearly delineated or structured entities, non-physical experiences are understood in terms of physical experiences, time in terms of space, cause in terms of time, or abstract relations in terms of kinetic processes or spatial relations, etc. (Heine, 1993:150)[2]

Mais do que dizer que tempo é um conceito gramatical (pretéritos, futuros e presente em suas nuanças), estamos dizendo que tempo é histórico. É a conscientização do tempo em suas nuanças. É o efeito dessa conscientização pelo indivíduo e, consequentemente, pela raça humana. É o saber reutilizar esse conhecimento para lidar com eventos mais abstratizados.

Nesse processo, dois mecanismos apresentam-se envolvidos: transferência conceptual (metáfora[3]), que aproxima domínios cognitivos diferentes; e motivação pragmática, que envolve a reinterpretação induzida pelo contexto (metonímia) (Heine, Claudi e Hünnemeyer, 1991a). A diferença entre esses dois mecanismos tem sido expressa da seguinte maneira:

Metonímia	Metáfora
nível sintagmático reanálise (abdução) implicaturas conversacionais opera através da interrelação sintática dos constituintes	nível paradigmático analogia implicaturas convencionais opera através de domínios conceptuais

Figura 1 – Diferenças entre metonímia e metáfora (Bisang, 1998: 16)

O primeiro – metonímia – parece depender de uma situação contextualmente muito próxima para se deflagrar. Assim, o falante reconhece que algum segmento codificado sintaticamente não precisa vir expresso ou não precisa ser explicitado em sua fala. Se esse implicitamento de um segmento for algo recorrente também na fala de outras pessoas, então a chance de ocorrer reanálise será maior. É como desejar a alguém bom-dia todos os dias pela manhã e essa ação se repetir em muitas bocas por meio da seguinte codificação sintática: "Eu lhe desejo um bom dia". O costume de se dizer sempre essa informação todos os dias faz com que essa informação seja requerida como praxe. Aos poucos, espera-se que o segmento sofra erosão e passe a funcionar com toda a relevância pragmática pelas pessoas. E de uma expressão volitiva, ela passa a sinalizar simplesmente um cumprimento. Muitas vezes – e vários linguistas têm mostrado isso em trabalhos investigativos (a título de exemplo, citamos Casseb-Galvão, 2001; Silva, 2005; Gonçalves et al., 2007; Bernardo, 2008; Defendi, 2008; Barroso, 2008) – o simples fato de termos elidido da sequência comunicativa um segmento informacional, por considerarmos que o interlocutor seja capaz de preencher essa lacuna com informações de sua memória, pode provocar uma incorporação sintagmática com efeitos importantes para a mudança que se seguirá. Gerações seguintes podem não mais sentir a falta dessa informação elidida por pressuporem a desnecessidade de dizerem algo amplamente sabido pelos interlocutores, mas agora num contexto altamente pragmático.

O segundo – metáfora – apesar de ser invariavelmente mostrado como secundário em relação ao primeiro, pode se manifestar independentemente daquele. É o que mostra Vicente (2009), ao revelar que o item *afinal* pode, por motivação icônica, assumir uma nova função de marcador textual de finalização discursiva e, depois, de processamento cognitivo de conclusão. Também é o que demonstra a análise de Sancha-Silva (2009) sobre a gramaticalização da expressão *estadze k* no crioulo cabo-verdiano.

Ao estudar o trabalho de Casseb-Galvão (2001), Sancha-Silva percebeu que fato similar ocorria com o desenvolvimento de um paradigma evidencial no crioulo cabo-verdiano a partir dos usos de *estadze k* (dizem que).[4] Constituiu, então, um *corpus* com relatos orais da comunidade linguística de Ribeira Bote, São Vicente, Cabo Verde e procedeu a uma pormenorizada descrição das funções desse item.

Observemos esse item nos exemplos (01) e (02). Eles configuram predicados complexos em que a expressão *estadze k* encabeça uma oração matriz na qual o conteúdo proposicional está encaixado. Nos exemplos (03) a (05), essa mesma expressão *esta dez k* gradativamente perde o complementizador (*k*) e comporta-se como um operador, um elemento de valor adverbial de natureza evidencial, *es ta dez*.

Citativo (i) – predicador matriz. Conhecimento descrito e adquirido a partir de uma terceira pessoa identificada.

(1) *Manhamaemanha pai êketadret! Estadze k nem se*
ENF POSS mãe e POSS pai é que estar direito. 3PL ASP dizer COMPL nem COND

es tiver ta more ka no leva-spaOspital. Esta
3PL estar-COND ASP morrer NEG 1PL levar-PRON-OBJ para hospital. 3PL ASP

more log na kaza .
morrer-PRES logo em casa.

"Os meus pais é que estão certos! Eles dizem que nem se estiverem a morrer para não os levar ao hospital. Eles morrem logo em casa."

Citativo (ii) – predicador matriz. Evidência indireta, voz coletiva não identificada.

(2) *[...] no ta faze nos fistinha, es tadze nos k*
[...] 1PL ASP fazer-PRES POSS festinha, INDET ASP dizer PRON-OBJ COMPL

kond no ta faze nos fistinha no taestod mas unid.
quando 3PL ASP fazer-PRES POSS festinha 1PL ASP estar-PRES mais unido.

"[...] Organizamos as nossas festas e as pessoas nos dizem que quando organizamos as nossas festas é sinal de que nós estamos mais unidos."

Inferencial – operador. Conhecimento inferido a partir do que se observa na realidade e no que se descreve na situação de interação.

(3) *El tabapabutikeeltakomprasokozakore e kuase...*
3SG ASP ir-PRES para boutiques 3SG ASP comprar-PRES so coisa cara e INFR

se família ê ne nem... ka tem... Ê nenenrike. El kata
POSS família ser NEG nem... NEG ter-PRES... ser NEG nem rico. 3SG NEG ASP

trabaia. Apos, esmnininha onde booia"l, na kolker lugar
trabalhar-PRES. Pois, esse menininha onde 2SG ver-PRON-OBJ, em qualquer lugar

el ta kompra so koza kore... Estadzekeldnher ti ta bem
3SG ASP comprar-PRES somente coisa cara... EV-INFR odinheiro ASP vir-PRES

de... El titaben de un lugar k... ten desvio, bo ti taoia?
de... 3SG ASP vir-PRES de um lugar que... ter-PRES desvio, 2SG ASP ver

"Ela vai às boutiques, ela compra só coisas caras e parece que a sua família não é nem... Não tem... Não é rica. Ela não trabalha. Pois, essa menina, em todos os lugares onde ela é vista, em qualquer lugar, ela compra só coisas caras... Diz que o dinheiro está vindo de... Ele está vindo de um lugar que... Tem desvio, você entende?"

Assumido – Operador. Verdade universal para a qual nenhuma experiência imediata e individual é manifestada.

(4) *Onten senha k unkavolbronk. Enton... **estadze**, senha*
Ontem 1SG sonhar-PAS com um cavalo branco. Então, EV- ASSUM, sonhar-INF

k kavolbronk ê... bota senha bota levanta ot
com cavalo branco ser-PRES... 2SG ASP sonhar-PRES 2SG ASP levantar-PRES outro

diasidin bo ta jga un totolote bo ta... êbo sorte...
dia ADV 2SG ASP jogar-PRES um totoloto 2SG ASP... ser-PRES POSS sorte...

bota ganha.
2SG ASP ganhar-PRES

"Ontem eu sonhei com um cavalo branco. Então, ***diz que***, sonhar com cavalo branco é sinônimo de...Você sonha e você se levanta no dia seguinte muito cedo, você vai jogar no Toto loto (Mega-Sena) você... É a sua sorte... Você ganha."

Boato – Operador. Conhecimento de origem incerta ou que, por algum motivo, essa origem não pode ser identificada.

(5) *– Ah ê dvera! Kuase ben parce un fat nove. Ese senhora*
INT ser-PRES verdade! MOD vir aparecer um fato novo. Esse senhora
txaunmensaja na un telefone, na un móvel.
deixar-PAS um mensagem em um telefone, em um celular.

– Estadze *el tinha txod uns mensajam akuasekella... N ka*
EV:OUV-DIZ 3SG AUX deixar uns mensagem CONJ MOD isso lá... 1SG NEG

sabe. Kel la ê un buate.
saber-PRES. Isso lá ser-PRES um boato

"– Ah é verdade! Parece que surgiu um fato novo. Essa senhora deixou uma mensagem num telefone, num celular. *Diz que* ela tinha deixado umas mensagens, mas em minha opinião isso aí... Eu não sei. Isso aí é um boato."

A expressão *estadze* não predicativo codifica diferentes tipos de experiências evidenciais (inferencial, assumido, boato), funções mais abstratas, mas todas estão ligadas a uma mesma origem mais concreta. Sancha-Silva (2009), ao indicar que essa mudança de um domínio mais concreto (da expressão do dizer) para um domínio mais abstrato, relativo à qualificação das relações gramaticais de evidencialidade, está correlacionada à união de forças metafóricas e metonímicas, diz que, por analogia, a metáfora aciona o processo polissêmico inicial e causa alterações no eixo paradigmático; o que antes era uma oração constituída por **sujeito + verbo + complementizador** passa a uma construção sintática que funciona como um único elemento, um operador evidencial. A partir disso, por reanálise, a metonímia provoca alterações no eixo sintagmático e faz gerar um novo significado gramatical evidencial, de operador evidencial: da oração matriz que tem como núcleo o verbo *dizer* desenvolve-se um operador que assume os valores evidenciais.

No componente metafórico, há a transferência de um domínio conceitual mais concreto para outro domínio mais abstrato (*dicendi*: verbo de elocução, descrição da ação de dizer, para operador evidencial que passa a incidir sobre a proposição, sobre a organização discursiva). De um ponto de vista da direção da mudança, não há dúvida sobre a atuação do princípio da unidirecionalidade, pois se observa a seguinte cadeia de evolução: de elemento conceitual pleno (uma construção predicativa) a elementos cujo conteúdo conceitual se esvaneceu (um operador evidencial), pertencente ao domínio das qualificações, cuja manifestação é dependente em termos contextuais. Simultaneamente ao "desbotamento" semântico há um espraiamento, uma espécie de irradiação de traços semânticos proeminentes da forma-fonte, interessantes para compor conceitualmente o novo uso.

As inferências metonímicas[5] e metafóricas constituem processos complementares na maioria das vezes. A metonímia resulta da contiguidade sintática de significações codificadas, e essa proximidade favoreceria a associação entre as informações. A metáfora, por sua vez, permitiria a transferência de um domínio para outro por meio de um elo estabelecido entre os dois domínios conceptuais, ou seja, da associação do processo cognitivo de metáfora com o mecanismo da analogia resultaria a metáfora (Hopper e Traugott, 1993).

A mudança se opera por meio dos dois mecanismos, individualmente ou não, a depender da fase de evolução do item estudado, mas seguramente em cada um deles há a manifestação da singularidade (resposta individual a uma situação comunicativa) convivendo com pistas que nos orientam em busca de uma interpretação mais comum, mais compartilhada, mais elástica de usos, que é a continuidade. O primeiro produz uma ruptura (singularidade nos usos), mas não em qualquer direção. Vai na direção cognitiva do mais comum, do mais habitual, do mais frequente (continuidade de usos). O singular é lido, assim, em termos dos efeitos desejáveis da intercompreensão (a continuidade).

Velocidade e consciência

Alguns critérios de observação linguística são considerados mais concretos e apreensíveis do que outros. A velocidade, por exemplo, é um critério considerado mais concreto e palpavelmente mais apreensível do que, por exemplo, a consciência. Conseguimos já ter equipamentos científicos para medir e dividir em unidades de observação a velocidade de fala do indivíduo. Não temos, contudo, equipamentos disponíveis para medir e dividir em unidades menores a consciência humana.

Nesses casos em que não conseguimos medir objetivamente a atuação de fatores, adotamos como regra o exame dos efeitos desse fator. Assim, ainda que não seja possível medir ou apreender objetivamente a consciência, pode-se recorrer à observação dos usos e elaborar testes de controle do reconhecimento das novas funções pelos usuários da língua numa comunidade específica.

O que seria para o linguista lidar com velocidade e consciência quando se pesquisa o processo de gramaticalização? Segundo a grande maioria dos pesquisadores, ao processo de gramaticalização subjazem processos metafóricos que envolvem inferências a partir de limites conceptuais.[6] E as transferências conceptuais decorrentes desse processo poderão seguir um percurso de alteração unidirecional com base na hierarquia funcional.

A transferência de um sentido "literal" para outro "figurado" e de um domínio de conceptualização para outro promove o deslizamento de um sentido mais concreto para um mais abstrato. Essa movimentação normalmente é intermediada por uma ambiguidade semântica[7] (Heine, Claudi e Hünnemeyer, 1991a) que representaria o "elo perdido" da recategorização.[8]

Pode-se, ainda, tomar como subsídios as discussões de Bybee, Perkins e Pagliuca (1994) acerca dos mecanismos motivadores da gramaticalização, quais sejam: extensão metafórica, inferência, generalização, harmonia e absorção. A *extensão metafórica* caracteriza-se por meio de duas propriedades: 1) mudança de um domínio mais concreto para um domínio mais abstrato; 2) preservação de algum traço da estrutura relacional original. A *inferência* remete diretamente à implicatura, pois, enquanto o falante obedece ao princípio da informatividade e da economia (atendendo aos apelos da velocidade de produção e da consciência via memória), o ouvinte extrai todos os significados necessários à compreensão da asserção. Nesse processamento, muitas expressões codificadoras de categorias cognitivas são elididas por serem já conhecidas ou compartilhadas pelos interlocutores.

A *generalização* representa a perda de traços específicos de significado, com a consequente expansão de contextos apropriados para o uso. Para esse mecanismo, a frequência de uso mostra-se bastante relevante. Quanto mais frequente, mais chance de ser elidido o segmento informativo, por estar em alto grau de consciência. Quanto mais vivo na memória, menos necessário na codificação sintática. Esse é um grande paradoxo. É o que ocorre, por exemplo, com a evolução de locuções conjuntivas com a estrutura x-que no português (Lima-Hernandes, 2010).

A *harmonia* é um mecanismo restrito aos elementos gramaticais que se encontram desprovidos da maior parte de seu conteúdo semântico. Por isso, é aplicável aos estágios mais avançados da gramaticalização. Nesse momento da evolução, parece fazer mais sentido que o item em gramaticalização seja reconhecido como item da nova classe, harmonicamente integrando um conjunto de itens mais gramaticais. De modo complementar, os usuários da língua sentem grande dificuldade de associá-lo historicamente às funções mais concretas porque já se passara longo tempo entre o uso corrente de sua forma plena e o uso corrente de sua forma esvaziada de sentido. Isso pode ser exemplificado com o trabalho de Defendi (2008: 18), que discute a reduplicação. Note-se, no exemplo a seguir, a duplicação da preposição *com*. O primeiro já não é reconhecido pela comunidade linguística como uma preposição, mas como parte integrante do verbo *comparar*.

(6) tenho se bem que eu acho que conheço pouco a cidade né? por exemplo, se eu for **com**parar **com** (D2-343:7)

Por fim, a *absorção* representa a fase em que há a completa gramaticalização do item observado. No caso do trabalho de Bybee, Perkins e Pagliuca (1994), refere-se ao momento da criação de um gram zero.[9] Um esquecimento histórico impede que se atribua qualquer sentido mais concreto ao item na nova função, a mais abstratizada. Caso típico dessa evolução é o verbo *haver* no português, que mantém usos menos absorvidos e, por isso, mais discretos em suas funções (hei de ser feliz – claramente um desejo é manifestado, reconhece-se ainda um tempo futuro em uso, por exemplo) – ao lado de usos totalmente absorvidos pelo sistema, por isso mesmo não identificados como unidades estanques, mas como morfema (comprarei um apartamento na praia).

Segundo os autores, esses mecanismos de mudança operam em diferentes estágios do processo de gramaticalização, como representado a seguir:

iniciais **mediais** **finais**

______________ metáfora _ _ _

______________________________ inferência ____________________

____________________________ generalização __________ _ _ _

__________ harmonia ______

_________ absorção _________

Figura 2 – Estágios do processo de gramaticalização (Bybee, Perkins e Pagliuca, 1994).

Em função dessas habilidades e capacidades, o falante visará a um ajuste mais fino entre memória e estatuto informacional, para gerar intenções em suas codificações sintáticas (*paradoxo de velocidade e consciência).* Não só o conhecimento gramatical sedimentado na memória de longo termo ficaria disponível à memória de curto termo, aplicada à cena comunicativa, aos participantes e às resoluções inferenciais e textuais das relações fóricas e dêiticas. O grau de consciência em relação à língua e à bagagem pragmática dos interlocutores, contudo, é que permitirá imprimir maior velocidade comunicativa, apreendida em termos formais pela redução/ampliação de formas.

No caso das estruturas serializadas, pelo menos dois eventos são sequenciados na cadeia sintática. Normalmente, são eventos culturalmente correlacionados, como comprar pão (deslocar-se fisicamente à padaria e pedir o pão), duas categorias cognitivas ainda são representadas no encadeamento sintático-semântico (deslocamento espacial e um espaço físico); e depois, dada sua alta frequência de uso, um dos eventos é descartado da sequência sintática, o mais concreto (espaço locativo) em favor do mais abstrato (deslocamento no espaço físico). A velocidade e a consciência são afetadas na compreensão e uma reanálise se faz (o que era deslocamento físico passa a ser reanalisado como tempo futuro: vou comprar pão). Combinado a isso, tem-se o desgaste semântico do *gram* de futuro mais compacto (ir<u>ei</u> comprar pão). São camadas de mudança operando ao mesmo tempo e contribuindo para que novas funções emirjam.

Atenção e automatismo

Entra nesse quesito, também, o princípio de iconicidade que prevê que forças sociocognitivas gerenciariam a quantidade, a proximidade e as automatizações implementadas pelos falantes. O alto ou baixo grau de consciência podem atuar em categorias como atenção, foco e ordenação linear de informações para que necessidades comunicativas sejam atendidas (*paradoxo de atenção e automatismo*).

Casseb-Galvão (1999) observa que o uso mais concreto de *achar* no português do Brasil é recorrente nas primeiras posições da cadeia sintagmática (por exemplo, na sentença, *Eu achei uma moeda na calçada*), já o uso mais abstrato, modalizador do campo da (in)certeza, ou mais simplesmente, codificador de palpite, apresenta mobilidade sintagmática, aparecendo na posição linearmente equivalente ao momento em que é interativamente relevante marcar o descomprometimento do enunciador com a verdade do conteúdo enunciado (vai chover, *acho*; vai *acho,* chover; *acho* que vai chover).

Lima-Hernandes (2005) evidencia que o foco de atenção do indivíduo e suas intenções são as ferramentas propulsoras de usos inovadores. Esses usos podem assumir uma dimensão importante em determinado nicho social, grupo social, microcosmo dentro de uma comunidade linguística e passam, assim, a funcionar como marca sociolinguística desses mesmos grupos. A despeito de *tipo assim* ser associado fortemente a *rappers* e indivíduos que não dominam o português padrão, reconhece-se empiricamente que é uma marca de grupos sociais diferentes, e em cada um desses grupos acaba por codificar uma informação social: dentre os pré-adolescentes paulistanos, é uma forma de indicar a pertença ao grupo de adolescentes; segundo a avaliação de adolescentes paulistanos do sexo masculino, é uma marca linguística de meninas mais jovens, portanto, não utilizável por meninos de seu grupo; para os professores de língua portuguesa, é uma marca de falantes da periferia. Na comunidade carioca, a adesão à expressão *tipo* e *tipo...assim* é uma marca de integração social entre pessoas mais velhas e mais jovens. Quando se torna automatizado no grupo, passa a ser estigmatizado somente por pessoas que se consideram ou querem se considerar fora desse grupo. Isso equivale a dizer que só absorveriam essa expressão em sua fala adultos cultos que tivessem contato mais próximo e/ou íntimo com jovens e adolescentes. Um meio propício a esse contato é a universidade, paradoxalmente o lugar mais associado ao falar culto. A automatização, assim, é o resultado de um exercício sociocognitivo comum que leva os indivíduos a utilizarem um item linguístico de modo tão inconsciente ao ponto de, se consultados sobre o valor desse item, rejeitarem-no como adequado. A alta frequência de uso propicia a habituação e, consequentemente, a implementação sistêmica de funções mais abstratizadas.

Atenção difusa, enraizamento/leveza e prática fora do contexto

Da atuação dessas forças pode resultar uma estruturação ambígua (*paradoxo de atenção difusa*), e o que fará com que o equilíbrio se restabeleça é justamente o que falante assume como já automatizado e conhecido como mais produtivo e frequente na língua (*paradoxo de enraizamento e leveza)*. Lançar mão do conhecido para resolver situações novas pode dirigir o falante a reanalisar numa função totalmente nova uma estrutura de aparência conhecida, o que facilitará a atuação da memória de longo termo a esse novo contexto de uso (*paradoxo de prática fora do contexto*). Em situações como essas, a língua muda, e forças anatrópicas voltam a atuar em busca da vitalidade do sistema.

A produtividade de *achar* como marcador modal de possibilidade no português do Brasil foi atestada por Casseb-Galvão (1999). A cadeia de desenvolvimento dos usos concretos (*encontrar*, *procurar*) para os mais abstratos (expressão de *opinião*, *apreciação* e de *palpite*) revela fases de ambiguidade. Encontrar, opinar ou apreciar exigem que o sujeito tenha uma experiência mais direta com aquilo que está sendo considerado; se ele não tem essa experiência, só lhe é permitido fazer uma suposição.

O exemplo (7) ilustra o caso: se o falante nunca esteve em Rondon, ele só pode estar dando um palpite, jamais fazendo uma apreciação ou relatando que encontrou uma vida farta naquela cidade.

(7) era...*eu achava*...(era) uma vida farta eu sempre gostei de Rondon. (RD, F, 3 (3a))

Além das informações contextuais, a ambiguidade entre o uso mais concreto (*achar encontrar*) e um dos estágios de gramaticalização, o *achar apreciação*, é desfeita por uma propriedade formal do processo de gramaticalização: o desdobramento em uma oração completiva (7a). Entre o *achar apreciação* e o *achar palpite*, de valor adverbial, mais à direita do contínuo concreto > abstrato a quebra da ambiguidade também se dá por uma propriedade formal, o apagamento do pronome de primeira pessoa e do complementizador (7b).

(7a) *Eu achava* que era uma vida farta.
(7b) Era uma vida farta, *acho.*

Considerações finais

Uma proposta teórico-descritiva coerente a respeito da gramaticalização não pode privilegiar atomicamente ou o léxico ou o discurso, em suas múltiplas perspectivas, em uma visão reducionista do fenômeno. Também não deve lidar exclusivamente com o processo sem olhar para os efeitos das forças contrárias que agem durante esse mesmo processo.

A situação comunicativa é o lócus da observação. É por isso que já num texto fundador das diretrizes pós-Meillet que norteiam os estudos sobre gramaticalização (referimo-nos de modo especial ao trabalho de Heine, Claudi e Hünnemeyer, 1991a: 44) consta que o processo de abstratização correlaciona-se à maneira como os seres humanos entendem e conceitualizam o mundo que os cerca. Objetos que estão mais próximos são claramente mais estruturados e delimitados, são menos abstratos que os objetos que estão mais distantes – menos estruturados e delimitados. Em termos discursivos, elementos referenciais são menos abstratos que aqueles com baixo grau de referencialidade.

A noção de que os elementos linguísticos em processo de gramaticalização esboçam uma trajetória *do concreto para o abstrato* sustenta um dos principais sustentáculos da Teoria Clássica da Gramaticalização, a unidirecionalidade. E hoje se sabe que essa unidireção não se refere às classes de palavras ou a instrumentos de observação criados por gramáticos ou linguistas, mas ao experienciamento humano de ações e eventos, à rotinização e habitualização de fatos que, de tão produtivos e frequentes, passam a integrar novas camadas significativas de usos.

A instauração do processo de gramaticalização produz consequências para a forma e para a função dos elementos. Promove alterações semânticas, morfológicas, sintáticas e fonético-fonológicas nos sistemas envolvidos, as quais são de tal modo inter-relacionadas que nem sempre é possível delimitar claramente suas fronteiras e/ou verificar uma hierarquia entre elas. O que desenha a rota, contudo, não são esses elementos linguísticos, mas a maneira como as pessoas concebem o mundo e como organizam (e associam) mentalmente seus hábitos e rotinas. O que se apreende de mudança na língua nada mais é do que efeito dessa organização, que deve manter o equilíbrio constante sob pena de provocar incompreensões comunicativas.

Uma das formas de evitar equívocos e incompreensões comunicativas é garantir que a gradualidade seja preservada. O equilíbrio é o efeito dessa gradualidade. Os paradoxos identificados por Givón (2005) aproxima, de modo peculiar, os eventos de mudança linguística por gramaticalização ao que nos acostumamos a chamar de "desequilíbrio no equilíbrio". Toda a mudança, independentemente de seu caráter tipológico, revela a gradiência de usos que permite uma passagem tranquila e gradual de usos mais concretos a usos mais abstratos.

Ocorre que está implicada nessa mudança a estabilidade seja da rota de mudança, seja dos traços mais resistentes a essa mesma mudança, compondo um quadro paradoxal de extremo interesse para a mudança tanto em termos de convivência do velho e do novo a depender das estratificações sociais (regra variável) quanto de resiliência das funções mais concretas (divergência, especialização e persistência, nos termos de Hopper, 1991).

O modelo lido em termos de paradoxos permite que se reconheça de modo mais claro molas propulsoras de anatropia alimentadas por molas propulsoras de entropia do sistema. Trata-se do equilíbrio de forças contrárias em uma convivência sadia, o que mantém o sistema em pleno funcionamento e as pessoas em pleno diálogo.

Notas

1 Justamente por essa razão, Heine (1993) defende que, para se dar conta da gênese e desenvolvimento de categorias gramaticais, é necessário que se realize uma análise sobre a manipulação cognitiva e pragmática, razão por que a transferência conceptual e contextos que favorecem a reinterpretação devem ser observados.

2 Tradução sugerida: Por meio deste princípio, os conceitos concretos são utilizados para compreender, explicar e descrever fenômenos menos concretos. Dessa forma, entidades claramente delineadas e /ou bem estruturadas são recrutadas para conceituar entidades menos claramente delineadas ou estruturadas, as experiências não físicas são entendidas em termos de experiências físicas, o tempo em termos de espaço, causa em termos de tempo, ou relações abstratas em termos de processos cinéticos ou relações espaciais etc.

3 Muitos linguistas (Sweetser, 1990; Bybee, Perkins e Pagliuca, 1994; Heine e Reh, 1984; Heine, Claudi e Hünnemeyer, 1991a, entre outros) argumentam que a mudança semântica, durante o processo de gramaticalização, é fortemente motivada por processos metafóricos. Bybee, Perkins e Pagliuca discordam quanto a considerar, entretanto, a metáfora o mais importante processo responsável pela gramaticalização.

[4] Para melhor entendimento do leitor, manteve-se a glosa das ocorrências, conforme consta de Sancha-Silva (2009).

[5] Inferência é mobilizada para captar intenções por meio dos cenários ilocucionários gravados na memória do falante. Segundo Mendonza e Baicchi (2007), somente a inferência metonímica permite a resposta satisfatória em casos como: "Can you open the door?", em que duas explicaturas se abrem ao interlocutor: 1. responder se pode ou não abrir a porta; 2. mover-se em direção à porta e abri-la. Somente o segundo é a resposta ideal para um ato de fala indireto. Segundo os autores, ainda, são requisitos para a resposta esperada: (i) a relação de poder estabelecida entre os interlocutores; (ii) o grau de liberdade que o falante dá ao ouvinte para fazer a ação; (iii) grau de polidez (formalidade e intimidade); grau de prototipicidade em que essas ocorrências se manifestam e em que seus efeitos se produzem; grau do custo-benefício da ação implicada (p. 102).

[6] O argumento de Langacker (1987, apud Taylor, 1992[1989]) parece fundar essa ideia: "Uma entidade será assimilada a uma categoria se uma pessoa encontrar alguma razão plausível para correlacioná-la a um membro prototípico".

[7] A ambiguidade é contextual, mas pode ser provocada em contextos distintos. Uma mesma informação pode ser compreendida de duas maneiras no mesmo contexto, e, às vezes, duas informações distintas podem ser confundidas em uma só função ou sentido. No segundo caso, trata-se de formas ou estruturas historicamente diversas que, num contexto específico, são realizadas de forma similar.

[8] Paul (1966[1920]) admitia que eventualmente uma associação poderia ser criada por um indivíduo e, depois, difundir-se, mas se referia, então, a criações neológicas. Não creio que haja grandes diferenças processuais em se tratando da gramaticalização, a não ser a opacidade dos itens gramaticais.

[9] Seu interesse era a evolução de morfemas gramaticais de aspecto e modo verbais.

Bibliografia

Barroso, P. H. O. *Vias de abstratização do verbo* buscar *no português brasileiro culto:* interface entre gramaticalização e gêneros do discurso. São Paulo, 2008. Dissertação (Mestrado em Linguística) – Universidade de São Paulo.

Bernardo, K. V. *Estruturas serializadas no português do Brasil*: a gramaticalização de vir e virar e sua identificação como verbo serial. São Paulo, 2008. Dissertação (Mestrado em Filologia e Língua Portuguesa) – Universidade de São Paulo.

Bisang, W. Grammaticalization and Language Contact, Constructions and positions. In: Ramat, A. G.; Hopper, P. (Eds.). *The limits of grammaticalization*. Amsterdam/Philadelphia: John Benjamins Publishing, 1998, pp.13-58.

Bybee, J.; Perkins, R.; Pagliuca, W. *The evolution of grammar*: tense, aspect, and modality in the languages of the world. Chicago/London: The University of Chicago Press, 1994.

Casseb-Galvão, V. C. *Evidencialidade e gramaticalização no português do Brasil*: os usos da expressão *diz que*. Araraquara, 2001. Tese (Doutorado em Linguística e Língua Portuguesa) – Faculdade de Ciências e Letras/Universidade Estadual Paulista.

______. *O achar no português do Brasil*: um caso de gramaticalização. Campinas, 1999. Dissertação (Mestrado em Linguística) – iel/ Universidade Estadual de Campinas.

Defendi, C. L. *A reduplicação no português culto falado em São Paulo*: possível gramaticalização? São Paulo, 2008. Dissertação (Mestrado em Linguística) – Universidade de São Paulo.

Givón, T. *Context as other minds:* the pragmatics of sociality, cognition and communication. Amsterdam/ Philadelphia: John Benjamins Publishing Company, 2005.

Gonçalves, S. C. L.; Lima-Hernandes, M. C.; Casseb-Galvão, V. C. (Orgs.). *Introdução à gramaticalização*: princípios teóricos e aplicação. São Paulo: Parábola, 2007.

Heine, B. *Auxiliaries, cognitive forces, and grammaticalization*. New York: Oxford University Press, 1993.

______; Claudi, U.; Hünnemeyer, F. *Grammaticalization*: a conceptual framework. Chicago/London: The University of Chicago Press, 1991a.

______; ______; ______. From cognition to grammar: evidence from African Languages. In: Traugott, E. C.; Heine, B. (Eds.). *Approaches to grammaticalization*: focus on theoretical and methodological issues. Amsterdam/Philadelphia: John Benjamins Publishing, 1991b, v. 1, pp. 149-87.

Heine, B.; Reh, M. *Grammaticalization and reanalysis in African Languages*. Hamburg: Helmut Buske, 1984.

Hopper, P.; Traugott, E. *Grammaticalizacion*. Cambridge: Cambridge University Press, 1993.

______. On some principles of grammaticalization. In: Traugott, E.; Heine, B. (Eds.). *Approaches to grammaticalization*: focus on theoretical and methodological issues. Amsterdam/Philadelphia: John Benjamins Publishing, 1991, v. 1, pp. 17-35.

Lima-Hernandes, M. C. *A interface Sociolinguística/Gramaticalização na estratificação de usos de tipo, feito, igual e como*: sincronia e diacronia. Campinas, 2005. Tese (Doutorado em Linguística) – IEL/ Universidade Estadual de Campinas.

______. *Processos sociocognitivos da mudança gramática*: as estruturas x-que do português. São Paulo, 2010. Tese (Livre Docência) – Universidade de São Paulo.

Mendonza, F. J. R.; Baicchi, A. Illocutionary constructions: cognitive motivation and linguistic realization. In: Kecskes, I.; Horn, L. R. *Explorations in Pragmatics*. Berlin: Mouton de Gruyter, 2007, pp. 95-128.

Paul, H. *Princípios fundamentais da história da língua*. Trad. Maria Luisa Schemann. Lisboa: Gulbenkian, 1966 [1920].

Sancha-Silva, J. O. *A expressão da evidencialidade no crioulo de São Vicente:* a gramaticalização de estadze. Goiânia, 2009. Dissertação (Mestrado em Letras e Linguística) – UFG/Programa de Pós-graduação em Letras e Linguística.

Silva, L. A. *Os usos do* até *na língua falada na cidade de Goiás*: funcionalidade e gramaticalização. Goiânia, 2005. Dissertação (Mestrado em Letras e Linguística) – UFG.

Sweetser, E. E. *From etymology to pragmatics*: metaphorical and cultural aspects of semantic structure. Cambridge: Cambridge University Press, 1990.

Taylor, J. R. Polissemy and meaning chains. *Linguistic categorization*: prototypes in Linguistics Theory. Oxford: Claredon Press, 1992 [1989], pp. 99-121.

Vicente, R. B. *Mudança gramatical da palavra afinal e sua gramaticalização num contraste entre variedades linguísticas*: português do Brasil e de Portugal. São Paulo, 2009. Dissertação (Mestrado em Linguística) – Universidade de São Paulo.

Construções relativas sob a perspectiva discursivo-funcional

Roberto Gomes Camacho

No português brasileiro falado, a construção de uma oração relativa envolve, logo de saída, a seleção do conectivo e o emprego ou não de preposições quando requeridas e, nesse caso, marcação adicional de caso semântico. Uma relativa padrão de genitivo, como a contida em (1a), pode implicar tanto a escolha de um pronome relativo, que já estabelece simultaneamente a função semântica de possuidor, quanto o uso de uma estratégia mais direta com um complementizador ou conjunção simples acompanhado ou não de um sintagma preposicionado (SP) na posição canônica pós-nuclear, conforme se verifica em (1b).

(1) a) Deixei a carta com o menino cujo pai trabalha no correio.
 b) Deixei a carta com o menino que o pai (dele) trabalha no correio

O emprego de preposições pode ser requerido também em funções sintáticas de dativo e de oblíquos em geral, tornando visível, simultaneamente, a marcação dessas funções sintáticas e respectivas funções semânticas; podem ser, alternativamente, apagadas com a inserção simultânea de um complementizador e copiadas ou não na posição canônica logo após o predicado, como ocorre com o genitivo.

(2) a) A menina de quem você gosta mora na casa da esquina.
b) A menina que você gosta dela mora na casa da esquina
c) A menina que você gosta mora na casa da esquina

Em todos os casos em que estiver presente, como em (1b) e (2b), o pronome cópia ou pronome lembrete (Faria e Duarte, 1987; Kato, 1993) aí inserido recupera o caso sintático e o caso semântico não marcado na posição do relativo. Essa variante ou estratégia funcional é denominada copiadora por Tarallo (1983) e Kato (1993). Já nos casos em que a posição ocupada por um pronome-lembrete estiver vazia, a estratégia resultante é denominada cortadora por Tarallo (1983). As sentenças incluídas em (1a) e (2a) representam a alternativa padrão.

As relativas de retenção pronominal são mais fáceis de processar em virtude de tornarem visíveis todas as funções sintáticas na ordem canônica SVO, seguidas da estratégia cortadora, que tem uma lacuna numa das posições sintáticas e, finalmente, da estratégia padrão. Há um problema com essa interpretação, que se verifica pelo menos na variedade brasileira, que é o progressivo desaparecimento das relativas copiadoras em proveito das cortadoras.

Peres e Móia (1995: 288) admitem que a estratégia de retenção pronominal é muito frequente e generalizada no discurso oral e a estratégia cortadora está ganhando terreno progressivamente na variedade europeia, bem provável por influência do português do Brasil (PB).

A resistência da estratégia copiadora é plenamente justificável. Ela era muito comum no português medieval, e seu uso no português brasileiro deve ser o reflexo da implantação da colonização portuguesa no século XVI. Além disso, o tratamento diacrônico que Tarallo (1983) imprimiu aos dados do PB mostra que essa variante vem gradativamente perdendo espaço para a cortadora, o que justifica plenamente o aumento dessa alternativa, mais neutra socialmente, na variedade europeia.

Nas duas estratégias não padrão, o elemento conectivo pode ser tipologicamente interpretado como um marcador de relativização (MR), conforme afirma Dik (1997) ou como complementizador (cf. Tarallo, 1983), não como um verdadeiro pronome relativo, cujo emprego ficaria restrito à variante padrão.

Na passagem do latim para o português, além da perda das formas de feminino *quae* e *quam*, houve uma redução de quem para que com subsequente perda do valor anafórico do que relativo, um processo diacrônico acompanhado por uma clara tendência para a uniformização das conjunções usadas nos processos de subordinação (Brito, 1991).

Assim, além de assumir um valor universal já na função de pronome relativo, a forma que herda os valores de *quod*, assumindo também o valor de conjunção não só na introdução de completivas, mas outros valores, como o causal, o consecutivo, o final (cf. Brito, 1991: 191-2). Esse dado histórico suscita a questão de estarem os pronomes relativos canônicos restritos às estratégias da variedade padrão, restando às demais estratégias o emprego de um complementizador ou marcador de relativização na interpretação de Dik (1997).

O trabalho pioneiro sobre relativas não padrão realizado sobre o PB foi publicado por Mollica (1977), mas é principalmente Tarallo (1983) que tem sido referência, ou ponto de partida obrigatório, para quem se interessa por estudar a oração relativa no português do Brasil. Seu estudo seminal tem inspirado outros trabalhos sobre as estratégias de relativização, como os de Longo (1994), Kato (1993) e Kato, Braga et al. (1996), em que, ou se desenvolveram aspectos relevantes, pouco explorados por Tarallo (1983), ou se postularam interpretações diferentes para o sistema de relativização do português do Brasil. Na linguística portuguesa, destacam-se Mateus et al. (1989), Brito (1991) e Raposo (1992).

Todos esses estudos que se seguiram cronologicamente ao de Tarallo (1983) – bem como o próprio – enquadram-se no paradigma gerativista. A esse propósito, vale lembrar que, em geral, os estudos gerativistas debruçam-se exclusivamente sobre as relativas restritivas e as livres, havendo, em geral, pouco espaço destinado ao estudo das apositivas ou não restritivas, justamente pelo fato de a teoria gerativa não ter a preocupação de ver a língua enquanto discurso, mas somente enquanto estrutura formal. Além disso, essa abordagem pressupõe o deslocamento de constituintes ao longo da estrutura formal, forma de representação não admitida por teorias funcionalistas, como a Gramática Discursivo-Funcional.

A abordagem funcionalista implica extrapolar os limites de mesmo fenômeno expandindo-os para além das relações formais, de natureza morfossintática. Essa ampliação considera relevantes as motivações pragmáticas e semânticas, entendidas como pertencentes ao nível interpessoal e ao nível representacional na concepção de gramática proposta por Hengeveld e Mackenzie (2008). Um trabalho sobre relativas com suporte funcionalista é o de Bastos (2008).

Embora mais incomuns, as estratégias copiadoras que relativizam posições de sujeito e de objeto, poderiam também alternar com estratégias padrão, conforme em (3a-b) a seguir, fenômeno que poderia representar um reflexo de construções simples de tópico, chamadas por Kato (1993) de deslocamento à esquerda, como as de (4a-b).

(3) a) Aquela menina que ela está sempre apressada acabou de perder o ônibus.
b) Aquela menina que você viu ela no cinema está sempre apressada.

(4) a) Aquela menina ela está sempre apressada.
b) Aquela menina você viu ela no cinema.

O que Kato (1993) denomina *tópico*, em Dik (1997) é tratado como *tema*, visto, agora, na Gramática Discursivo-Funcional (doravante GDF) (Hengeveld e Mackenzie, 2008), como um ato discursivo de orientação. Uma hipótese alternativa viável dentro desse arcabouço funcionalista é ver as orações relativas, que são orações complexas, como não necessariamente vinculadas de processos pragmáticos derivados de orações simples.

O objetivo central deste trabalho é o de tentar fornecer uma explicação funcional, mais especificamente, discursivo-funcional, para as relativas das variedades lusófonas, tendo como suporte teórico a Gramática Discursivo-Funcional, tal com o desenvolvida por Hengeveld e Mackenzie (2008). Pretende-se fornecer, assim, uma explicação que ultrapasse os limites meramente formais desse fenômeno sintático, e que seja alternativa tanto para estudos de orientação gerativa quanto para o enfoque funcional de Bastos (2008), que se limitou, então, ao modelo de Dik (1997).

Os dados de base foram recolhidos da amostra do Projeto Português Falado – Variedades Geográficas e Sociais, desenvolvido pelo Centro de Linguística da Universidade de Lisboa – CLUL (2009). Os materiais estão publicados em CD-ROM, com o apoio editorial exclusivo do Instituto Camões, sob o título *Português Falado – Documentos Autênticos: Gravações em áudio com transcrição alinhada* e se acham disponíveis num site da internet (2009). Todavia, a despeito de um cuidadoso levantamento quantitativo, cujos resultados ainda são parciais, a descrição que se fará aqui pretende limitar o tratamento quantitativo a aspectos mais gerais dos dados, que serão empregados, assim mesmo, para ilustrar uma discussão predominantemente qualitativa.

Este capítulo está organizado da seguinte maneira: a seção "A identificação dos tipos de relativas na amostra" trata dos tipos semânticos e pragmáticos de relativas; a seção "Interpretação interpessoal e representacional das relativas" fornece uma interpretação funcional da representação subjacente delas em termos interpessoais e representacionais no arcabouço teórico da GDF. A seção "A codificação morfossintática das estratégias de relativização" trata dessa codificação em relação a princípios funcionais de ordenação, mostrando duas perspectivas, a gerativista e a funcionalista, como princípios explanatórios.

A identificação dos tipos de relativas na amostra

Segundo De Vries (2002), uma oração relativa está conectada ao material circundante por um constituinte pivô, que é semanticamente compartilhado tanto pela oração matriz quanto pela oração relativa. Se o pivô, que se identifica com um SN, aparece pronunciado dentro da oração matriz, ele pode ser reconhecido como um antecedente. Essa condição produz o tipo estrutural predominante na língua portuguesa – relativa de núcleo externo –, em que a relativa contém uma lacuna recuperadora do termo antecedente, que pode ser preenchida por um pronome relativo.

A noção de antecedente permite, já de saída, distinguir dois tipos básicos de oração relativa – as relativas com antecedente e as relativas sem antecedente, também chamadas de livres (Mateus et al., 1989: 285-86), conforme aparece em (5a). Examinemos inicialmente as relativas com antecedente, que são, portanto, constituídas de um nome nuclear e da oração relativa em si, que pode, por sua vez, ser identificada como restritiva e não restritiva.

A oração restritiva estabelece uma relação semântica de modificador com o antecedente, conforme se vê em (5b), e a oração não restritiva ou apositiva, uma relação pragmática em que a oração do antecedente e a relativa representam cada qual um ato discursivo independente (cf. Hengeveld e Mackenzie, 2008), conforme se vê em (5c).

(5) a) <u>quem não, não estudou</u> não aprendeu. (CV95:As Mornas)
b) aqueles (homens) que trabalhavam efectivamente a terra não melhoraram a sua... forma de estar na vida, a sua qualidade de vida (PT97: Trabalho Posse Terra)
c) nós saímos de Saurimo, <u>que é uma cidade pequenina</u>, mas onde existem, neste momento, vinte ou trinta mil desem [...] eh, desempregados, (Ang97: Guerra e Ambiente)

Keenan e Comrie (1977) propõem uma definição semântico-formal para as restritivas, segundo a qual, qualquer objeto sintático é uma OR se restringir, num primeiro momento, um conjunto de objetos por meio da especificação de um conjunto maior (o domínio da relativização ou constituinte pivô) e se também restringir, num segundo momento, esse conjunto.

Assim, a oração relativa restritiva de (5b) apresenta (i) como domínio de relativização um dado conjunto identificado como *homens*, dado no contexto discursivo; (ii) como constituinte nuclear o SN *aqueles (homens)*, que, para De Vries (2002) é um constituinte pivô; e (iii) como oração restritiva *que trabalhavam efectivamente a terra.*

Para que a sentença possa ser decodificada, o item a ser relativizado deve pertencer ao domínio de relativização e a sentença restritiva deve ser verdadeira em relação a esse domínio (Keenan e Comrie, 1977). O núcleo tem a função semântica de estabelecer um conjunto de entidades, que pode ser chamado de domínio da relativização, de acordo com Keenan e Comrie (1977: 63), enquanto a função da oração restritiva é identificar um subconjunto desse domínio mediante a imposição de uma condição semântica sobre o nome nuclear.

De Vries (2002) entende que, sintaticamente, uma relativa restritiva forma um constituinte com o núcleo nominal antecedente e, semanticamente, designa um conjunto em relação de intersecção parcial com o conjunto designado pela relativa. Assim, em (5b), o falante quer se referir ao subconjunto das populações de determinadas áreas, não ao conjunto dos homens possíveis e o domínio da relativa, denotado pelo nome nuclear *aqueles (homens)*, é estreitado, por assim dizer, pela única entidade que satisfaz a condição expressa pela oração *que trabalhavam efectivamente a terra.* Só a esse subconjunto se aplica a predicação matriz *não melhoraram a sua... forma de estar na vida*, e é nesses termos que a oração restritiva tem sido tradicionalmente entendida como um modificador do núcleo nominal.

Já o núcleo nominal da sentença contida em (5c), um nome próprio, consiste num conjunto unitário que, como tal, não admite restrição. Portanto, a função da relativa não restritiva ou apositiva é apenas fornecer especificação adicional ao núcleo nominal. A pausa que costuma marcar a fronteira entre a oração principal e a relativa indica ainda tratar-se aqui de dois atos discursivos, cada qual com própria força ilocucionária.

Da amostra de construções relativas no *corpus*, que compreende um total de 1070 exemplares, mais da metade 60,6% (555/1070) são relativas restritivas, seguidas por 30,2% (277/1070) são relativas não restritivas, e por 9,2% (84/1070) de relativas maximizadoras. O fato de ser a maior parte das maximizadoras composta por relativas livres forneceu pretexto suficiente para que Grosu e Landman (apud De Vries, 2002) propusessem a ampliação da classificação semântico-pragmática das relativas para abrigar um terceiro tipo, justamente o das relativas maximizadoras.

Há duas interpretações possíveis para as relativas livres que são também maximizadoras: uma sugere uma interpretação definida (*José comeu o que sua mulher pôs no seu prato*), e a outra, uma interpretação universal (*José come o que [quer que] sua mulher lhe ponha no prato*). Para unificar essas duas leituras, Grosu e Landman (1998, apud De Vries, 2002) sugerem a noção de entidade plural máxima. É necessário lembrar, todavia, que essa noção não limita as relativas maximizadoras às livres, como se verá mais adiante.

Interpretação interpessoal e representacional das relativas

Vejamos como é possível interpretar orações restritivas e não restritivas com base no arcabouço formal da GDF. Vale a pena lembrar que cada nível de representação distinguido dentro da GDF tem sua própria estruturação e o que os níveis – interpessoal, representacional, morfossintático e fonológico – têm em comum é uma organização em camadas hierarquicamente ordenadas. A representação máxima da estrutural geral de camadas dentro de cada nível é dada em (6):

(6) $(\pi\ v_1\ [\text{head}\ (v_1)_{\Phi}]: [\sigma\ (v_1)_{\Phi}])_{\Phi}$
(Hengeveld e Mackenzie, 2008: 14)

Nessa representação, v_1 representa a variável da camada relevante, que é restringida por um núcleo (possivelmente complexo) que toma a variável como seu argumento, e pode ser depois restringida por um modificador σ que também toma a mesma variável como seu argumento. A camada pode ser especificada por um operador π e exerce a função Φ. Uma oração relativa restritiva exerce a função de modificador de um núcleo nominal, que na formalização em (6) seria representada por $[\sigma\ (v_1)_{\Phi}]$.

Todos os tipos de unidades designadoras de indivíduos podem em princípio ser qualificados por modificadores, com exceção daqueles desprovidos de núcleo. É possível distinguir, portanto, modificadores lexicais e modificadores complexos.

As unidades semânticas introduzidas pela variável (x_1) designam indivíduos, ou seja, entidades concretas, tangíveis, do tipo reconhecido por Lyons (1977: 442) como de primeira ordem (Hengeveld e Mackenzie, 2008: 236-8). Em línguas que têm o adjetivo como classe, como o português, a maioria deles exerce a função de núcleo de modificadores em unidades designadoras de indivíduos, como em (7a), representada em (7b), já que essa é a posição que define adjetivos:

(7) a) a arma branca é para a defesa da gente (PT70: Homens Bichos)

b) $(R_I\text{:}\ \ [(T_I)\ (T_J)]\ (R_I))$

c) $(1x_i : [\ (f_i\text{: arma}_N\ (f_i))\ (x_i)_{\Phi}]\text{: }[(f_j\text{: branca}_A\ (f_j))\ (x_i)_{\Phi}])$ " a arma branca"[1]

(cf. Hengeveld e Mackenzie, 2008: 241)

Como núcleos, os modificadores dessa camada são analisados como se compusessem predicações de um lugar com (x_i). Em (7c), o modificador envolve a atribuição da propriedade $(f_i\text{: branco}_{Adj}\ (f_i))$ a (x_i), *arma* em um esquema de predicação de um lugar do tipo $[(f_1)\ (x_1)_{\Phi}]$ em que Φ representa uma função semântica possível.

Já (7b) fornece a representação, no nível interpessoal, de um subato referencial (R) com dois subatos de atribuição (T) representados, no nível representacional, em (7c) propriedades lexicais (f) que permitem denotar as duas categorias do nível interpessoal.

Modificadores podem ser representados por outras categorias semânticas e, assim, tomar a forma de orações relativas restritivas não finitas em (9a). Nessa situação, usa-se a descrição de um estado de coisas em que um indivíduo se acha envolvido para descrevê-lo. A sentença contida em (8a) pode ser parafraseável como (8b) para o nível interpessoal e como (8c) para o nível representacional.[2]

(8) a) ele só tem nome de presidente porque tem [negro mais alto do que ele] [mandando nele]], rapaz! (Bra80:SeEuMandasse)

b) $(R_I\text{: }[(T_I)\ [R_I(T_J)\ (R_J)]\ (R_I))$

$(1x_i : [\ (f_i\text{: -negro mais alto do que ele-}_N\ (f_i))\ (x_i)_{\Phi}]\text{: (sim } e_i : [(f_j : [(f_k : \text{mandar}_V\ (f_k))$
$(x_i)_A (1x_j\text{: }(f_l : \text{nele}_N\ (f_l))\ (x_j))_U]\ (f_j)]\ (e_i)_{\Phi}\ ]))$

(cf. Hengeveld e Mackenzie, 2008: 243)

Há casos de modificação complexa em que a marcação absoluta de tempo dentro de uma oração relativa, marcada como pretérito imperfeito no verbo, é independente do tempo da matriz, marcado como presente. Nessa situação, a oração relativa não representa um estado de coisas, como em (9a-c), mas um Episódio, como se vê na versão contida em (9a), que pode, por sua vez, ser parafraseável como (9b) para o nível interpessoal, e como (9c) para o nível representacional.

(9) a) tem [negro mais alto [que mandava nele]]

b) $(R_I\text{: }[(T_I)\ [R_I(T_J)\ (R_J)]\ (R_I))$

c) $(1x_i : [\ (f_i\text{: -negro mais alto-}_N\ (f_i))\ (x_i)_{\Phi}]\text{: (past } ep_i : (e_i\ [(\text{pres } f_j : [(f_k : \text{mandar}_V\ (f_k))$
$(x_i)_A (1x_j\text{: }(f_l : \text{nele}_{Pr}\ (f_l))\ (x_j))_U]\ (f_j))\ (e_i)_{\Phi}\ ])\ (ep_i))$

(cf. Hengeveld e Mackenzie, 2008: 244)

Sobre os exemplos de modificação complexa contidos em (8a-c) e (9a-c), pode-se afirmar que, no nível morfossintático, a designação de Sujeito ao argumento Ator de *mandar* e a ausência de um operador de tempo absoluto aciona a seleção do SV não finito *mandando* e, ao mesmo tempo, a ausência do pronome relativo em (8a). Já em (9a), a presença do operador de tempo absoluto determina a forma *mandava* e, ao mesmo tempo, a introdução de um pronome relativo (cf. Hengeveld e Mackenzie, 2008). Em ambos os casos de modificação, usa-se um estado de coisas em que uma categoria semântica indivíduo se acha envolvida, para atribuir uma descrição a seu referente.

Uma questão relevante para as orações relativas é a que envolve o tipo do núcleo do modificador, que pode ser classificado na GDF como lexical, configuracional, ausente e vazio. Observe em (10a) um núcleo lexical e em (10b) um núcleo configuracional, representado em (10) pelo losango negro indicando a inserção de um item lexical.

(10)	a) $(x_1: (f_1: \blacklozenge\ (f_1))\ (x_1))$	lexical	'representante'
	b) $(x_1: [(e_1/f_1: [(f_2: \blacklozenge\ (f_2))...]\ (e_1/f_1))]\ (x_1))$	configuracional:	'representantedosempregadores'

Em (10a-b) a variável (x_1) indica que essa camada de representação designa um indivíduo que é lexicalmente expresso por uma propriedade (f_1). Isso mostra que a designação aí contida é realizada por meios lexicais. Essa estrutura pode ser adicionalmente expandida com o auxílio de operadores e modificadores simples e complexos.

As línguas dispõem de muitos nomes designando partes de um todo, membros de um sistema de parentesco, nomes valenciais etc. que, tipicamente, tomam um argumento com a função semântica de referência, como o nome valencial *representante* no SP *representante dos empregadores* representado em (10b), cujo núcleo é do tipo configuracional. A razão disso é que, sendo representante um nome relacional, o núcleo de (x_i) como um todo consiste numa *propriedade configuracional*[3] (f_i), que consiste, por sua vez, na propriedade lexical (f_j), *representante* e na propriedade lexical (f_k) *empregadores* como argumento na função de Referência $(_{Ref})$, conforme representado em (11).

(11) $(x_i : [(f_i: [(f_j: \text{representante}\ (f_j))\ (x_j: [(f_k: \text{empregadores}_N\ (f_k))\ (x_j)_{\Phi}])_{Ref}]\ (f_i\ ))\ (x_i)_{\Phi}])$

Núcleos configuracionais, como *representante dos empregadores*, são núcleos explícitos que podem representar o antecedente de uma oração nuclear (12a-b).

(12) a) se [o representante dos empregadores [que aqui está] quer falar]], penso que é justo (Moç97:Maternidade).

b) [O representante dos empregadores [, que sempre traz o malote às sextas,] não apareceu hoje.]]

Na condição de núcleo explícito, ser lexical ou configuracional pode ter pouco a ver diretamente com a tipologia da oração relativa, que pode ser tanto restritiva, como (12a) quanto não restrititiva como (12b), ambas com uma propriedade configuracional como núcleo.

Há, entretanto, situações em que a oração, que não dispõe de um núcleo nominal explícito, tem a função de construir ela própria um indivíduo. Com efeito, algumas línguas usam descrições verbais de estados de coisas para a caracterização de um indivíduo. Um exemplo ilustrativo é o da língua Hupa (Golla, 1985:58, apud Hengeveld e Mackenzie, 2008: 240), citado em (13a), cuja representação aparece em (13b-c).

(13) a) mi-de'-xo-ø-le:n
3.sg.POSS-horn-3sg.OBJ-INDFTNS-plenty
'cow' (lit: "Its horns are plenty on it")

b) R T R R R

c) $(x_i : (\text{indef } e_i: [(f_i: [(f_j: \text{le:n } (f_j)) (x_j: –\text{de"}– (x_j): (x_k)\text{POSS } (x_j))_U (x_i: –\text{xo}–(x_i))_L] (e_i)_\Phi]))$
(Hengeveld e Mackenzie, 2008: 240)

O que mostra (13a) é que um traço tipicamente oracional está previsto no tempo indefinido, enquanto a natureza nominal da expressão está garantida pelo prefixo possessivo, que uma oração jamais assume. O que mostram (13b) e (13-c) é que um indivíduo, uma entidade de primeira ordem, é caracterizado em termos de um estado de coisas, uma entidade de segunda ordem, em que esse mesmo indivíduo participa. Por essa razão, a mesma entidade é referida duas vezes em correferência, no primeiro subato referencial e no segundo, e o estado de coisas (e_i) pode ser, portanto, considerado de núcleo interno.

É possível, todavia, haver correferencialidade sem haver um segundo subato referencial, caso em que o núcleo configuracional não é do tipo interno como ocorre em Hupa. Esse é o caso da relativa livre ou não nuclear e é justamente em função dessa característica que orações livres podem atuar como argumento da oração principal como as completivas, como se vê em (14a) e (14b).

(14) a) quem não, não estudou não aprendeu. (CV95:As Mornas)

b) quando queremos fazer a justiça para com alguém que nos deve, ou para com alguém que n[...], ou que nos fez algum mal, eh, temos que medir bem o que nós queremos fazer (Ang97:Um Conto Tradicional)

Em (14a), a oração encabeçada pelo constituinte-Q atua como sujeito da principal e, em (14b), a oração encabeçada pelo constituinte-Q atua como objeto da principal. Na oração não nuclear de (14b), um indivíduo (x_i), atuando como complemento do predicado da matriz (querer medir) é também identificado mediante recurso a um estado de coisas em que esse indivíduo se acha envolvido, conforme a representação em (15a-b).

(15) a) temos que medir bem [**o que** nós queremos fazer]

b) $(x_i: (\text{sim } e_i:[(f_i:[f_j: \text{-querer-fazer}_V (f_j)) (x_j: \text{-nós-} (x_j))_A (x_i)_U] (f_i)) (e_i)_{\Phi}]))$

O tipo de núcleo que identifica a relativa livre é o configuracional por envolver justamente o emprego, na posição de núcleo, de mais de um item lexical, no caso o predicado verbal e seus argumentos possíveis. Como o verbo e seus argumentos são representados por itens lexicais, não há relação hierárquica entre eles e, como tal, acham-se contidos na mesma camada de representação. Como ocorre com as orações do Hupa, há uma oração não nuclear de (15a) – *o que nós queremos fazer* – em que se identifica um indivíduo (x_i) mediante o recurso a um estado de coisas em que esse indivíduo se acha envolvido, conforme representado em (15b).

Outras funções possíveis envolvem outros tipos de entidades além de indivíduos, como lugar, tempo, modo, razão e quantidade. Abaixo, em (16a-b) e (17a-b), exemplos de relativas livres de lugar e tempo, respectivamente.

(16) a) mas o mais interessante, de toda esta festa, esta questão, que eu vou contando, ah! também servia para quando, enfim, eh, se matava porcos (CV95:ColherPanela)

b) $(t_i: (e_i: [(f_i: [(f_j: \text{matar}_V (f_j)) [(x_i: f_k \text{ porcos}_N (f_k)) (x_i)_{\Phi}])_U (x_j: \text{se} (x_j)_A)]: (f_i)) (e_i)_{\Phi})]:$ $[(ti) (ei)_{\Phi}]))$

(17) a) eu tinha de estar, a minha mãe dizia mesmo “tu tens de estar onde eu... chame e tu me fales logo”. (PT97:NamoroOutrosTempos)

b) $(l_i : (\text{sim } e_i : [(f_i: [(fj: \text{-chamar-}_V (f_j)) (x_i: \text{-eu-}))_A (l_i)] (f_i)) (e_i)_{\Phi}]))$

Conforme já mencionado anteriormente, as relativas livres constituem uma subclasse das relativas maximizadoras. Como o valor de maximização confina com a noção de entidade plural máxima, assumimos que uma relativa livre, como

(15a), denota o conjunto de entidades plurais máximas a medir, sustentada por uma paráfrase do tipo "medir o que quer que queiramos fazer".

O fato de o conjunto de entidades plurais máximas poder também limitar-se a uma entidade atômica singular, parafraseável por "a coisa que" explica por que relativas maximizadoras têm às vezes uma leitura de conjuntos definidos singulares e às vezes de conjuntos definidos universais. Quando houver uma entidade singular a ser predicada, a relativa livre será equivalente a um definido singular e quando houver mais que uma entidade, a relativa denotará a entidade singular composta por todas as entidades envolvidas, o que equivale a uma interpretação universal (cf. Van Riemsdijk, 2000: 24).

De Vries (2002) não limita a classe das maximizadoras às relativas livres. Observe a esse propósito o exemplo (18), uma relativa nuclear, em que o material interno – o próprio conteúdo da relativa – é mais importante semanticamente que o material externo a ela, contido no núcleo.

(18) os fluxos migratórios <u>que sempre houve em todo o mundo</u> provocados por desgraças, por guerras, fomes, secas, etc., por cataclismos naturais ou artificiais (Ang97:Guerra e Ambiente)

Em grande medida, o material interno – a própria oração relativa – determina parcialmente o material externo – o SN relativizado – mediante uma operação de maximização sobre os fluxos migratórios em termos de frequência.

Vale lembrar que outro tipo de maximizadora, que De Vries (2002: 16) denomina relativas de grau, é explicada semanticamente por Hengeveld e Mackenzie (2008: 271) pelo mesmo recurso ao núcleo configuracional aplicado às relativas livres ou não nucleares. Observe que o SN de (19a) se refere à quantidade de leite que estava na lata, e não ao leite em si mesmo; nesse caso, o tipo de representação proposto pelos autores envolve um núcleo configuracional introduzido pela variável (q_1) e não por um indivíduo, conforme aparece em (19b).

(19) a) (Jill spilled) the milk that there was in the can.
b) $(q_i : (x_i : [\text{–milk–} (x_i)_{\Phi}]): [(q_i)\ (x_i)_{\Phi}]: (\text{sim } e_i: [(\text{fi}: [(x_i)\ (x_j : [\text{–can–}(_{xj})_{\Phi}])_L]\ (f_i\ ))\ (e_i)_{\Phi}]))$
(Hengeveld e Mackenzie, 2008: 271)

Como há um mínimo de consequência formal para a expressão morfossintáticas das maximizadoras não livres, pretendemos aqui nos limitar apenas às livres, que são sempre semanticamente maximizadoras.

Retomemos exemplos de relativas não restritivas em (20) para discutirmos como indivíduos podem ser representados por um núcleo ausente.

(20) a) a própria metrópole, que nos colonizou, tinha um índice de analfabetismo ainda substancialmente alto no século vinte em relação a outros países europeus. (Ang97:O Ensino em Angola)

b) e Camilo, segundo dizem, que andava sempre a pedir dinheiro emprestado, bateu à porta dessa referida quinta, a ver se era atendido. (PT97:AmoresCamilo)

c) ou seja, você, ah, que ficou pior primeiro da sua doença ao longo daqueles três anos por causa de não saber o que é que tinha e cada vez ficava mais nervoso (PT97:MalDesconhecido)

Similarmente às restritivas, esse tipo de relativa tem como antecedente, um indivíduo (x), que tem uma identificação específica e definida pelos interlocutores. São, portanto, sintagmas referenciais definidos em (20a) e, mais especificamente, nomes próprios (20b) e pronomes dêiticos (20c). A GDF postula que palavras fóricas, tais como pronomes e nomes próprios, devem ser introduzidos no nível interpessoal por constituírem subatos referenciais conforme a representação que se vê em (21) para o nome próprio *Camilo* de (20b).

(21) $(R_I : \text{Camilo } (R_I))$

A unidade semântica correspondente a esse subato referencial não contém informação lexical, sendo, por isso, desprovida de um núcleo no nível representacional. É um caso típico de núcleo ausente. Mesmo assim, a representação dessa unidade não pode ser simplesmente omitida no nível representacional, por exercer uma função argumental no contexto semântico do predicado verbal. Observe a representação de (22a) contida em (22b) para o nível interpessoal[4] e em (22c) para o nível representacional.

(22) a) que andava sempre a pedir dinheiro emprestado

b) $(A_I\text{: } [(F_I\text{: DECL } (F_I)) \; (P_I)_S \; (P_J)_A \; (C_I\text{: } [((T)^n \; (R)^n] \; (T_I))] \; (R_I))] \; (C_I))] \; (A_I))$

c) $(\text{past } e_i\text{: } [(f_i\text{: } (f_j\text{: - andava a pedir emprestado - } (f_j)) \; (1x_i)_A \; (x_j \text{ : -dinheiro– } (x_j)_U) \; (f_i)]\text{: } (t_i\text{: sempre}_{Adv} \; (t_i)) \; (e_i))$

A unidade desprovida de núcleo, formalizada como $(1x_i)$ no nível representacional, em função de *actor* (formalizado como A subscrito), o operador '1' significando 'singular', é relevante para as línguas que requerem concordância, como o português. Essa representação corresponde ao subato referencial formalizado como (R_I: Camilo (R_I)) no nível interpessoal.

O tratamento que a GDF fornece a anáforas, catáforas e expressões dêiticas como *Camilo*, se explícitas ou realizadas por zero, é mediante um processo de coindexação no nível representacional. Em função desse comportamento, núcleos ausentes não admitem modificação, já que a qualificação de um nome próprio como *Camilo* somente pode ser do tipo interpessoal, como em *Pobre Camilo!* (cf. Hengeveld e Mackenzie, 2008); em caso de haver inserção de um item complexo, a qualificação, que é a não restritiva, também se caracteriza por ser um ato discursivo com sua própria ilocução no nível interpessoal.

É por isso que nomes próprios só podem ser modificados por uma relativa restritiva se estiverem envolvidos numa situação de contraste, como em (23).

(23) O José que eu conheço é professor.

Caso contrário, só é possível atribuir-lhes orações não restritivas, que operam como um adendo, do mesmo modo que *pobre* em *Pobre Camilo!* só pode assumir uma função avaliativa, própria do nível interpessoal.

Passemos, agora, a ver como núcleos vazios se comportam em relação à modificação complexa. Essa categoria lexical se refere a indivíduos como *o amarelo* contendo um zero anafórico que se refere não a um item referencial, mas a um item semântico previamente mencionado. A relação que se estabelece aqui não é entre unidades referenciais, mas especificamente propriedades (f_I), que aparecem no nível representacional, como em (24).

(24) Eu gostei do **carro**$_i$ vermelho, mas Maria preferiu o **ø**$_i$ amarelo.

Diferentemente de *núcleos ausentes, núcleos vazios* podem assumir modificadores simples, como em *o amarelo* em que (f_i) é coindexado com (f_i: carro$_N$: (f_i)) do estado de coisas precedente, como aparece em (25a), e mesmo modificadores complexos, como em (25b), cuja representação é fornecida em (25c).

(25) a) (1x_i: [(f_i) (x_i)$_\Phi$]: [(f_j: amarelo$_A$ (f_j)) (x_i)$_\Phi$])
b) Eu gostei do carro que você comprou, mas sua esposa prefere [**o que eu comprei**].
c) (x_i (past e_i: [(f_i: [(f_j comprei$_V$ (f_j)) (x_j: -eu- (x_j)$_A$ (x_i)$_U$] (f_i))] (e_i)$_\Phi$))

Similarmente, a modificação não restritiva é manipulada no nível interpessoal de modo a envolver um ato discursivo separado, como ocorre em (20a) aqui repetido.

(20) a) a própria metrópole, que nos colonizou, tinha um índice de analfabetismo ainda substancialmente alto no século vinte em relação a outros países europeus. (Ang97:O Ensino em Angola)

Nesse exemplo, é possível reconhecer dois atos discursivos aplicados ao mesmo indivíduo referido (Metrópole): *o expresso por que nos colonizou* é ligado ao ato discursivo *tinha um índice de alfabetização ainda substancialmente alto no século vinte em relação a outros países europeus*.

As orações relativas não restritivas, como observadas por Dik (1997: 41-2) – segundo Hengeveld e Mackenzie (2008) –, admitem modificadores ilocucionários; dado que elas têm, caracteristicamente, um contorno de entonação independente, elas devem ser analisadas como *atos de discurso* em si mesmos com sua própria força ilocucionária, o que explica por que uma oração relativa como a (26a) pode admitir modificador de ilocução francamente em (26b).

(26) a) a ANI tem um contrato com a United Press International, que é uma grande agência americana e que tem os seus correspondentes em todos os pontos possíveis do mundo (PT73:Jornalismo)
b) a ANI tem um contrato com a United Press International, que, francamente, é uma grande agência americana e que tem os seus correspondentes em todos os pontos possíveis do mundo

Conforme entendem Hengeveld e Mackenzie (2008: 58), a função característica de uma relativa não restritiva é a de fornecer informação de fundo, adicional, sobre o indivíduo introduzido na oração principal. Essa informação é identificada com uma função retórica Aside. A introdução da variável (R) em (26c) tem a função de representar a ideia de que os conteúdos comunicados de (A_1) e (A_2) contêm um subato referencial R evocando a mesma descrição de entidade no nível representacional, conforme já mencionado anteriormente.

(26) c) $[(A_1: [...(R_1)...] (A_1)) (A_2: [...(R_2)...] (A_2))_{Aside}]$

Hengeveld e Mackenzie (2008: 49-50) consideram que, em casos de múltiplos atos de discurso dentro de um movimento (*Move*), a ordem linear dos atos de discurso reflete sua sucessão temporal. Múltiplos atos de discurso dentro do movimento permitem possíveis sobreposições no nível morfossintático, de tal modo que a expressão de um ato discursivo, uma vez iniciada, pode ser interrompida pela expressão de outro ato discursivo, antes de ser depois completada, como no caso de certas orações relativas não restritivas encaixadas no centro da outra oração nuclear, conforme mostra o exemplo (27):

(27) a) a irmã Danuta, que é uma ma[...], uma, uma madre, que está também ligada dentro deste projecto, fez o, os primeiros socorros e, prontos, eh, passou aí a noite, no dia seguinte... (Ang97:Meninos da Rua)

b) a irmã Danuta, (início de A_I) que é uma ma[...], uma, uma madre, que está também ligada dentro deste projecto, (A_J fez o, os primeiros socorros (fim de A_I).

A descrição do exemplo acima no nível interpessoal mostra os atos de discurso ordenados como (A_I) antes de (A_J), desde que (A_J) comece mais tarde. A correferência entre os subatos referenciais em (A_I) e em (A_J) ativa o posicionamento da oração relativa não restritiva no nível morfossintático e a introdução de pausas entonacionais nos lugares apropriados no nível fonológico.

A codificação morfossintática das estratégias de relativização

A interpretação gerativista

No arcabouço gerativista, as orações relativas fazem parte das construções-Q, por conterem palavras do paradigma morfológico dos pronomes-Q, em geral relativos (cf. Kato et al., 1996: 303). Esses pronomes-Q são interpretados como o produto de uma regra de movimento de sua posição canônica para uma posição periférica nas orações interrogativas e nas orações relativas respectivamente, numa posição entendida como especificador de sintagma complementizador.

Segundo Mateus et al. (1989), as regras de base geram o constituinte-Q na posição destinada à função sintática que exerce na oração relativa, e uma regra de movimento o desloca para a posição inicial (cf. Mateus et al., 1989: 288). O fato de o constituinte-Q ser gerado, em estrutura-P, na posição básica após o verbo, e depois movido para a periferia da oração é um procedimento necessário, para evitar a violação da regra de subcategorização dos verbos prevista pelo arcabouço gerativista.

Para legitimar a regra de movimento e, em consequência, respeitar o Princípio de Projeção, os gerativistas assumem que o constituinte-Q movido deixa um vestígio coindexado com ele na posição em que foi inicialmente gerado. Esse vazio é interpretado sintaticamente como um vestígio da palavra-Q movida e, semanticamente, como uma variável lógica, cujo valor é interpretado pelo elemento movido, chamada de operador lógico.

Kato (1993) identifica a diferença entre a estratégia padrão e a não padrão a partir da posição em que se dá a relativização. A relativização do tipo padrão, contida em (28b) parte da posição canônica. O marcador de relativização, que a autora chama de operador relativo-Q, acha-se coindexado com a variável relativizada na posição sintática canônica, ou seja, sujeito, objeto direto, objeto indireto etc.

Na relativização do tipo não padrão, em (28c),[5] por outro lado, representada pelas estratégias copiadora e cortadora, o operador relativo-Q é sempre ligado a uma posição vazia na oração relativa. Essa posição não canônica a partir da qual se extrai a relativização é a de left-dislocation (LD), que, embora se situe estruturalmente fora de IP, o sintagma flexional, está em correferência com uma posição sintática dentro de IP.

(28) a) e é por isso que o nosso mar já não tem... tubarão. e então, peixe que ficou hoje que o pescador luta com ele, mesmo que for um dia, dois, três dia é coiso, é agulha-sombra. porque a agulha-sombra... (To-Pr96:Pesca)

b) peixe$_i$ [$_{CP}$ com o qual$_i$ [$_{IP}$ o pescador luta [$_{PP}$ t$_i$] hoje]]

c) peixe$_i$[$_{CP}$ que$_i$ [$_{LD}$ t$_i$] [$_{IP}$ o pescador luta com ele$_i$] hoje]

A posição assumida por Tarallo (1983) é a de que a não aplicação da regra de efeito de ilha se deve ao fato de essa estratégia não se valer de movimento. Em contraste, Kato (1993) sustenta que a imunidade dessa estrutura a essa restrição sintática tem a ver com o fato de uma variável em LD poder atravessar barreiras, não se submetendo, portanto, ao princípio de subjacência.

Enquanto a relação da LD com o operador-Q é de ligação, a relação de LD com a posição sintática dentro de IP é de correferência. Uma consequência dessa posição é a de que o morfema invariante que, que introduz as relativas não padrão é, de fato, um pronome relativo para Kato (1993) e não um complementizador de estatuto conjuncional, como alegam Tarallo (1983) e Brito (1991).

Se a posição em correferência com LD, dentro de IP, pode ser preenchida por um pronome-lembrete, ou mesmo por um item lexical, LD deve ser então gerada na base. Se o pronome relativo é, por sua vez, extraído de LD em decorrência de uma regra de movimento-Q, então essa posição deve ficar vazia.

Sobre a estratégia padrão, é consensual a opinião de ser o morfema *que* de fato um pronome relativo. Além de estabelecer relação anafórica com o referente, esse operador marca por antecipação – digamos assim – a função sintática da variável relativizada. Já a natureza da estratégia copiadora e da cortadora não permite chegar a um consenso similar.

Para Tarallo (1983) e para Brito (1991), o morfema introdutor da relativa tem o mesmo estatuto do morfema que introduz orações completivas. Para Tarallo (1983), o *que* invariante das relativas perdeu completamente o estatuto de pronome: não tem valor anafórico e não torna visível, por antecipação, a função sintática da variável relativizada.

Para Kato (1993), trata-se realmente de um pronome relativo mesmo nas estratégias não padrão, que é extraído da posição não canônica adjunta à predicação de deslocamento à esquerda (LD), havendo sempre "uma ligação do operador relativo-Q com uma posição vazia v – variável – na sentença" (Kato, 1993: 227). A diferença que haveria entre o pronome relativo da estratégia padrão e o das estratégias não padrão seria o lugar de onde se faz a extração: o pronome relativo da estratégia padrão extrairia a relativização da posição sintática dentro da relativa e explicitaria essa variável mediante caso morfológico. Já as estratégias não padrão extrairiam o pronome relativo da posição de deslocamento à esquerda e o movimento de constituinte definiria, assim, o estatuto pronominal do constituinte-Q.

Ainda que pese a precisão formal do aparato gerativista, a análise que pretendemos fornecer aqui se baseia num enfoque alternativo – o da GDF – que, por sua natureza funcional não admite, por definição, regra de movimento. Ao adotarmos essa perspectiva, não pretendemos rivalizar com a abordagem gerativa, porque acreditamos que as duas perspectivas dão tratamentos diferentes para o mesmo fenômeno, constituindo, portanto, abordagens metodologicamente incomensuráveis. Por essa razão, não é possível avaliar que hipótese explicativa forneceria uma interpretação mais adequada.

De qualquer modo, malgrado o formalismo explanatório, a análise de Kato (1993) é que mais se aproxima de uma descrição funcional, justamente por prever correlação entre as estratégias copiadora e cortadora e processos simples de topicalização. Uma análise funcional, com base em Dik (1997) já foi fornecida por Bastos (2008), que atribui ao pronome relativo a função de *tema*, conforme a estrutura *tema*, *predicação*, *adendo*, formulada por Dik (1997). Como a GDF propõe uma reinterpretação da noção de tema, como ato discursivo de *orientação*, pretendemos apenas aproveitar aqui a ideia de Kato (1993) e de Bastos (2008) para fornecer uma hipótese explanatória alternativa, mais do que uma simples variação sobre o mesmo tema. Considerem-se construções simples e complexas de tópico em (29a) e (29b), respectivamente, na interpretação de Kato (1993):

(29) a) As cadeiras optativas$_{TOP}$, cê precisa ter um conhecimento bom primeiro. (Pontes, 1987: 13)

b) [$_{TOP}$As cadeiras optativas$_i$ [$_{CP}$ que$_i$ [$_{LD}$ **t**$_i$] [$_{IP}$cê precisa ter um conhecimento sobre elas/Ø$_i$ bom primeiro...

(Kato, 1993: 230)

A interpretação funcional de Bastos (2008), que assume a posição de Pontes (1987) e Dik (1997), não prevê espaço para deslocamentos e apagamentos fazendo sérias ressalvas ao tratamento formal que postula deslocamento para a esquerda da sentença. Como o conceito de *tópico* de Pontes (1987) identifica-se com o conceito de tema sugerido por Dik (1997), Bastos (2008) postula que o pronome relativo em (29b) retoma um tema e como tal, atua também como Tema na predicação subsequente, conforme a análise em (29c):

(29) c) [As cadeiras optativas$_i$] [que$_i$] [cê precisa ter um conhecimento sobre elas/Ø$_i$]
P2 P2 S V O X TopRet
(Bastos, 2008: 206)

Esses dois tipos de codificação, caracterizados pela construção simples de tópico de (29a) e pela estratégia relativa cortadora e copiadora de (29b), que identificam ordenações paralelas para Kato (1993) e para Bastos (2008), não implicam uma representação similar para a GDF, conforme discutiremos na próxima seção.

A interpretação discursivo-funcional

Note que, o constituinte atuando como Tópico em (29a) é, na realidade, interpretado na GDF como um subato discursivo de orientação na estrutura simples, mas não na estrutura complexa de (29b), em que a relativa não restritiva e a oração nuclear deveriam constituir dois atos discursivos separados. Por ser do tipo não restrititivo, a oração relativa em (29b) pode admitir modificadores ilocucionários como *francamente* inserido entre colchetes. Observe a esse propósito (30a) com uma continuação possível, e a representação dela no nível interpessoal em (30b).

(30) a) As cadeiras optativas, que [francamente] cê precisa ter um conhecimento delas / $ø_i$, complementam o currículo.

b) $(M_I$: $[(A_I$: $[.... R_I{}^{vi})$ ...] $(A_I))$ $(A_J$: $(R_J{}^{vi}$ ...] $(A_J))_{Aside}]$ $(M_I))$

(Hengeveld e Mackenzie, 2008: 284)

A sentença contida em (30a), representada como (30b), contém um movimento (*Move*), constituído, por seu lado, por dois atos discursivos, conectados por um referente compartilhado, como convém a uma construção relativa não restritiva. A escolha por esse tipo de relação fornece ao falante a opção de tratar um ato como nuclear, interpretado em (30b) como A_I (*as cadeiras optativas complementam o currículo*), e o outro *ato* como subsidiário na função retórica de Aside, interpretado como A_J (*que cê precisa ter um conhecimento delas/ø*).

Pode-se dizer que, se (30a) recebesse uma ordenação alternativa como a contida em (30c), se aplicaria de modo direto o *Princípio de Iconicidade*, mediante o qual forma e função contraem uma espécie de homologia. A opção do falante por (30a), no entanto, sobrepuja o *Princípio de Iconicidade* em favor de dar maior grau de proeminência para a informação de que as cadeiras optativas complementam o currículo. Essa alternativa diverge de (30c), que dá maior grau de proeminência a uma relação icônica de causa e efeito em que a necessidade de ter um conhecimento das cadeiras optativas decorre de elas complementarem o currículo.

(30) c) As cadeiras optativas complementam o currículo e, francamente, cê precisa ter um conhecimento delas primeiro.

A oração complexa em (30c), organizada, morfossintaticamente, como uma coordenação, respeita o Princípio de Iconicidade, já que a primeira oração representa um ato discursivo de *motivação* para a segunda que, nesse caso, deve ocupar argumentativamente a segunda posição. Se o *falante* julgar que a informação sobre o conhecimento das cadeiras optativas é mais importante que a de complementar a formação do estudante, ele opta por uma construção não restritiva como (30a), em que a informação destacada aparece morfossintaticamente encaixada na oração principal, com consequente ruptura, nesse caso, da relação de *iconicidade*.

Diga-se, de passagem, que nenhum tipo de encaixamento respeita, por definição, o Princípio de Iconicidade, já que essa configuração sintática rompe a ordem do SN relativizado. É por isso mesmo que os resultados da amostra apontam para uma incidência muito reduzida estatisticamente de orações com encaixamento no centro da principal. Encaixadas na posição final, encontram-se 81,6% (752/1070) de orações relativas e, na posição central, encontram-se apenas 16,0% (164/1070); o restante, 2,4 (25/1070) são as relativas livres encaixadas na posição de sujeito que, portanto, sempre ocupam a posição inicial.

Outro princípio que motiva no nível morfossintático o reflexo da organização dos níveis superiores do componente gramatical é o de integridade de domínio. Esse princípio se refere a uma preferência, em termos tipológicos, de as unidades que pertencem conjuntamente ao nível interpessoal ou ao nível representacional aparecerem também justapostas no nível morfossintático (cf. Hengeveld e Mackenzie, 2008: 285).

Entendem Hengeveld e Mackenzie (2008) que a realização de um subato de referência, por exemplo, não poderia ser interrompido pela realização de outro subato de referência ou pela realização de uma subato de atribuição. É curioso que, em termos de relativização, as estratégias não padrão, sejam elas copiadoras ou cortadoras, respeitam o Princípio de Integridade de domínio ao menos no interior da oração relativa. Isso se dá mediante a inserção do SN argumental ou não argumental *in situ* na posição depois do verbo, como se vê em (31a). Já a estratégia padrão sempre o viola ao dar preferência para uma posição que rompe a adjacência do SN argumental com o predicado verbal, como se vê em (31b).

(31) a) As cadeiras optativas$_i$, que, francamente, cê precisa ter um conhecimento delas/ ø$_i$, complementam o currículo.
b) As cadeiras optativas, das quais, francamente cê precisa ter um conhecimento, complementam o currículo.

É curioso observar, por outro lado, que do ponto de vista do SN modificado ou especificado a posição do subato de referência introduzido na oração principal é que viola o mesmo princípio nas relativas não padrão. Em (31a), o mesmo subato de referência aparece desenvolvido em duas partes diferentes do movimento (*Move*), em seu início e na retomada anafórica no final da relativa, por conta do postulado assumido aqui de que a função do constituinte-Q em (31a) é a de um marcador de relativização (Dik, 1997), e não de um verdadeiro pronome relativo.

Essa mudança no estatuto pronominal do conectivo é que acarreta a necessidade de referência na parte final do segundo subato com função de Aside e o mesmo não se aplica à estratégia de pronome relativo contida em (31b), em que a constituição do SN não sofre ruptura. Nesse caso, a alta frequência de relativas cortadoras na amostra revela que a preferência do usuário das variedades lusófonas é por respeitar a adjacência mais restrita no interior de cada oração em reconhecimento da ordem canônica SVO.

Ao mesmo tempo em que a distribuição do SN relativizado viola o Princípio de Integridade de Domínio, uma estratégia não padrão respeita o princípio de Estabilidade Funcional, se for considerada a ordem interna dos constituintes. Conforme alegam Hengeveld e Mackenzie (2008:286), a preservação desse princípio requer que constituintes com a mesma especificação interpessoal ou representacional sejam inseridos na mesma posição em relação a outras categorias.

Em português, assim como em outras línguas, o foco não marcado, interpretado como informação nova, tem preferência para a posição imediatamente após o verbo, enquanto o foco marcado ocupa uma posição pré-verbal. Com base nisso, é possível alegar, portanto, que as relativas não padrão respeitam, em termos de codificação morfossintática, o Princípio de Estabilidade Funcional, já que, em (31a) tanto o SN *currículo* em relação ao verbo *complementam*, quanto o SV *ter um conhecimento*, em relação ao SN *cadeiras optativas*, ocupam regularmente a posição de foco novo. Nesse caso, a relativa padrão é que viola esse princípio na medida em que o constituinte na função de foco ou de contraste, quando for o caso, aparece em posição pré-verbal, o que significa antecipar a informação mais saliente da predicação.

Para finalizar a questão da codificação morfossintática, retornemos aos casos contidos em (29a) e (30a), aqui repetidos como (32a) e (32b) por conveniência.

(32) a) As cadeiras optativas, cê precisa ter um conhecimento bom primeiro.
b) As cadeiras optativas, que [francamente] cê precisa ter um conhecimento delas / $ø_i$, complementam o currículo

A sentença (32a), que constitui uma construção simples, é totalmente diferente da sentença contida em (32b). Para demonstrar no que consiste essa diferença, vejamos, primeiramente, como Hengeveld e Mackenzie (2008) descrevem a organização morfossintática na GDF. A estrutura hierárquica do nível morfossintático, por eles postulada consiste numa expressão linguística (Le) constituída de pelo menos uma oração (Cl), conforme mostra (33).

(33) $(Le_1 : [(Cl_1: [(X_w)\ (Xp_1: [(X_w)\ (Xp_2)\ (Cl_2)]\ (Xp_1))(Cl_3)]\ (Cl_1))]\ (Le_1))$
Le = Linguistic Expression
Cl = Clause
Xp = Phrase (of the type x)
Xw=Word (of the type x)
(cf. Hengeveld e Mackenzie, 2008: 291).

Para a codificação da ordem dos constituintes, os autores postulam três posições disponíveis na oração para a inserção de elementos em posições apropriadas. A posição inicial (P^{I}), a posição medial (P^{M}) e a posição final (P^{F}). As duas posições periféricas são psicologicamente salientes e extremamente relevantes para o processo de comunicação, enquanto a posição medial é não somente menos saliente, mas também, estruturalmente, não pode ser considerada uma posição única em função do número variável de constituintes que uma oração pode conter. É possível identificar outras posições no interior da oração além das três posições absolutas, tais como uma posição pós-inicial (P^{I+1}), uma posição pré-final (P^{F-1}) e posições pré (P^{M-1}) e pós-mediais (P^{M+1}).

Para distinguir entre si as posições P^{I} e P^{F} na camada da Le e na camada da *clause*, os autores preferem usar P^{PRE} para a posição pré-oracional, P^{CENTRE} para a posição oracional e P^{POST} para a posição pós-oracional, o que se aplicaria a uma construção não complexa, como (32a). Nessa construção, em que *as cadeiras optativas*, atua como tópico para Pontes (1987), na realidade, esse SN exerce, para a GDF, a função de um ato discursivo subsidiário de orientação, na posição P^{PRE} e a codificação morfossintática mais adequada para interpretá-la aparece em (34).

(34) Linguistic Expression (LE): P^{PRE}| P^{CENTRE} | P^{POST}
Clause | P^{I} P^{M} P^{F} |
(cf. Hengeveld e Mackenzie, 2008: 320)

A posição pré-oracional (P^{PRE}) codifica o ato subsidiário de orientação *As cadeiras optativas*, definido como tal no nível interpessoal, e a posição central (P^{CENTRE}) um ato discursivo nuclear, codificado pela posição central da expressão linguística (P^{CENTRE}), que constitui a oração propriamente dita.[6]

Na esteira da interpretação de Hengeveld e Mackenzie (2008: 57), é possível postular que, nas variedades do português, a interpretação de (32a) pode ser entendida da perspectiva do processamento *on line* da linguagem. Ao produzir um ato discursivo de orientação, o falante dá a si próprio um tempo para formular e codificar o ato nuclear seguinte.

A GDF não autoriza, no entanto, o paralelismo estrutural entre essa construção simples e a construção complexa com relativa, tal como foi sugerido por Kato (1993), simplesmente porque a GDF não fornece explicações meramente formais mesmo para construções similares, mas explicações de natureza pragmática e semântica. Nesse caso, a estrutura de construções restritivas é morfossintaticamente idêntica à de orações não restritivas. Considere, nos exemplos contidos em (35a-b) a interpretação possível de relativa restritiva e de relativa não restritiva que pode ser atribuída à mesma oração.

(35) a) O jogo que começou às 4:00 da tarde terminou num empate.
b) O jogo, que começou às 4:00 da tarde, terminou num empate.
(Adaptado de Hengeveld e Mackenzie, 2008: 284)

Recorde que uma relativa não restritiva, como em (35b), revoga o Princípio de Iconicidade em favor de dar maior grau de proeminência à informação de que o resultado do jogo é mais importante que o momento de início. Como a informação enviada para o nível fonológico é a de um movimento (*Move*) consistindo de dois atos discursivos, o ato que trata do momento do início do jogo é subsidiário ao do resultado, mas, mesmo assim, o interrompe na linearização. O nível fonológico tratará essa interrupção como uma instrução para dar um contorno entonacional a cada segmento do movimento, produzindo três sintagmas entonacionais, dois com um contorno não final e um com um contorno final. Fica para o nível morfossintático a tarefa de integrar os dois atos discursivos sintaticamente, o que é realizado mediante a aplicação de um molde geral para orações relativas, como aparece em (36).

(36) $(Cl_i : [(Np_i: (Gw_i) (Nw_i) (Cl_j : [(Gw_j) (Vp_i) (Adp_i)] (Cl_j))] (Np_i)) (Vp_j) (Adp_k)] (Cl_i))$

Essa estrutura é também requerida para orações relativas restritivas, como a que aparece em (35a), que são morfossintaticamente idênticas a relativas não restritivas. A diferença, no entanto, é que [*que começou às 4:00 da tarde*] em (35a) forma o mesmo contorno entonacional do material circundante [*O jogo [...]. terminou num empate*]. O nível morfossintático tem, assim, o papel de atribuir a mesma estrutura de (36) as dois tipos de orações relativas e o nível fonológico tem o papel de assegurar que o estatuto subsidiário do ato discursivo encaixado na não restritiva de (35b) esteja refletido na prosódia. (Hengeveld e Mackenzie, 2008: 284-5).

O que as difere e lhes imprime as diferenças oriundas do nível interpessoal é que a restritiva assume o mesmo contorno entonacional que o da oração principal de que é parte integrante, enquanto a não restritiva terá o estatuto de ato subsidiário (Aside) refletido na prosódia por uma entonação própria e, como tal atribuída, portanto, pelo nível fonológico.

Considere, agora, uma construção com uma relativa restritiva, como a contida em (37a), cuja estrutura, similarmente à de (32b), é uma estratégia não padrão seja com a alternativa copiadora com o pronome *dela*, seja com a alternativa cortadora com anáfora zero.

(37) a) A mulher$_i$ que o irmão dela/ø$_i$ mora na esquina trabalha na padaria.

Interpretando essa construção com base no nível interpessoal, trata-se aqui, agora, de um movimento (*Move*) constituído por um único ato discursivo, não dois, como ocorre com (32b) e com (35b). Uma sentença que, na concepção funcional-cognitiva de Cristófaro (2003), resiste à negação, à interrogação e a *question-tag*, justamente porque o conteúdo da subordinada é pressuposto e não afirmado. A diferença entre as duas não está na sintaxe, como sugerem a interpretação gerativista de Kato (1993) e a funcionalista de Bastos (2008), está nas escolhas do nível interpessoal.

Ao evocar um subato referencial em (37a), que é, nesse caso, *A mulher$_i$ que o irmão dela/ø$_i$ mora na esquina*, contendo informação tipicamente dada como tópico, o que faz o falante não é simplesmente adiar a identificação do foco no *conteúdo comunicado*, ou seja, *mora na esquina*, como seria o caso de uma oração não restritiva. O que ele faz é aqui é respeitar simplesmente a tendência comum nas variedades lusófonas para uma ordenação SVO em que a função pragmática dos constituintes sujeito e objeto é, respectivamente, tópico e foco não marcados, que ocupam, portanto, as posições P^I e P^F, respectivamente, conforme mostra (37b).

(37) a) [A mulher que o irmão dela mora na esquina] [trabalha] [na padaria]
b) [P^{M-I}] [P^M] [P^F]

O único paralelismo, portanto, que se pode detectar entre uma construção complexa como a de (32b) e a de (37a) é que o uso da estratégia cortadora e da estratégia copiadora maximiza a relação de transparência entre forma e função e, por conseguinte, contribui para facilitar a interpretação da estrutura linguística, codificada no nível morfossintático. Há uma diferença, porém, entre (32a) e (37a). Recorde que a primeira é constituída de dois atos discursivos, cada qual com sua própria ilocução; já a segunda é constituída por um único ato discursivo. Nesse caso, o conjunto formado pelo sujeito da oração principal e pelo modificador, constituído pela oração restritiva, funciona igualmente como constituinte alocado em posição pré-medial, conforme mostra (37b).

Por outro lado, certos casos de relativas sem núcleo projetam uma informação pragmática para uma posição P^{PRE}, já que inserida no âmbito externo da oração, um tipo de construção conhecida na Gramática Gerativa por alçamento. Observe a esse propósito (38a) e uma variante possível copiadora em (38b) e uma variante padrão sem alocação de constituintes na posição P^{PRE}, tal como aparece em (38c).

(38) a) Cabia a nós, como pessoas esclarecidas, ensiná-las e mostrar **as coisas**$_i$ como ø$_i$ deveriam ser (BRAS80:CriarFilhos).
b) mostrar (**as coisas**$_i$) [como **elas**$_i$ deveriam ser]
c) mostrar o modo como [**as coisas** deveriam ser]

A variante que de fato ocorre em (38a) é a cortadora, mas a posição vazia, interpretada como zero anafórico, poderia ser preenchida sem qualquer problema pela cópia pronominal de (38b). A ausência de pausa prejudica a interpretação de um ato de orientação para (38a); nesse caso, a alocação do sujeito para uma posição externa à própria oração sem núcleo indica que a ela se atribui alguma função pragmática; como tem tudo para ser uma espécie de antecipação do tópico, a interpretação mais cabível é de posição P^{PRE} e que, mesmo sem pausa, parece exercer uma função de orientação.

Em outras construções, no entanto, como (39a-c), a função da relativa é construir um referente (cf. Dik, 1997), não identificá-lo como aparece com outras restritivas.

(39) a) tinha uma cadeira onde ele passou grande parte de trinta anos.
b) tenta expressar-se em português, na situação actual, e até... há indonésios que aprendem português, neste momento.(TL99:Regras)
c) ele, de madrugada, ele saía, recebia aquele chamado, vinham buscar ele em casa, e eu ficava numa, numa casa que eu fui morar, enorme, sozinha (Bra80:NadaCiumenta)

Observe que a relativa restritiva aparece no contexto de uma oração apresentativa, introduzida, no nível morfossintático, por um verbo existencial como (39a-b), seja no contexto de um SN indefinido como (39a) ou contexto de um SN não específico, como (39b). Em ambos os casos, a função do subato referencial é o de um foco ou informação nova que envolve o conteúdo comunicado como um todo. Em (39c), a função focal é a mesma, já que o SN indefinido aparece na posição de complemento locativo do verbo da principal; neste caso específico o foco, na posição canônica abrange o SN e o modificador codificado como relativa restritiva.

Considerações finais

Das estratégias reconhecidas por Keenan (1985) e Comrie (1989), vimos que as variedades lusófonas dispõem da estratégia de pronome relativo, entendida como a variante-padrão, e da estratégia de retenção pronominal, representada pelas variantes copiadora e cortadora.

Essa possibilidade de escolha entre diferentes estratégias mostrou que, nas variedades lusófonas, a construção de uma oração relativa envolve três aspectos relevantes e interligados: (a) a seleção do conectivo, isto é, se pronome relativo ou marcador de relativização; (b) o emprego ou não de preposições nos casos de oblíquos e dativos em que elas seriam requeridas; (c) a marcação adicional de caso semântico, que se torna visível na ordem de palavras ou no uso de preposições.

Olhando da perspectiva do conectivo, a opção do falante por uma estratégia padrão implica simultaneamente a escolha de uma função semântica para o constituinte na oração relativa e, simultaneamente, a retomada anafórica do constituinte antecedente contido na oração principal, o que corresponde, no nível morfossintático, à seleção de um pronome relativo como conectivo; alternativamente, a opção do falante por uma estratégia cortadora ou copiadora implica simultaneamente a escolha de um SP ou de um zero anafórico na posição pós-verbal do predicado da relativa, e é esse constituinte que estabelece a relação anafórica com o antecedente, o que corresponde, no nível morfossintático, à seleção de um marcador de relativização como conectivo.

Quanto ao envolvimento de relativização nas funções sintáticas de objeto indireto e de oblíquos, a escolha da preposição torna visível, simultaneamente, a marcação dessas funções sintáticas e respectivas funções semânticas em posição pré-verbal, contrariando o Princípio de Estabilidade Funcional e o de Integridade de Domínio. Esse caso identifica a variante-padrão ou estratégia de pronome relativo.

Alternativamente, as preposições podem ser apagadas com a inserção simultânea de um marcador de relativização, já que a relação anafórica própria do relativo é operada por um pronome-lembrete ou por um zero na posição canônica pós-verbal, identificando, no primeiro caso, uma estratégia copiadora e, no segundo caso, uma estratégia cortadora. A seleção dessas estratégias ajusta as construções ao Princípio de Estabilidade Funcional e ao Princípio de Integridade de Domínio e mostra que o falante das variedades lusófonas respeita a adjacência mais estrita no interior de cada oração, o que implica reconhecer a canonicidade da ordem SVO na língua falada.

Na seção introdutória, justificamos esta abordagem funcionalista em relação aos estudos dentro do arcabouço gerativista com base no princípio de que uma abordagem funcionalista sempre vai além dos limites meramente morfossintáticos, ampliando o horizonte da análise com motivações de natureza pragmática e semântica.

Ir além dos limites morfossintáticos significou, neste trabalho, identificar diferenças significativas entre a sentença simples e a sentença complexa, que são estreitamente vinculadas nos estudos gerativistas, com base em regras de movimento do constituinte tópico. Na interpretação discursivo-funcional aqui adotada, o que é chamado de constituinte tópico da sentença simples é subato de orientação, mas na estrutura complexa, a oração não restritiva e a oração e a sua suposta "matriz" constituem, na realidade, dois atos discursivos separados de um mesmo movimento (*Move*) e cada qual com sua própria força ilocucionária. Uma oração restritiva, por outro lado, identifica-se como um movimento constituído de um único ato discursivo formado pela oração matriz e pela subordinada, que é semanticamente pressuposta. Esse aspecto fica potencialmente demonstrado porque uma restritiva resiste à negação, à interrogação e à *question-tag*.

No geral, as interpretações gerativistas não levam em conta orações não restritivas, e encaram as restritivas com base em outras relações sintáticas previstas em sentenças simples. Além de ser menos redutora, por dar conta de todos os fenômenos sob a mesma rubrica, o enfoque funcionalista aqui adotado mostrou razões de natureza interpessoal, mas não morfossintáticas, para as diferenças entre as relativas restritivas e não restritivas.

Além disso, permitiu identificar o conectivo como um marcador de relativização nos casos em que se empregam as estratégias copiadora e cortadora e como um pronome relativo, nos casos em que se emprega a variedade padrão. As diferenças demonstradas ficam creditadas, portanto, à concepção de gramática definida pelo modelo, organizado em níveis e camadas, que permitem ao analista elaborar uma distribuição mais efetiva dos constituintes em decorrência das funções que exercem no discurso.

Notas

1 Na representação em (7b), T representa um subato atributivo e R um subato referencial, categorias do nível interpessoal; na representação em (7c), x representa um indivíduo, f, uma propriedade lexical, que são categorias do nível representacional.

2 Nessa formalização, ep representa episódio; e, estado de coisas; sim: tempo simultâneo; pres: presente; A, Actor; U, undergoer, x, indivíduo; f, propriedade lexical.

3 Propriedades configuracionais identificam relações não hierárquicas entre as unidades, como as que definem as relações argumentais. Ser não hierárquica significa que as unidades que a compõem pertencem ao mesmo nível e à mesma camada de organização da gramática.

4 A representação do nível interpessoal está simplificada. A presença de diversos subatos atributivos e referenciais não foi levada em conta, o que aparece formalizada com o n expoente.

5 O enunciado efetivamente produzido de (28a) é, como se vê, uma estratégia copiadora.

6 Essas posições – três absolutas e duas relativas – permitem ao falante expressar os elementos nos lugares apropriados com base numa perspectiva descendente (*top-down manner*), como no caso da expressão dos modificadores. A distribuição desses elementos requer uma ordenação centrípeta segundo a qual o modificador relativamente mais alto do nível interpessoal tem que aparecer na posição não oracional mais externa, a de P^{PRE} e assim sucessivamente (Hengeveld e Mackenzie, 2008: 312-3).

Bibliografia

Bastos, W. A. *Relativização no português do Brasil*: a sentença orientada para o discurso. Araraquara, 2008. Tese (Doutorado em Linguística e Língua Portuguesa) – Unesp.

Brito, A. M. *A sintaxe das orações relativas em português*. Porto: Instituto Nacional de Investigações Científicas, 1991.

Comrie, B. *Language universals and linguistic typology*. Oxford: Blackwell, 1989.

Cristofaro, S. *Subordination*. Oxford: University Press, 2003.

De Vries, M. *The syntax of relativization*. Utrecht: Lot, 2002.

Dik, S. C. *The theory of functional grammar*. Part I: The structure of the clause. Ed. Kees Hengeveld. Berlin/New York: Mouton de Gruyter, 1997.

Faria, I. H.; Duarte, I. O paradoxo da variação: aspectos do português Europeu. *Revista Internacional de Língua Portuguesa*, 1987, v. 1, pp. 20-27.

Hengeveld, K.; Mackenzie, J. L. *Functional Discourse Grammar*: A typologically-based theory of language structure. Oxford: University Press, 2008.

Kato, M. A. Orações relativas: variação universal e variação individual no português. *Estudos Linguísticos* (V Anais de Seminários do gel). São Paulo, 1981, pp. 1-16.

______. Recontando a história das relativas em uma perspectiva paramétrica. In: Roberts, I.; Kato, M. A. (Eds.) *Português brasileiro*: uma viagem diacrônica. Campinas: Ed. da Unicamp, 1993.

______; Braga, M. L. et al. As construções-Q no português brasileiro falado: perguntas, clivadas e relativas, parte III, pp. 303-368. In: Koch, I. G. V. (Org.). *Gramática do português falado*. Campinas: Ed. da Unicamp, v. 6, 1996.

Keenan, E. L. Relative clauses. In: Shopen T. (Ed.). *Language typology and syntactic description*. Cambridge: University Press, 1985, pp. 141-70.

______; Comrie, B. Noun phrase accessibility and universal grammar. *Linguistic Inquiry* 8, 1977, pp. 63-99.

Langacker, R. W. *Foundations of Cognitive Grammar*: descriptive applications. Stanford: Stanford University Press, 1991.

Lehmann, C. Towards a tipology of clause linkage. In: Haimain, J.; Thompson, S. A. (Eds.). *Clause combining in grammar and discourse*. Amsterdam: John Benjamins, 1988.

Longo, B. N. O. et al. A relativização no português culto. *Alfa*, 1994, v. 38, pp. 165-180.

Lyons, J. *Semantics*. Cambridge: Cambridge University Press, 1977.

Mateus, M. H. M. et al. *Gramática da língua portuguesa*. 3. ed. Lisboa: Caminho, 1989.

Mollica, M. C. *Estudo da cópia em relativas em português*. Rio de Janeiro, 1977. Dissertação (Mestrado) – Pontifícia Universidade Católica.

______. Anáforas em relativas no português do Brasil. *Alfa*. São Paulo, 1997, v. 41, pp.171-179.

Peres, J. A; Móia, T. *Áreas críticas da língua portuguesa*. Lisboa: Caminho, 1995.

Pontes, E. *O tópico no português do Brasil*. Campinas: Pontes, 1987.

Raposo, E. *Teoria da gramática*: a faculdade da linguagem. Lisboa: Caminho, 1992.

Song, J. S. *Linguistic typology*: morphology and syntax. London: Longmans, 2001.

Tarallo, F. L. *Relativization Strategies in Brazilian Portuguese*. Pennsylvania: University of Pennsylvania (PhD Dissertation), 1983.

Van Riemsdijk, H. Free Relatives. *SynCom case*, v. 44. 2000.

Agradeço ao prof. dr. John Lachlan Mackenzie, do Instituto de Linguística Teórica e Computacional de Lisboa, pelas valiosas sugestões de leitura. Os problemas que restarem são, todavia, de minha única e inteira responsabilidade.

Sequenciamento tópico e frasal na Gramática Textual-Interativa

Eduardo Penhavel
Alessandra Regina Guerra

Na Gramática Textual-Interativa (Jubran e Koch, 2006; Jubran, 2007), postula-se uma distinção entre as noções de "sequenciamento tópico" e "sequenciamento frasal". Essa distinção integra um dos critérios centrais utilizados na caracterização da classe dos chamados "marcadores discursivos", sendo, pois, imprescindível na identificação de unidades pertencentes a essa classe. Além de sua centralidade no estudo dos marcadores, tais noções são relevantes na análise de outros fenômenos, como na descrição dos tipos de relações mantidas entre unidades linguísticas, estando também ligadas à própria delimitação entre a Gramática Textual-Interativa (GTI) e outras abordagens.

No entanto, tal distinção não se encontra ainda definida de modo suficientemente detalhado. Conforme iremos discutir, o tipo de sequenciamento entre unidades linguísticas que pode ser considerado um sequenciamento tópico verifica-se (i) na articulação entre *segmentos tópicos*, (ii) na abertura e no fechamento dos "processos constitutivos do texto" e (iii) na articulação entre partes e entre subpartes componentes de *segmentos tópicos mínimos*. Os dois primeiros casos de sequenciamento tópico podem ser satisfatoriamente identificados com base nas análises e nos conceitos já desenvolvidos na GTI. Porém, isso não ocorre na última situação, já que essa abordagem não dispõe ainda de critérios para análise da organização interna de *segmentos tópicos mínimos* em (sub)partes componentes, processo aqui tratado como "estruturação intratópica".

Portanto, neste capítulo, com base em Guerra (2007) e Penhavel (2010), procuramos sistematizar um pouco mais detalhadamente a noção de sequenciamento tópico, definindo-a no âmbito do processo de estruturação intratópica, no caso particular do gênero textual *relato de opinião* (Gonçalves, 2007). Observe-se que a caracterização do conceito de sequenciamento tópico e de sua diferença em relação ao de sequenciamento frasal está diretamente ligada à discussão sobre as relações entre texto/discurso e gramática, e é, pois, nesse sentido que o capítulo vincula-se à proposta geral da presente obra.

O capítulo está organizado da seguinte forma: na seção "A gramática textual-interativa e a noção de 'sequenciamento tópico'", fazemos uma breve síntese da GTI, explicando os conceitos mais relevantes para este trabalho e delimitando mais precisamente o problema em pauta; na seção "A noção de 'sequênciamento tópico' na articulação entre (sub)partes de segmentos tópicos mínimos", apresentamos uma análise dessa noção procurando sistematizar o conceito de sequenciamento tópico nesse plano de organização tópica; na seção "A noção de 'sequenciamento tópico' na articulação interna de unidades tópicas mínimas", especificando um pouco mais tal sistematização, discutimos esse conceito no que se refere à organização interna das subpartes mínimas de estruturação intratópica; finalmente, na última seção, apresentamos as considerações finais.

A Gramática Textual-Interativa e a noção de "sequenciamento tópico"

A Gramática Textual-Interativa constitui uma vertente da Linguística Textual, e, assim sendo, consiste numa abordagem que assume o texto como objeto de estudo. Mais especificamente, a GTI estuda o chamado "processamento tópico do texto". Considera-se que os falantes processam o texto com base no princípio do *tópico discursivo*, isto é, o princípio segundo o qual o texto deve ser processado mediante a construção e organização linear e hierárquica de grupos de enunciados formulados pelos interlocutores a respeito de conjuntos de referentes concernentes entre si e em relevância em determinados pontos do texto. Esse modo de organização textual é o que, conforme entendemos, pode ser chamado de "processamento tópico do texto" ou "organização tópica".

Como pode ser notado, há duas propriedades fundamentais caracterizadoras do processamento tópico do texto: a "centração" e a "organicidade". A centração consiste na formulação dos grupos de enunciados concernentes entre si e em relevância em certos pontos do texto; essa propriedade engloba, assim, os traços de "concernência", "relevância" e "pontualização". Já a organicidade diz respeito ao estabelecimento simultâneo de relações hierárquicas e lineares (ou sequenciais) entre grupos de enunciados.[1]

A título de ilustração, considere-se uma situação hipotética em que um casal conversa sobre os filhos A, B e C. No decorrer do texto, falam, em sequência, por exemplo, sobre (i) os problemas de A na faculdade, (ii) os problemas de A no trabalho, (iii) o carro novo de B, (iv) o casamento de C, (v) o novo emprego de B e (vi) a viagem de C. Essa focalização dos interlocutores nesses tópicos específicos é o que caracteriza a propriedade de centração. Nesse caso, nesse nível de organização da conversa, poderiam ser distinguidos seis momentos particulares de centração tópica – e, respectivamente, seis agrupamentos particulares de enunciados.

Observe-se, ainda, que esses agrupamentos estarão sequencialmente relacionados entre si, havendo entre eles mecanismos de transição, de marcação de relações semântico-discursivas etc. Além disso, haverá entres eles uma relação hierárquica. O primeiro e o segundo agrupamentos podem ser entendidos como compondo um agrupamento mais amplo, centrado na ideia "problemas de A"; o terceiro e o quinto agrupamentos podem ser reunidos num conjunto maior (descontínuo) intitulado "novidades de B"; o quarto conjunto e o sexto poderiam ser vistos como partes de um tópico mais abrangente intitulado "ocupações com C". E, similarmente, esses três agrupamentos mais amplos equivaleriam a partes de um tópico global, que poderia ser chamado de "ocupações com os filhos". Essas relações hierárquicas juntamente com as relações sequenciais caracterizam a propriedade de organicidade.

O quadro 1 a seguir ilustra as relações de organização tópica na situação hipotética em pauta, exemplificando, enfim, o chamado "processamento tópico do texto".

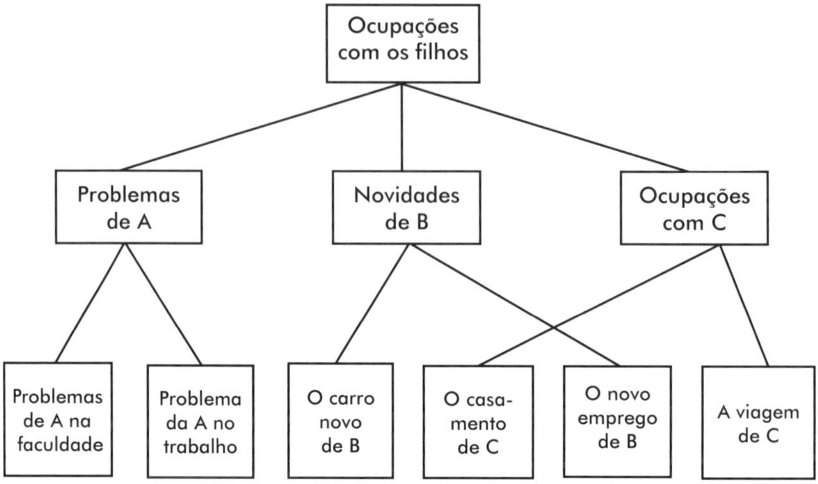

Quadro 1 – Exemplo de relações de organização tópica

Os grupos e subgrupos de enunciados que comportam a propriedade de centração e que se articulam linear e hierarquicamente na construção do texto constituem os chamados *segmentos tópicos* (SegTs). No exemplo hipotético representado no quadro 1, os trechos do texto correspondentes a cada um dos tópicos distinguidos nas caixas do quadro constituem SegTs; por exemplo, o segmento do texto correspondente ao tópico "Problemas de A na faculdade" constitui um SegT, o trecho (descontínuo) correspondente ao tópico "Novidades de B" constitui outro SegT e assim por diante. Os menores SegTs do texto, isto é, os menores conjuntos de enunciados capazes de comportar a propriedade de centração, podem ser chamados de "SegTs mínimos". No exemplo representado no quadro, os SegTs mínimos seriam os SegTs correspondentes aos seis tópicos encadeados no nível mais baixo da representação.

A GTI estuda, então, as diversas características do processamento tópico do texto, assim como os diferentes processos e elementos linguísticos diretamente ligados a esse processamento, os quais incluem os processos denominados de "referenciação", "parentetização", "parafraseamento", "repetição" e "correção", bem como os elementos chamados de "marcadores discursivos". Trata-se de processos e elementos que mais diretamente contribuem para a construção da centração e para a instauração da organicidade tópica.

O processo de referenciação compreende a construção dos conjuntos de referentes (na verdade, de objetos de discurso) que poderão ser reconhecidos como concernentes entre si. A parentetização consiste na inserção temporária de informações paralelas a determinado assunto em relevância num momento do texto. As estratégias de repetição, correção e parafraseamento constituem processos de reformulação: a repetição diz respeito à reiteração de algo já dito, a correção envolve a anulação de algo já dito por meio de uma nova formulação, e o parafraseamento trata da reelaboração formal de um conteúdo já dito.

Os marcadores discursivos, por sua vez, compreendem certas expressões que gerenciam o processamento tópico do texto. São distinguidos dois tipos principais de marcadores: os basicamente sequenciadores e os basicamente interacionais. O primeiro tipo engloba expressões que, dentre outras características, exercem a função de articular segmentos textuais de estatuto tópico, abrangendo conectivos como "agora", "então", "porque", "mas", "e", "em primeiro lugar" etc. Já o segundo tipo inclui certos itens com a função primordial de codificar orientações dos falantes em relação ao ato de interação verbal, abarcando elementos como "né?", "sabe?", "veja bem", "bom", "certo", "ahn ahn" etc.

Na GTI, a identificação de uma expressão linguística como sendo uma instância de um marcador é feita com base na combinação dos traços dessa expressão no que se refere a nove tipos de características linguísticas (ou variáveis). Por exemplo, um tipo de característica diz respeito à autonomia comunicativa da expressão, o que inclui os traços "comunicativamente autônomo" e "comunicativamente não autônomo". Outro tipo de característica é, então, a "articulação de segmentos do discurso", o que abriga os traços "sequenciador tópico", "sequenciador frasal" e "não sequenciador".

A discussão que empreendemos neste capítulo diz respeito a esse último tipo de característica, especificamente, à distinção entre os traços "sequenciador tópico" e "sequenciador frasal". Esses traços manifestam-se quando um item é sequenciador e atua, respectivamente, em pontos de sequenciamento tópico ou frasal. Nesse sentido, discutimos quais situações podem ser analisadas como sequenciamento tópico, as quais, então, poderão caracterizar o traço "sequenciador tópico", considerando os demais casos de sequenciamento linguístico como sequenciamento frasal, caracterizador, por sua vez, do traço "sequenciador frasal".[2]

A esse respeito, conforme adiantamos anteriormente, na GTI podem ser distinguidas três situações que constituem sequenciamento tópico: (i) a articulação entre SegTs, (ii) a abertura e o fechamento dos "processos constitutivos do texto" e (iii) a articulação entre partes e entre subpartes componentes de SegTs mínimos.

A situação de articulação entre SegTs pode ser entendida como compreendendo a articulação tanto entre SegTs mais amplos quanto entre SegTs mínimos.

Trata-se de um caso de sequenciamento tópico cuja identificação não chega a impor maiores dificuldades para o analista, na medida em que a GTI dispõe de metodologia bastante sofisticada, incluindo critérios estabelecidos (centração e organicidade), para a delimitação de SegTs, o que, naturalmente, permite atestar pontos de articulação entre essas unidades.

A abertura e o fechamento dos processos constitutivos do texto envolvem os pontos inicial e final de instauração desses processos no decorrer da construção textual. Esse é também um caso de sequenciamento tópico cuja identificação, em princípio, não representa um problema. A depreensão dos processos constitutivos do texto, possibilitada por suas definições e análises, já relativamente desenvolvidas na GTI, permite identificar expressões que os estejam delimitando e que, assim, poderão apresentar o traço "sequenciador tópico".

Por outro lado, a terceira situação de sequenciamento tópico, isto é, a articulação entre (sub)partes de SegTs mínimos, ao contrário das duas anteriores, é mais problemática. Diferentemente do que se verifica no nível da articulação entre SegTs, a GTI não dispõe ainda de uma descrição mais detalhada do processo de estruturação intratópica, não havendo ainda critérios estabelecidos que permitam a segmentação das partes e subpartes de SegTs mínimos e que, assim, permitam identificar pontos de sequenciamento tópico nesse nível de análise. A ausência de tal descrição, dentre outras limitações, compromete a identificação de marcadores discursivos, além de representar uma lacuna no próprio estudo do processamento tópico do texto.

Nesse sentido, nas duas seções seguintes, com base em Penhavel (2010) e Guerra (2007), analisamos o processo de estruturação intratópica, no caso particular do gênero "relato de opinião", e procuramos, então, definir quais situações de sequenciamento linguístico podem ser consideradas como sequenciamento tópico, nesse nível de organização textual.

A noção de "sequenciamento tópico" na articulação entre (sub)partes de segmentos tópicos mínimos

Inicialmente, observe-se o trecho em (1a) a seguir, que constitui um SegT mínimo. A questão em pauta aqui é entender a forma de estruturação interna de um SegT como esse, de modo que seja possível identificar, por exemplo, o estatuto dos sequenciadores "porque" (na primeira linha) e "mas" (na antepenúltima linha), se tópico ou frasal.[3]

(1a) então eu acho que nossa cidade é uma das cidades boa né porque nossa população é grande... e ainda tem os de fora também que (estuda) aqui né... porque cê vê (doc.: sei) quantos e quantos que vem de LONGE... cê vai no Hospital de Base lá cê fala – "não eu num tô em Rio Preto"–... de tanta ambulância que você vê de cidades de fora né... então eu acho que nossa cidade é uma cidade boa né... contentar todo mundo eu acho que o prefeito num vai contentar mesmo (doc.: num tem como né)... num tem como... ninguém vai contentar né... mas eu acho uma cidade muito boa e gosto daqui... inclusive num tenho vontade de mudar daqui não (doc.: é isso é verdade) vou morrer aqui mesmo ta (inint.) (AC-132; RO: L.392-401)

A esse respeito, Penhavel (2010) defende que, no gênero textual relato de opinião, o SegT mínimo é estruturado com base em uma alternância, potencialmente recursiva, entre agrupamentos de enunciados que constroem referências centrais e agrupamentos que constroem referências subsidiárias em relação ao tópico geral do SegT (e em relação a aspectos mais específicos desse tópico). Em outras palavras, a estruturação intratópica estaria fundamentada na relação central-subsidiário.

Com efeito, o princípio da relação central-subsidiário parece explicar de forma bastante satisfatória a organização de SegTs mínimos no gênero em questão. O SegT em (1a) evidencia esse esquema de estruturação textual. Considerando que seu tópico corresponda à ideia "Nossa cidade é uma cidade boa", observe-se, em primeiro lugar, que há três enunciados muito similares que se reiteram, veiculando essa ideia, conforme destacado em (1b), nas linhas 1, 6 e 9.

(1b) então eu acho que nossa cidade é uma das cidades boa né 1

porque nossa população é grande... e ainda tem os de fora também que 2
(estuda) aqui né... porque cê vê (doc.: sei) quantos e quantos que vem de 3
LONGE... cê vai no Hospital de Base lá cê fala – "não eu num tô em Rio 4
Preto"–... de tanta ambulância que você vê de cidades de fora né... 5

então eu acho que nossa cidade é uma cidade boa né... 6

contentar todo mundo eu acho que o prefeito num vai contentar mesmo 7
(doc.: num tem como né)... num tem como... ninguém vai contentar né... 8

mas eu acho uma cidade muito boa e gosto daqui... 9

inclusive num tenho vontade de mudar daqui não (doc.:é isso é verdade) 10
vou morrer aqui mesmo tá (inint.) 11

Considere-se, agora, os demais enunciados, em termos de sua relação com aquela ideia central. Nas linhas 2-5, os enunciados abordam o fato de a população ser grande e de haver, ainda, pessoas de outras cidades; a ideia parece ser a de que a cidade é boa porque a população é grande e porque há, ainda, pessoas de fora. Nas linhas 7-8, os enunciados são formulados a respeito do prefeito; afirma-se que a cidade é boa apesar de nem todos estarem contentes com o prefeito, uma vez que seria normal nem todos estarem contentes com ele. Nas linhas 10-11, os enunciados veiculam a ideia de que a interlocutora não deseja mudar-se da cidade; isso parece ser apresentado como evidência de que a cidade é boa.

O fato importante aqui é que, independentemente da relação de sentido mais exata que se reconheça entre os conjuntos de enunciados distinguidos, é bastante evidente que os conjuntos nas linhas 2-5, 7-8 e 10-11 abordam, cada um de uma forma particular, três ideias específicas que desenvolvem o tópico central "Nossa cidade é uma cidade boa". Portanto, parece pertinente dizer que, na base da articulação intratópica desse SegT, há uma relação entre referências centrais e referências subsidiárias relativamente a um tópico geral que perpassa todo o segmento. Todos os enunciados são concernentes entre si, sendo formulados a respeito do tópico comum "Nossa cidade é uma cidade boa", o que confere ao segmento textual em questão o estatuto de SegT. Os enunciados nas linhas 1, 6 e 9 sintetizam esse tópico, expressam-no mais diretamente, definem, estabelecem tal tópico. Os demais conjuntos, então, desenvolvem aspectos mais específicos desse tópico. É esse tipo de alternância que caracteriza a relação central-subsidiário – a qual também pode ser denominada de "relação posição-suporte".

De acordo com essa análise, os itens "porque" e "mas", mencionados anteriormente, podem, então, ser entendidos como sequenciadores tópicos, uma vez que introduzem diferentes fases no processo de estruturação do SegT em pauta, assim como as ocorrências do item "então" nas linha 1 e 6 e o item "inclusive", na linha 10.

Uma das principais evidências levantadas em Penhavel (2010), de que a relação central-subsidiário seria, de fato, o princípio norteador da estruturação intratópica, é sua aplicação altamente frequente. Em uma análise de dados detalhada compreendendo um total de 64 SegTs mínimos, o autor afirma ter identificado, para cada SegT, algum tipo de organização tópica que pode ser descrito em termos dessa relação.

O SegT em (2a) também ilustra, de forma bastante clara, a referida relação.

(2a) olha o que eu posso dizer... eu gosto de São José do Rio Pre::to...

> cê vê há trinta e tantos anos né trinta e três anos que eu mudei prá cá::... quando eu mudei prá cá... nem a minha rua num era asfaltada... (aqui era um bairro) jardim Urano... naquele tempo era UM BAIRRO... hoje num se considera mais como um bairro... hoje é quase como no centro da cidade... né (doc.: certo)

e eu gosto é uma cidade que eu gos::to...

> eu acho uma cidade lim::pa... bem organiza::da... nosso prefeito também... eu acho que esse prefeito fez bastante coi::sa... porque tudo lugar que você va::i tá tudo mundo... tá tudo bem arrumadi::nho... né... cê vê –"ah o prefeito num faz nada" – faz sim é que você não sai de casa... prá você ver as benfeitoria que ele fez... passa no Hospital de Ba::se... que é um hospital né (doc.: éh) que tem socorrido não só os de Rio Preto como os de fora também

então eu acho assim que a nossa cidade ((ruído)) é grande... um porte grande... bastante habitan::tes né... eu num tenho queixa não... eu gosto de Rio Preto toda vida... eu gostei de Rio Preto...

> eu morei... em Pindorama onze anos né que eu me casei fui prá... Pindorama... morei onze anos em Pindorama... e aqui eu tô com trinta e trê/ três prá trinta e quatro anos que eu tô morando aqui né...

mas eu gosto de Rio Preto... gosto... acho uma cidade muito bo::a... (AC-132; RO: L.376- 392)

Nesse SegT, o tópico e as referências dos diferentes conjuntos de enunciados podem ser sintetizados como em (2b) abaixo. Observe-se como, de fato, o que se revela é uma alternância bastante evidente entre referências centrais e subsidiárias relativamente ao tópico comum do SegT.

(2b) Tópico: *Gostar de São José do Rio Preto*
Referências centrais: linha 1: *Gostar de São José do Rio Preto*
Referências subsidiárias: linhas 2-6: *Residência em São José do Rio Preto há 33 anos*
Referências centrais: linha 7: *Gostar de São José do Rio Preto*
Referências subsidiárias: linhas 8-14: *Limpeza e organização da cidade e benfeitorias do prefeito*
Referências centrais: linhas 15-17: *Gostar de São José do Rio Preto*
Referências subsidiárias: linhas 18-20: *Residência em São José do Rio Preto há 33 anos*
Referências centrais: linha 21: *Gostar de São José do Rio Preto*

A relação entre referenciação central e subsidiária pode ser entendida, em outros termos, como uma relação entre um conteúdo mais geral e um mais específico, o que pode ser observado no SegT em (3).

(3) infelizmente... nesses últimos anos... éh:: e eu acho que sempre na história... o:: povo não tem votado direito... e::... o país os municípios os estados... não têm sido bem sucedido em:: algumas eleições...

> vide:: a eleição do... Fernando Collor... onde ele ((ininteligível)) tanto e depois foi... ele que deu... ele/ o povo brasileiro naquela... esperança da salvação que o povo vive até hoje... o povo votou em massa... no::/ no presidente Fernando Collor... e depois... tudo aquilo aconteceu que é conhecido do país todo... (AC-113; RO: L.218-224)

De acordo com a propriedade de centração, o tópico desse segmento pode ser expresso como "Insucesso nas eleições no Brasil nos últimos anos". Nas linhas 1-3, o falante refere-se a esse tópico em termos mais gerais, como pode ser visto nos enunciados "o:: povo não tem votado direito" e "o país os municípios os estados... não têm sido bem sucedido em:: algumas eleições". Como mencionado acima, trata-se de um momento em que os enunciados estão voltados para definir, estabelecer, determinar de forma mais direta o tópico do segmento. Na sequência, nas linhas 4-8, o falante continua o discurso falando sobre "a eleição do Fernando Collor", uma forma mais específica de desenvolver o tópico em questão. Ou seja, há uma relação entre "eleições", como referenciação geral, e "eleição do Fernando Collor", como referenciação específica. Nesse sentido é que a relação central-subsidiário equivale a uma relação do tipo geral-específico.

O esquema de estruturação posição-suporte prevê, no decorrer da construção de um SegT, tanto o encadeamento entre uma posição e um suporte (e vice-versa), quanto o encadeamento entre dois ou mais suportes. Os dois tipos de encadeamento estão vinculados a uma determinada ideia nuclear em pauta no decorrer do SegT. O encadeamento de referenciação central e subsidiária corresponde a uma noção relacional que compreende, respectivamente, um maior e um menor grau de proximidade relativamente a essa ideia nuclear, como ilustrado nos exemplos anteriores.

Já o encadeamento subsidiário-subsidiário consiste na sequência de subagrupamentos de enunciados que se particularizam na medida em que suas referências apresentam um maior grau de proximidade entre si, agrupamentos estes que mantêm uma mesma relação subsidiária relativamente a determinada ideia nuclear. Todos os enunciados de um SegT são concernentes entre si e centrados em um tópico comum. No entanto, os enunciados componentes desses subagrupamentos, embora concernentes com os demais enunciados do SegT e centrados no tópico comum do SegT, apresentam um grau de concernência ainda maior entre si e representam "centrações" mais específicas. Trata-se de "centrações" particulares, mas que não constituem centrações autônomas o suficiente para configurarem SegTs independentes. Em outros termos, pode-se dizer que esses subagrupamentos são pontos de "subcentração" no interior do SegT. E, além disso, eles se caracterizam pelo fato de serem, entre si, igualmente subsidiários em relação a uma mesma ideia nuclear; isto é, são coordenados entre si e subordinados a uma ideia nuclear.

É, portanto, nesse sentido que podem ser reconhecidos diferentes momentos de referenciação subsidiária subsequentes. Quando se trata do encadeamento de referenciação central e subsidiária, a própria diferença hierárquica entre essas duas noções, manifestada por uma relação do tipo geral-específico, evidencia a existência de uma mudança entre duas unidades tópicas. Já no caso do encadeamento de grupos de referenciação subsidiária, não há essa oposição distintiva, de modo que o reconhecimento dessas fases de construção do SegT (tanto por parte dos falantes, quanto por parte do analista) irá depender de "concernências" e "centrações" particulares desses grupos e da subordinação deles a uma mesma ideia nuclear.

O exemplo em (4) contém encadeamento tanto entre referenciação central e subsidiária quanto entre diferentes momentos de referenciação subsidiária.

(4) e também além de bebidas... além de... desses namorico acho que na adolescência aparece muito... o problema das drogas né...

> sempre aquele cara que tá tá na turma... aí tem aquele que é o bonitão o gostosão que usa um tipo de droga ai a gente pensa – "nossa o cara é bão... eu vou quero pegar moral com ele" – mas como você vai pegar moral com ele? usando também... aí você ta entrando no mesmo problema que ele entendeu...
>
> e sempre tem aquele amigo – "ah vamos vamos" – sempre tem aquele... AMIGO NÃO... aquele que se DIZ amigo né porque isso não é amigo aquele que te leva pra isso... sempre tem aquela pessoa que fala – "ai vamos nessa vamos nessa" – aí se você é uma pessoa de cabeça fraca você pega e entra...
>
> aí você vai falar – "mas aquele cara ali é bonitão saradão... porque que não acontece is/nu/nada com ele... então não vai acontecer nada comigo também" só que você não vê que por dentro... ele já deve tá... moRRENdo (só) que por fora [(inint.)] ele ta bonitão... mas um dia ele vai ta ruim também...

pode ter certeza que isso não leva ninguém a nada nada nada... leva só leva assim leva a um destino só... que todos nós sabemos qual que é... mas eu acho que:: eu acho que isso não leva a nada (AC-022; RO: L.572-587)

Considerando o tópico do segmento em (4) como "O problema das drogas", as linhas 1-2 e 18-20 podem ser entendidas como posição e as linhas 3-17, como suporte. Na linha 2, há uma referência explícita e direta em relação a esse tópico (trecho sublinhado); nas linhas 18-20, o demonstrativo "isso" parece se referir genericamente a "drogas", e as referências nesse trecho são de caráter mais geral no contexto do SegT, como em "isso não leva a nada". Em contrapartida, os enunciados nas linhas 3-17 abordam situações específicas em relação à ideia nuclear "O problema das drogas", que, de formas particulares, envolvem a influência, entre amigos ou colegas, sobre o uso de drogas.

Entre as linhas 3-17, podem ser reconhecidos três momentos particulares de referenciação subsidiária, caracterizados, dentre outras coisas, por três cadeias referenciais claramente distintas entre si, como pode ser observado pelas expressões sublinhadas. Os enunciados nas linhas 3-7 referem-se ao fato de adolescentes passarem a usar drogas para serem bem vistos por colegas considerados importantes; as linhas 8-12 abordam a situação de adolescentes passarem a usar drogas a partir da oferta por outros colegas; e as linhas 13-17 veiculam a ideia de que colegas usuários que aparentemente estão bem, na verdade, já estão com a saúde comprometida. Trata-se de três momentos particulares de referenciação cujas ideias nucleares podem ser sintetizadas, com base nas cadeias referencias distinguidas, respectivamente, como (i) "aquele cara que está na turma", (ii) "aquele amigo" e (iii) "aquele cara ali".

Esses três conjuntos de enunciados são concernentes entre si e com relação aos demais enunciados do SegT, todos estando centrados no tópico "O problema das drogas", unidade que confere a todo o conjunto o estatuto de um mesmo e único SegT. No entanto, devido à distinção entre esses três momentos de reiteração de referentes, é possível dizer que há uma concernência mais intrínseca entre dois enunciados no interior de um desses conjuntos do que entre dois enunciados de conjuntos diferentes; assim, é possível afirmar, como mencionado anteriormente, que esses conjuntos representam "centrações" específicas no interior do SegT. É nesse sentido, portanto, que esses três conjuntos podem ser reconhecidos como um caso de encadeamento de grupos de enunciados de referenciação subsidiária; como se vê em (4), são grupos que se particularizam dentro do SegT e que estão, entre si, igualmente subordinados a uma mesma ideia nuclear.

Cabe notar que, em termos da relação central-subsidiário, é possível distinguir os encadeamentos central-subsidiário e subsidiário-subsidiário, mas não seria pertinente considerar um encadeamento do tipo central-central. Um encadeamento central-central equivaleria à adjacência de dois grupos de enunciados que expressam uma mesma ideia nuclear. Ora, se "dois grupos" de enunciados expressam a mesma ideia, não há razão para segmentá-los em dois grupos; tratar-se-ia de um único conjunto. Se parece haver boas razões para dividir uma série de enunciados em dois conjuntos de mesmo nível hierárquico (não configurando, pois, um encadeamento central-subsidiário), e se esses dois conjuntos, de fato, pertencerem ao mesmo SegT, eles, necessariamente, deverão compartilhar uma ideia comum mais abrangente, estando ambos igualmente subordinados a ela, e, portanto, tal situação, na verdade, será um caso de encadeamento subsidiário-subsidiário, e não central-central. Assim, a única possibilidade de se reconhecer dois (ou mais) agrupamentos centrais em um mesmo nível é se eles forem descontínuos, isto é, separados por um ou mais agrupamentos subsidiários.

Observe-se que, até aqui, analisamos o princípio central-subsidiário no que se refere à estruturação de SegTs inteiros. Porém, como mencionado acima, esse princípio aplica-se também a partes do SegT, ou seja, segmentos identificados como posição e suporte podem, por sua vez, recursivamente, ser estruturados também com base nessa mesma relação. Isso pode ser observado no SegT em (5a):

(5a) bom e isso é uma parte d/da adolescência mas é claro que a gente não tem... só isso claro que tem aquelas pessoas que sabem aproveitar (sabe) aquelas pessoas que tão sempre contando... com a mãe... com o pai com a família... que é/ com o namorado claro mas o namorado também eu acho que (não) tem que ser tudo na vida a gente tem que... saber ter amigos saber aproveitar...

ir numa balada não precisa beber tudo o que tem na balada... bebe o:: tem/o:: tanto que você acha que você vai aguentar... o tanto que você acha que vai ser legal pra VOcê se divertir não pra você passar mal... | porque o bom de uma balada não é você beber e depois sair vomitando e ficar... né todo mundo lá te olhando feio tal... (inint.) o legal é você beber pra ficar alegre... pra brincar não pra ficar estúpido com ninguém e tal... (AC-022; RO: L.562-572)

Como o tópico em (5a) é "Saber aproveitar a adolescência", pode-se analisar o trecho de 1-5 como posição, onde há referências mais diretas a essa ideia nuclear (enunciados sublinhados), e o trecho nas linhas 6-12 como suporte, cuja ideia poderia ser sintetizada como "Beber moderadamente em uma balada" (vejam-se os enunciados sublinhados nesse trecho), o que seria uma forma particular de desenvolver o tópico "Saber aproveitar a adolescência".

O suporte, por sua vez, pode ser também interpretado em duas partes. Os enunciados nas linhas 6-8 (até a barra) fazem referência mais direta à ideia "Beber moderadamente em uma balada" (observe-se, principalmente, o enunciado sublinhado na linha 6). Já os enunciados nas linhas 8-12 (a partir da barra) abordam essa ideia mais especificamente, ao desenvolverem-na por meio de referências que podem ser sintetizadas como "O bom de uma balada não é beber exageradamente" (o que é evidenciado, sobretudo, pelo trecho sublinhado na linha 9). Nesse caso, a ideia veiculada nas linhas 8-12 (a partir da barra) parece funcionar como argumento para sustentar a ideia nuclear referida nas linhas 6-8 (até a barra).

Nesse sentido, o SegT em (5a) poderia ser analisado como em (5b).

(5b) bom e isso é uma parte d/da adolescência mas é claro que a gente não tem... só isso claro que tem aquelas pessoas que sabem aproveitar (sabe) aquelas pessoas que tão sempre contando... com a mãe... com o pai com a família... que é/ com o namorado claro mas o namorado também eu acho que (não) tem que ser tudo na vida a gente tem que... saber ter amigos saber aproveitar...

ir numa balada não precisa beber tudo o que tem na balada... bebe o:: tem/o:: tanto que você acha que você vai aguentar... o tanto que você acha que vai ser legal pra VOcê se divertir não pra você passar mal...

porque o bom de uma balada não é você beber e depois sair vomitando e ficar... né todo mundo lá te olhando feio tal... (inint.) o legal é você beber pra ficar alegre... pra brincar não pra ficar estúpido com ninguém e tal... (AC-022; RO: L.562-572)

De acordo com essa análise, no âmbito do SegT inteiro, o trecho nas linhas 1-5 é identificado como posição e o trecho nas linhas 6-12, como suporte, enquanto, no âmbito do segmento nas linhas 6-12, as linhas 6-8 são identificadas como posição e as linhas 9-12, como suporte.

A recursividade da relação central-subsidiário constitui uma evidência bastante significativa do caráter fundamental dessa relação na estruturação intratópica. Ela mostra que tal relação não consiste simplesmente numa noção ocasional ou opcional, ligada isoladamente a uma ou outra parte do SegT, mas um princípio essencial de organização, que perpassa toda sua estruturação textual-interativa.

Convém destacar aqui a noção de posição e suporte mínimos. Trata-se de segmentos textuais que, no movimento descendente de reaplicação do princípio central-subsidiário, não comportam mais uma segmentação interna com base nessa relação tópica; em outras palavras, são posições e suportes que não podem, eles próprios, ser divididos em posições e suportes menores. Em termos de estruturação tópica, posição ou suporte mínimos não apresentariam complexidade interna em termos de organização em partes e subpartes, constituindo apenas um conjunto de enunciados encadeados linearmente. Em certos casos, é difícil decidir se um segmento textual já constitui posição ou suporte mínimos ou se ainda comporta uma segmentação a mais – um problema, aliás, que se coloca no centro da relação entre articulação textual-interativa e articulação gramatical. Porém, neste capítulo, não chegamos a propor critérios para uma delimitação mais precisa de posição e suporte mínimos, limitando-nos a indicar esse problema como um item relevante de pesquisa.

Finalmente, é interessante observar um último fato ligado à relação central-subsidiário que também seria uma evidência de que a estruturação intratópica, no gênero relato de opinião, estaria fundamentada nessa relação. Trata-se do fato de que, ao se proceder à segmentação de SegTs de acordo com tal princípio, a maioria das partes e subpartes identificadas são introduzidas por expressões sequenciadoras. A esse respeito, Penhavel (2010) verifica, em seus dados, que, em 68% dos casos, as unidades com estatuto de posição e suporte são introduzidas por algum tipo de expressão sequenciadora. Todos os SegTs discutidos anteriormente, por exemplo, ilustram a recorrência de expressões desse tipo.

A incidência relativamente alta de expressões sequenciadoras no início das (sub)partes que podem ser distinguidas com base na relação central-subsidiário é uma evidência expressiva de que os momentos de transição entre o que estamos considerando como posição e suporte, com efeito, constituem momentos de articulação, ou sequenciamento, na construção do SegT e, portanto, parece constituir também uma importante evidência de que a relação posição-suporte pode ser tomada como princípio fundamental de estruturação intratópica.

Em síntese, conforme procuramos mostrar até aqui, a estruturação interna de SegTs mínimos, no gênero relato de opinião, pode ser entendida como consistindo na combinação, potencialmente recursiva, de agrupamentos centrais de enunciados e agrupamentos subsidiários relativamente ao tópico do SegT (e a aspectos desse tópico), sendo que três principais fatos parecem indicar a natureza fundamental da relação central-subsidiário: (i) a regularidade dessa relação; (ii) a recursividade da relação; (iii) a incidência expressiva de itens sequenciadores no início das (sub) partes identificadas com base em tal relação.

O princípio central-subsidiário possibilita uma grande variabilidade de formas de estruturação intratópica. O SegT e, possivelmente, suas partes componentes poderão efetivar-se, por exemplo, em uma sequência de um agrupamento central seguido de um, dois, três ou mais subsidiários, em uma sequência de um, dois, três ou mais agrupamentos subsidiários seguido(s) de um central, em uma alternância subsidiário-central-subsidiário-central etc. Trata-se de um modo de organização tópica que parece recobrir as mais diversas estruturas que os SegTs mínimos do gênero relato de opinião podem assumir.

Considerando, então, esse esquema de estruturação intratópica, é possível proceder a uma primeira generalização sobre a noção de sequenciamento tópico (e sobre o traço "sequenciador tópico") nesse nível de análise. Pode-se dizer que, no plano da estruturação intratópica, no caso do gênero relato de opinião, os pontos de sequenciamento tópico correspondem aos pontos de transição entre conjuntos de enunciados com estatuto de posição e conjuntos com estatuto de suporte e entre diferentes conjuntos com estatuto de suporte. E, portanto, pode-se dizer que, nesse plano de organização tópica, uma expressão apresentará o traço "sequenciador tópico" quando for um sequenciador e introduzir conjuntos de enunciados com estatuto de posição ou de suporte.

Essa generalização, para nós, representa um passo significativo no que diz respeito à caracterização da noção de sequenciamento tópico (e do respectivo traço "sequenciador tópico") no plano da estruturação intratópica, abrangendo, aí, a maioria (talvez a totalidade) dos casos de sequenciamento tópico. Não obstante, parece haver, ainda, uma segunda situação de sequenciamento linguístico no domínio da estruturação interna de SegTs que também poderia ser vista como sequenciamento tópico, que seria o encadeamento de enunciados no interior de posição e suporte mínimos. E essa hipótese é o que discutimos na próxima seção.[4]

A noção de "sequenciamento tópico" na articulação interna de unidades tópicas mínimas

Na maioria das vezes, posição e suporte mínimos são formados por um único enunciado, curto ou mais extenso, ou por dois ou mais enunciados com forte integração sintática entre si. Essa situação pode ser observada no exemplo em (6).

(6) [...]
e:: aí a criança cresce mas ela vai sentir... eu acho que a criança sente falta da família...

    porque ela num tem... um lugar... né ela acaba ficando sem um espaço...
    porque a vó num é... mãe... a mãe num é pai... e o pai num é a mãe... né...

então ela vai crescendo com aquela... (AC-102; RO: L.362-365)

O trecho em (6) estrutura-se em posição (linhas 1-2), suporte (linhas 3-4) e novamente posição (linha 5). Observe-se que, em cada uma dessas três unidades, não seria mais pertinente uma segmentação, por exemplo, entre a apresentação de uma ideia mais geral (uma posição) e o desenvolvimento dessa ideia (um suporte); antes, cada unidade constitui uma estrutura de natureza gramatical, como a posição nas linhas 1-2, que, de forma bastante simplificada, pode ser analisada como uma sentença complexa formada por duas orações coordenadas pela conjunção "mas". Nessas situações, expressões sequenciadoras conectando partes dos enunciados ou diferentes enunciados podem ser analisadas de acordo com o traço "sequenciador frasal", como é o caso de "mas" na ocorrência mencionada.

Por outro lado, há casos em que posição e suporte mínimos compreendem dois ou mais enunciados entre os quais parece não haver, como nos casos exemplificados em (6), apenas relações de natureza gramatical, como num período composto por coordenação e subordinação sintáticas. Posição e suporte compreenderiam um encadeamento de enunciados, sintaticamente simples ou complexos, em que cada novo enunciado vai sendo acrescentado aos anteriores de modo que se obtenha, no total, em termos de interpretação tópica, uma única e mesma ideia que possa funcionar como posição ou suporte – razão pela qual esse encadeamento não pode, ele próprio, ser segmentado em posição e suporte. A esse respeito, a hipótese aqui levantada é que, em tais casos, o sequenciamento entre os enunciados encadeados poderia ser entendido como sequenciamento tópico, e não frasal.

Esse caso particular de diferença entre sequenciamento tópico e frasal corresponderia à diferença, identificada por Halliday e Hasan (1976), no caso particular da relação marcada por "*and*" ("e"), entre "*and*" como um elemento coordenativo, vinculado a uma relação de natureza estrutural, e "*and*" como elemento coesivo, ligado a uma relação de caráter textual. Similarmente, Camacho e Penhavel (2004) consideram uma diferença desse tipo, também no caso particular do conectivo "e". Os autores admitem uma diferença entre o uso de "e" como coordenador, quando o item marca uma relação de natureza gramatical, atuando no processo de coordenação, e seu uso como marcador discursivo, quando marca uma relação de natureza textual-interativa, sendo usado no processo de articulação tópica.

O exemplo seguinte (Camacho e Penhavel, 2004: 115-116) é bastante ilustrativo dessa diferença. No exemplo, nas ocorrências de "e" (grafado como "i") no início das linhas, o item é descrito como marcador e, na ocorrência no interior da linha 6, é descrito como coordenador.

(7) bom éh:: a situaçãu dididi pirigu mais recenti ... fo::i quandu eu tava viajanu ...
eu dô aula fora também ...
i:: já tava iscuru era umas oitu horas da noiti mais ou menus ...
i:: u carru qui tava na minha frenti ...
era uma pista dupla a gente tava ultrapassanu um caminhão ... éh::
i:: ne/nessi pontu da rodovia tinha um postu di gasulina **i** uma pessoa tava atravessanu ...
a pista
i:: mas era iscuru ...
i:: comu a genti tava ultrapassanu u caminhão ... (Doc. Uhun)
u carru qui tava na minha frenti .. éh:: atropelô ... essa pessoa ...
i:: só qui eu num vi... nada

O tipo de diferença entre sequenciamento tópico e frasal em pauta parece referir-se a uma diferença bastante sutil; seria uma diferença hierárquica entre sequenciamentos distintos no interior de um dado segmento textual. Guerra (2007) propõe a análise dessa diferença mediante o contrabalanceamento de três critérios: (i) grau de integração sintática e semântico-pragmática entre dois segmentos relacionados num dado sequenciamento; (ii) grau de integração prosódica entre os segmentos; (iii) grau de relevância textual-interativa dos segmentos. De fato, esses três critérios parecem satisfatórios para a análise em questão, como passamos a discutir. Porém, uma reformulação que parece viável, e que é justamente o que adotamos aqui, é a de que seria mais pertinente e eficaz aplicar esses critérios não em relação ao SegT como um todo, mas em relação a posição e suporte mínimos.

O grau de integração sintática e semântico-pragmática seria o critério mais básico nessa distinção. A ausência ou o baixo grau de integração entre dois segmentos seriam indícios de que o sequenciamento entre eles não seria frasal. Comparem-se os funcionamentos de "porque" e "e" destacados em (8) e (9).

(8) ... elas são bem tratadas elas se vestem muito bem... elas até comem bem... né...
se calçam bem... né... tão na moda...vão e saem... mas tem problema psicológico
porque há a falta desse pai e dessa mãe... (AC-102; RO: L.370-372)

(9) aí eu falei pá minha mãe que eu ia trabalha:::r... em São PAulo né aí minha mãe
falou assim – "mas cê num conhece nada LÁ meu filho como cê vai trabalhar lá
em São Paulo?" – eu falei – "não mãe" – *e e* aqui em MiraSSOL naquela época
tava:: ruim de serviço né... aí até meu pai num tinha serviço aqui... aí eu peguei e
fui embora pá São Paulo... (AC-129; NE: L.6-10)

Em (8), as duas orações imediatamente ligadas por "porque" mantêm entre si uma relação sintática que poderia ser entendida como uma típica estrutura de natureza hipotática, sendo possível recuperar entre elas uma relação clara de causa-consequência, características que permitiriam reconhecer o sequenciamento marcado pelo item "porque" como um possível sequenciamento frasal. Inclusive, é possível considerar que todo o trecho em (8) formaria uma estrutura sintaticamente integrada, em que haveria cinco ou seis orações ligadas por uma relação de parataxe ([elas são bem tratadas] [elas se vestem muito bem...] [elas até comem bem... né...] [se calçam bem... né...] [tão na moda...] [vão e saem]), estando esse conjunto inteiro ligado, também por uma relação de parataxe, agora marcada pela conjunção "mas", à oração complexa "tem problema psicológico porque há a falta desse pai e dessa mãe...", a qual, por sua vez, seria formada por uma relação de hipotaxe entre suas duas orações constituintes, marcada pela conjunção "porque".

Já em (9), a oração introduzida pela conjunção "e" representa um desvio no encadeamento de orações que vem sendo empreendido. Dentre outras diferenças, vão sendo coordenadas orações veiculando estados de coisas que representam ação ("aí eu falei [...] aí minha mãe falou [...] eu falei [...]"), enquanto o estado de coisas veiculado pela oração introduzida por "e" representa estado ("aqui em MiraSSOL naquela época tava:: ruim de serviço né"); inclusive, após o conjunto formado pela oração introduzida por "e" e pela oração seguinte, a qual também representa Estado ("aí até meu pai num tinha serviço aqui..."), o falante retoma o encadeamento, anteriormente suspenso, de orações representando ação ("aí eu peguei e fui embora pá São Paulo..."). Essa configuração não impediria, necessariamente, que as orações ligadas por "e" constituíssem uma estrutura sintática, mas indicaria, pelo menos, que elas não formariam uma estrutura gramatical típica ou com forte integração sintática, representando, pois, um indício de possível sequenciamento tópico, e não frasal, nesse ponto do texto.

Com efeito, o grau de integração sintática e semântico-pragmática seria um critério pertinente e significativo na distinção entre sequenciamento tópico e frasal. Ele está vinculado à noção de que o sequenciamento frasal, como proposto em Risso, Silva e Urbano (2006), envolve a articulação dos constituintes de orações simples ou complexas, que formam uma estrutura gramatical, enquanto o sequenciamento tópico envolveria a articulação de segmentos entre os quais, naturalmente, poderia haver menor, ou nenhum, vínculo gramatical, já que a unidade entres eles seria garantida por relações de natureza tópica, particularmente pela propriedade de centração.

Conforme sugerido em Guerra (2007), o cálculo do grau de integração sintática e semântico-pragmática entre dois segmentos poderia ser feito pela aplicação das noções de "parataxe", "hipotaxe" e "subordinação" (Hopper e

Traugott, 1993), que, nessa ordem, representam graus progressivamente maiores de integração entre dois segmentos. Para a autora, o grau mínimo de integração poderia ser considerado os casos em que dois segmentos formam uma estrutura paratática por justaposição de construção ou por ligação por "conectivo" que não necessariamente sinaliza relação lógico-semântica entre os segmentos, como seria o caso mostrado em (9).[5]

O segundo critério proposto em Guerra (2007) é o grau de integração prosódica entre os segmentos relacionados em um dado sequenciamento. Ele se mostra importante na medida em que, por exemplo, há casos de sequenciamento em que seria possível reconhecer integração sintática e semântico-pragmática, mas certos aspectos prosódicos indiciam sequenciamento tópico. Em (10), embora seja possível considerar a presença de integração sintática e semântico-pragmática entre os segmentos ligados pelo item "porque", eles pertencem a grupos entonacionais diferentes, há pausa antes e depois de "porque", e este é prosodicamente alongado.

(10) bom... éh:: como a:: própria sociedade... pregou há alguns anos... né disse há alguns anos... que... a família é uma... era uma instituição falida... né... mas éh:: eu vejo que... a recuperação da nossa sociedade não é... seria através também DA família... *porque::...* veja bem... é na família que o ser humano cresce... é ali que ele vai ser educado... éh:: ali que ele vai receber todas as orientações princi/ básicas... né prá ele se tornar uma pessoa (AC-102; RO: L.343- 348)

Essas características prosódicas, que representam uma ausência de integração entre as unidades ligadas, normalmente indicam que os segmentos em questão não constituem uma mesma estrutura. Conforme considerado em Guerra (2007), segmentos constituindo tipicamente uma mesma estrutura gramatical apresentam, em geral, contorno entonacional descendente apenas no final do conjunto e, quando há expressões sequenciadoras no seu interior, estas normalmente não são prosodicamente alongadas e não são seguidas nem precedidas por pausa.

O critério de grau de integração prosódica está vinculado à visão de que os pontos de sequenciamento tópico constituem novos passos na progressão do texto, havendo, nesses locais, maior tendência para que ocorram certas características prosódicas como pausas e alongamentos de vogais, típicas dos momentos em que o falante está planejando o discurso subsequente. Isso não significa, de forma nenhuma, que tais aspectos prosódicos não ocorram no interior de estruturas sentenciais ou em pontos de sequenciamento frasal; seria uma questão de diferença de frequência.

Nesse sentido, Jubran et al. (2002) e Jubran (2006), de fato, identificam a entonação e a hesitação dentre os mecanismos linguístico-discursivos que marcam pontos de sequenciamento tópico, no caso, pontos de transição entre SegTs. Similarmente, em Penhavel (2009), também são considerados fatores prosódicos na caracterização do sequenciamento tópico. Em tal trabalho, assim como em Camacho e Penhavel (2004), admite-se a distinção, no uso do conectivo "e", entre as funções de coordenador e marcador discursivo, diferença discutida também com base no exemplo transcrito em (7), repetido abaixo em (11) (Penhavel, 2009: 272).

(11) bom éh:: a situaçãu dididi pirigu mais recenti ... fo::i quandu eu tava viajanu ...
eu dô aula fora também ...
i:: já tava iscuru era umas oitu horas da noiti mais ou menus ...
i:: u carru qui tava na minha frenti ...
era uma pista dupla a gente tava ultrapassanu um caminhão ... éh::
i:: ne/nessi pontuda rodovia tinhaumpostu digasulina **i** uma pessoa tava atravessanu ... a pista
i:: mas era iscuru ...
i:: comu a genti tava ultrapassanu u caminhão ... (Doc. Uhun)
u carru qui tava na minha frenti .. éh:: atropelô ... essa pessoa ...
i:: só qui eu num vi... nada

Nesse exemplo, nas ocorrências em que "e" ("i") é analisado como marcador (aquelas no início das linhas), considera-se que sua função não seja a de ligar, num nível local, o segmento que introduz ao imediatamente anterior, mas a de ligar, num nível global, o segmento introduzido a todo o bloco discursivo precedente. O segmento introduzido constituiria uma nova informação necessária para a construção da informação global e não propriamente para a organização local do conteúdo de uma sentença. Essa função seria evidenciada, dentre outras coisas, pelo fato de, em todas as ocorrências em pauta, o conectivo ser prosodicamente prolongado e (exceto em uma ocorrência) ser precedido de pausa. Seria uma situação diferente da que figura na organização prosódica do trecho envolvendo a ocorrência em que o item é analisado como coordenador (trecho sublinhado no exemplo). Dessa vez, o conectivo não é alongado, não há pausas em torno dele, e os dois segmentos que liga são pronunciados com uma velocidade de fala maior que a dos demais segmentos, indicando que o conjunto das duas partes ligadas, e não cada uma individualmente, é que constitui o próximo passo na progressão do texto.

A esse respeito, em Penhavel (2009), é sintetizada uma característica do processo de coordenação (correspondente a um processo de sequenciamento frasal), em oposição ao processo de articulação discursiva (equivalente ao de sequenciamento tópico), que confirma a generalização proposta em Guerra (2007) sobre a integração prosódica como critério de identificação de sequenciamento frasal. De acordo com aquele trabalho, no processo de coordenação, o falante projeta o conjunto coordenado como uma estrutura única no discurso, em que os primeiros membros coordenados já preveem os últimos e estes pressupõem aqueles, de modo que os segmentos coordenados normalmente são enunciados com aumento na velocidade de fala e não são interrompidos por pausa. Enfim, trata-se de uma análise das configurações prosódicas envolvendo o uso do conectivo "e" que estaria em consonância com o critério referente ao grau de integração prosódica proposto em Guerra (2007).

Finalmente, o terceiro critério para distinção entre sequenciamento tópico e frasal diz respeito ao grau de relevância textual-interativa dos segmentos relacionados num dado sequenciamento. Aqui, trata-se da relevância do papel que um segmento exerce na construção tópica de posições e suportes mínimos. Um segmento teria relevância quando é possível interpretá-lo como um membro de um conjunto de elementos equivalentes entre si que igualmente contribuem para a construção da ideia caracterizadora de um trecho de um SegT como posição ou suporte mínimos. Em outras palavras, os segmentos relevantes seriam aqueles que poderiam ser depreendidos como membros coordenados entre si, em termos de estatuto tópico, dentro de posição e suporte mínimos.

Para ilustrar esse critério por meio de um exemplo simples, considere-se o exemplo hipotético em (12), em que o enunciado na linha 1 seria uma posição mínima, que expressaria a ideia "Insatisfação dos funcionários", e os enunciados nas linhas 2-4 formariam um suporte mínimo, organizado em torno da ideia "Reivindicações dos funcionários".

(12) os funcionários estão muito insatisfeitos com a diretoria ultimamente ... 1

o José está movendo uma ação na Justiça contra a diretoria da empresa ... 2
a Ana fez uma assembleia com os funcionários e recrutou vários aliados ... 3
o Pedro encaminhou uma lista de reivindicações para os diretores ... 4

No suporte nas linhas 2-4, a estratégia de progressão tópica seria encadear informações a respeito de diferentes funcionários (José, Ana e Pedro). Assim, de acordo com o critério do grau de relevância textual-interativa (que também poderia ser tratado como "grau de relevância tópica"), teriam relevância os segmentos em cada uma das linhas, já que estariam construídos em torno de cada funcionário. Dessa forma, o enunciado "recrutou vários aliados", em si, não teria estatuto tópico, na medida em que não alcançaria a projeção de um item na construção tópica do suporte em foco; o segmento que ostentaria tal estatuto seria o conjunto inteiro na linha 3, que conteria a totalidade da informação apresentada sobre um dos funcionários encadeados no suporte.

A noção de relevância textual-interativa pode ser também ilustrada pelo primeiro suporte (linhas 1-8) do SegT em (13a); nesse suporte, cada um dos segmentos entre colchetes seria um dos itens encadeados, um dos elementos equivalentes entre si.

(13a) [bom... eu acho que:: éh:: nós somos um país rico aí em petróleo... e:: várias
aí:: refinari::as eu acho que a gente:: é um país muito rico... e:: ter que::]

[e:: a/ Acho que:: o dólar sobe... o:: sobe o combustível]
[eu acho que a gente não tem nada... éh:: (problema) do dólar]

[é claro que hoje o dólar é u::m... é u::ma moeda forte aí que ma::nda tudo
apesar não é a nossa moeda... mas éh:: tudo um... subi::u a:: bo::lsa do/ de
Nova Io::rque quebrou não sei o que... éh:: a taxa de:: éh:: éh um monte de::
de fatores aí que só/éh que reflete tudo na nossa economia...]

então... eu acho que:: sei lá... teria que ter alguma fó::rmula de::

porque:: acho que é muito dinhe::iro envolvido nós somos um país muito
ri::co em petróleo e ter que:: compra::r petróleo de outros paí::ses aí acaba::
encadeando assim no no bolso do brasileiro...

então eu acho que a gente tinha que:: sei lá fazer uma forma aí um prote::sto...
(AC-077; RO: L.203-213)

O tópico do SegT acima poderia ser sintetizado como "Necessidade de protesto contra o aumento do preço dos combustíveis".[6] O suporte nas linhas 1-8 parece girar em torno da ideia "Razões para o protesto", e, nesse sentido, cada segmento isolado entre colchetes representaria uma das razões. Haveria aí quatro razões: riqueza do país em combustível (linhas 1-2),[7] influência do dólar sobre o preço do combustível (linha 3), necessidade de independência do país em relação ao dólar (linha 4), influência exagerada do dólar sobre a economia brasileira (linhas 5-8). Observe-se que, no final desse suporte, seria todo o conjunto formado pelas linhas 5-8 que encontraria relevância tópica, e não, por exemplo, cada uma das partes ligadas pela conjunção "mas" separadamente.[8] Nesse trecho, nas linhas 5-8, a primeira das partes ligadas por "mas" (de "é claro" até "nossa moeda"), em termos de conteúdo, não poderia, sozinha, ser uma razão para o referido protesto contra o aumento do preço dos combustíveis, já que a informação expressa nessa parte é a de que o dólar seria, de fato, uma moeda forte, o que legitimaria sua influência sobre o Brasil e o consequente aumento dos preços dos combustíveis; essa parte, na verdade, parece funcionar como uma ressalva que introduz a informação principal, prefaciada por "mas", de que a influência do dólar é exagerada (informação esta que seria, então, o argumento favorável ao protesto). E, portanto, o trecho anterior à conjunção "mas", em si, não encontraria relevância tópica dentro do suporte, sendo apenas parte de um trecho relevante maior.

Em outras palavras, os elementos com relevância tópica no final do suporte seriam os distinguidos em (13a), e não os destacados em (13b).

(13b) [...]

[eu acho que a gente não tem nada... éh:: (problema) do dólar]

[é claro que hoje o dólar é u::m... é u::ma moeda forte aí que ma::nda tudo apesar não é a nossa moeda...]

[mas éh:: tudo um... subi::u a:: bo::lsa do/ de Nova Io::rque quebrou não sei o que... éh:: a taxa de:: éh:: éh um monte de:: de fatores aí que só/éh que reflete tudo na nossa economia...]

No caso do suporte em pauta, então, a aplicação do critério de relevância textual-interativa apontaria para a análise de que as transições entre os segmentos isolados por colchetes em (13a) constituiriam casos de sequenciamento tópico, enquanto o sequenciamento marcado pela conjunção "mas" no interior do trecho nas linhas 5-8 seria frasal.

Enfim, o critério de relevância textual-interativa diz respeito ao peso que dois segmentos relacionados num dado sequenciamento linguístico manifestariam na construção tópica de posições e suportes mínimos.

Em síntese, o ponto central desta seção foi analisar os três critérios de distinção entre sequenciamento tópico e frasal sugeridos em Guerra (2007) – integração sintática e semântico-pragmática, integração prosódica e relevância tópica –, adaptando-os para o nível de posições e suportes mínimos. Com efeito, tais critérios são os que têm se mostrado mais relevantes na análise do caráter tópico ou frasal de sequenciamentos linguísticos nesse plano de organização tópica. É provável que outros aspectos também interfiram na natureza de um dado sequenciamento, mas, por ora, tais critérios, parece-nos, seriam os principais que deveriam ser considerados.

Mais especificamente, a proposta formulada em Guerra (2007) é a de que, para calcular o estatuto tópico ou frasal de um dado sequenciamento linguístico no interior de um SegT, os referidos critérios devem ser levados em consideração de modo integrado. A proposta é a de que o cálculo seja feito mediante um contrabalanceamento dos três critérios. A esse respeito, com base em levantamento e análise de dados, no referido trabalho são sugeridas as seguintes generalizações (aqui apresentadas de forma ligeiramente adaptada):

- quando um segmento apresentar relevância textual-interativa, apenas uma única evidência prosódica[9] ou uma relativa ausência de integração sintática e semântico-pragmática[10] serão suficientes para confirmar o estatuto tópico do segmento;
- quando um segmento apresentar relevância textual-interativa parcial,[11] terá estatuto tópico se houver mudança de entonação ou a coocorrência das outras três evidências prosódicas ou se não houver integração sintática e semântico-pragmática;
- quando um segmento não apresentar relevância textual-interativa, terá estatuto tópico apenas se houver mudança de entonação ou coocorrência das outras três evidências prosódicas e se não houver integração sintática e semântico-pragmática.[12]

Nossa impressão é que esse contrabalanceamento também seria válido para a sugestão aqui esboçada de considerar os critérios em foco no âmbito de posição e suporte mínimos. Ao que parece, ele, de fato, permitiria uma identificação bastante satisfatória de pontos de sequenciamento tópico (e, assim, do traço "sequenciador tópico") nesse nível de organização textual. De qualquer forma, a eficácia de tais critérios e essa forma de integrá-los representam ainda hipóteses a serem analisadas com mais detalhes, as quais podem constituir temas interessantes para outras pesquisas.

Considerações finais

Neste capítulo, procuramos discutir o problema da diferença entre sequenciamento tópico e frasal no plano da organização interna de SegTs mínimos. Defendemos que, no caso do gênero relato de opinião, o SegT mínimo é estruturado em unidades e subunidades com estatuto do que chamamos de "posição" e "suporte" e sugerimos que os pontos de transição entre essas (sub)unidades sejam considerados pontos de sequenciamento tópico. Ademais, assumimos a hipótese de existência de sequenciamento tópico no interior de posições e suportes mínimos e propusemos que, nesse nível, a diferença entre sequenciamento tópico e frasal seja calculada com base no contrabalanceamento entre três critérios: (i) integração sintática e semântico-pragmática, (ii) integração prosódica e (iii) relevância tópica.

A discussão sobre as noções de sequenciamento tópico e frasal é um tema que, a nosso ver, suscita uma série de questões relevantes dentro da Gramática Textual-Interativa (algumas já citadas no decorrer do capítulo), as quais podem vir a constituir itens interessantes na agenda de pesquisa dessa abordagem.

No que diz respeito propriamente à noção de sequenciamento, um ponto que poderia ser definido de forma mais precisa seria o que constitui um sequenciamento linguístico, questão que estaria ligada à precisão da diferença entre os traços "sequenciador" e "não sequenciador". Além disso, poderia ser questionado o caráter necessariamente exclusivo da distinção entre sequenciamento tópico e frasal.

Como procuramos destacar, a questão do tipo de sequenciamento linguístico está diretamente ligada à análise da estruturação do SegT mínimo em (sub)partes constituintes. Nesse sentido, em primeiro lugar, caberia verificar mais detalhadamente a pertinência da proposta da relação central-subsidiário (ou posição-suporte) como princípio fundamental de estruturação intratópica no gênero relato de opinião, de modo a corroborar, reformular ou refutar tal proposta. E, caso a relação central-subsidiário se mostre, de fato, pertinente, cabe definir critérios para a identificação de posições e suportes mínimos, assim como propor análises da estruturação tópica interna dessas unidades.

Além disso, um dos principais temas de pesquisa para o qual este trabalho aponta seria estender a análise aqui proposta para outros gêneros textuais e identificar os princípios de estruturação intratópica caracterizadores de outros gêneros. Isso permitiria construir um inventário dos diferentes princípios que os falantes teriam à disposição no momento da construção de textos e permitiria, ainda, comparar esses princípios e propor (possíveis) generalizações. Trata-se de um tipo de investigação que viria a contribuir não apenas, especificamente, para a reflexão sobre o problema do sequenciamento tópico/frasal, mas também para a obtenção de uma teorização mais aprofundada a respeito do processamento tópico do texto, que, afinal, constitui o objeto de estudo central da GTI.

Para concluir, é interessante observar, como ressaltamos no início do capítulo, que a discussão sobre as noções de sequenciamento tópico e frasal, para além de sua relevância no contexto específico da GTI, pode oferecer contribuições significativas para os estudos linguísticos em termos mais gerais. Tal discussão representa uma forma privilegiada de explorar a relação entre gramática e texto/discurso. Como visto, principalmente no nível da organização interna de posições e suportes mínimos, a distinção entre os dois tipos de sequenciamento parece envolver a integração de fatores de diversas ordens, sendo, pois, um tema favorável não só à reflexão sobre diferenças e similaridades entre organização gramatical e textual/discursiva, mas também à análise das interfaces entre diferentes disciplinas, questões constantemente centrais (e controversas) nos estudos linguísticos.

Notas

1 Conforme estamos expondo aqui, o *tópico discursivo* constitui um princípio que os falantes seguem quando estão construindo e interpretando textos, sendo a centração e a organicidade aspectos desse princípio. Paralelamente, o tópico discursivo pode ser entendido – conforme, aliás, é definido na GTI (cf. Jubran, 2006) – como uma categoria analítica, utilizada metodologicamente pelo analista para reconhecer e recortar partes e subpartes de um texto e proceder a sua análise, sendo a centração e a organicidade entendidas, nesse caso, como propriedades dessa categoria ou, em outros termos, como critérios analíticos.

2 Neste capítulo, não discutimos a distinção entre os traços "sequenciador" (seja tópico, seja frasal) e "não sequenciador", já que tal distinção, a princípio, é menos controversa que a aqui focalizada, embora consideremos que também essa oposição entre os traços "sequenciador" e "não sequenciador" mereça maior refinamento dentro da GTI.

3 Os dados analisados aqui são extraídos do Banco de Dados IBORUNA (Gonçalves, 2007).

4 Neste capítulo, usamos a ideia de "estruturação intratópica" para recobrir a articulação entre (sub)partes de SegTs mínimos, assim como o encadeamento de enunciados dentro das subpartes mínimas (isto é, dentro de posições e suportes mínimos) – e, assim, incluímos a seção "A noção de 'sequenciamento tópico' na articulação interna de unidades tópicas mínimas", a seguir, no âmbito da discussão sobre sequenciamento tópico no plano da estruturação intratópica. De qualquer forma, uma questão a ser pensada seria considerar a articulação interna de subpartes mínimas como uma situação particular caracterizadora de sequenciamento tópico, não a tratando em termos de "estruturação intratópica".

5 Utilizamos aqui o conceito de gradação entre orações desenvolvido por Hopper e Traugott (1993) apenas operacionalmente, como uma questão relativamente bem resolvida, sem consideração a todos os critérios apontados pelos autores. O objetivo é o de, ao se deparar com uma construção hipotática, classificá-la, de antemão, como uma construção menos integrada do que uma construção subordinada e, ao mesmo tempo, como mais integrada que uma construção paratática, e não discutir detalhadamente quais os critérios que fazem com que essa construção hipotática ocupe esse lugar em relação à subordinada e à paratática, ou mesmo discutir se esse seria o lugar exato para essa construção. Essa metodologia pode ser adotada porque a consideração detalhada desses critérios não afetaria de maneira decisiva a classificação final de um item como sequenciador tópico ou frasal.

6 A título de esclarecimento, convém observar que o SegT em (13a) é formulado em resposta à pergunta "... qual seria sua opinião a respeito do aumento... dos combustíveis... hoje em dia?".

7 O sentido pretendido pelo falante nas linhas 1-2, que parece ser interrompido, pode ser recuperado mais adiante, nas linhas 10-12, que retomam as linhas iniciais 1-2 – observe-se a repetição, quase exata, "nós somos um país muito ri::co em petróleo e ter que::". Dessa forma, o sentido do segmento nas linhas 1-2, segundo nossa interpretação, seria o seguinte: o país é rico em petróleo, tornando desnecessária sua importação, já que esta encareceria o preço pago pelo consumidor. Dado esse sentido, as linhas 1-2 poderiam, então, ser recuperadas como uma razão para o protesto contra o aumento do preço dos combustíveis.

8 Para nós, o sentido do segmento nas linhas 5-8, com a atuação do item "mas", seria, de forma reduzida como: "Devemos admitir que o dólar seja uma moeda influente, mas a influência sobre o Brasil é exagerada".

9 Segundo nossa interpretação, o sentido do segmento nas linhas 5-8, em que atuaria o item "mas", seria, de forma reduzida e adaptada, o seguinte: "Devemos admitir que o dólar seja uma moeda influente, mas a influência sobre o Brasil é exagerada".

10 Como evidência de distinção entre sequenciamento frasal e tópico, Guerra (2007) sugere que a subordinação pode ser considerada como presença de integração sintática e semântico-pragmática, a hipotaxe e a parataxe por coordenação e por justaposição com relação semântica podem ser tomadas como integração parcial (sendo que as primeiras representam graus de integração maiores que as seguintes) e a parataxe por justaposição de construção ou por ligação por conectivo que não sinaliza relação lógico-semântica entre os segmentos (mas uma relação de natureza primariamente discursiva) pode ser entendida como ausência de integração.

11 Relevância textual-interativa parcial refere-se ao caso em que um segmento permite interpretação como sendo uma parte na estruturação do SegT e como sendo apenas a continuação gramatical de uma sentença anterior.

12 Como pode ser observado, o contrabalanceamento pressupõe um peso maior do critério relativo ao grau de relevância tópica e, dentre os traços prosódicos, a mudança entonacional como maior evidência de sequenciamento tópico.

Bibliografia

Camacho, R. G.; Penhavel, E. Uso multifuncional e níveis de análise: interface gramática e discurso. *Revista do GEL*, 2004, v. 1, n. 1, pp. 101-121.

Gonçalves, S. C. L. *Projeto ALIP (Amostra Linguística do Interior Paulista)*: o português falado na região de São José do Rio Preto – constituição de um banco de dados anotado para o seu estudo. São José do Rio Preto, Unesp, 2007 (Relatório Fapesp).

Guerra, A. R. *Funções textual-interativas dos marcadores discursivos*. São José do Rio Preto, 2007. Dissertação (Mestrado em Estudos Linguísticos) – Unesp.

Halliday, M. A. K.; Hasan, R. *Cohesion in English*. London: Longman, 1976.

Hopper, P. J.; Traugott, E. C. *Grammaticalization across clauses*. Cambridge: Cambridge University Press, 1993.

JUBRAN, C. C. A. S. Tópico Discursivo. In: JUBRAN, C. C. A. S.; KOCH, I. G. V. (Orgs.). *Gramática do português culto falado no Brasil*. Campinas: Ed. da Unicamp, 2006, v. 1, pp. 89-132.

______. Uma gramática textual de orientação interacional. In: CASTILHO, A. T.; MORAIS, M. A. T.; LOPES, R. E. V. et al. (Orgs.). *Descrição, história e aquisição do português brasileiro*. Campinas/São Paulo: Pontes/Fapesp, 2007.

JUBRAN, C. C. A. S. et al. Organização tópica da conversação. In: ILARI, R. (Org.). *Gramática do português falado*. Campinas: Unicamp, 2002, v. 2, pp. 341-420.

JUBRAN, C. C. A. S.; KOCH, I. G. V. (Orgs.). *Gramática do português culto falado no Brasil*. Campinas: Unicamp, 2006, v.1

PENHAVEL, E. Funções do conectivo "e" na articulação do discurso. In: PEZATTI, E. G. (org.). *Pesquisas em gramática funcional*. São Paulo: Unesp, 2009, pp. 257-290.

______. *Marcadores discursivos e articulação tópica*. Campinas, 2010. Tese (Doutorado em Linguística) – Unicamp.

RISSO, M. S.; SILVA, G. M. O.; URBANO, H. Traços definidores dos Marcadores Discursivos. In: JUBRAN, C. C. A. S.; KOCH, I. G. V. (Orgs.). *Gramática do português culto falado no Brasil*. Campinas: Unicamp, 2006, v. 1, pp. 403-425.

O organizador

Edson Rosa de Souza possui licenciatura em Letras pela Universidade Estadual Paulista (IBILCE/Unesp) e mestrado em Estudos Linguísticos pela mesma instituição, sob a orientação da profa. dra. Marize Mattos Dall'Aglio-Hattnher. Obteve o título de doutor em Linguística pelo Instituto de Estudos da Linguagem (IEL/Unicamp) sob a orientação da profa. dra. Ingedore Grunfeld Villaça Koch. Cursou ainda o doutorado sanduíche na Universiteit van Amsterdam (Amsterdã, Holanda), na área de Gramática Discursivo-Funcional, sob a orientação do prof. dr. Kees Hengeveld. Atualmente é pesquisador do CNPq e professor adjunto da Universidade Federal de Mato Grosso do Sul – UFMS, *campus* de Três Lagoas/MS. Tem experiência na área de Linguística, com ênfase em Teoria e Análise Linguística, atuando nos seguintes temas: gramática discursivo-funcional, gramaticalização, morfossintaxe, advérbios, conjunções e texto.

Os autores

Alessandra Regina Guerra possui licenciatura em Letras pela Universidade Estadual Paulista e mestrado em Estudos Linguísticos pela mesma universidade. Atualmente é professora substituta da Universidade Federal de Mato Grosso do Sul (UFMS), *campus* de Três Lagoas. Tem experiência na área de Linguística, com ênfase em Linguística Textual e Gramática Funcional, atuando principalmente nos seguintes temas: marcadores discursivos, organização tópica, atos discursivos interativos.

Ataliba Teixeira de Castilho é licenciado em Letras Clássicas, doutor em Linguística, livre-docente em Filologia e Linguística Portuguesa e professor titular aposentado da Universidade Estadual de Campinas e da Universidade de São Paulo. Atualmente, é professor colaborador voluntário na Universidade Estadual de Campinas e na Universidade de São Paulo. Coordenou os seguintes projetos coletivos de pesquisa: *Projeto NURC/SP*, *Projeto Gramática do Português Falado*, *Projeto para a História do Português Brasileiro*, equipe de São Paulo. Tem desenvolvido pesquisas na área de Linguística do Português, com ênfase em: descrição da língua falada, sintaxe funcionalista do português brasileiro, história do português brasileiro, análise multissistêmica do português brasileiro. É autor de vários artigos, capítulos e livros, dentre eles: *Nova gramática do português brasileiro* e *Pequena gramática do português brasileiro* (em coautoria com Vanda Maria Elias), ambos publicados pela Editora Contexto.

Eduardo Penhavel possui Licenciatura em Letras pela Universidade Estadual Paulista, mestrado em Estudos Linguísticos pela mesma universidade e doutorado em Linguística pela Universidade Estadual de Campinas. Atualmente é professor da Universidade Federal de Viçosa (UFV), *campus* de Rio Paranaíba. Tem experiência na área de Linguística, com ênfase em Linguística Textual e Gramática Funcional, atuando principalmente nos seguintes temas: tópico discursivo, marcadores discursivos, Gramática Textual-Interativa, atos discursivos e Gramática Discursivo-Funcional.

Erotilde Goreti Pezatti é graduada em Letras pela Unesp/São José do Rio Preto, mestre em Linguística pela Pontifícia Universidade Católica de Campinas, doutora em Linguística e Língua Portuguesa pela Unesp/Araraquara e concluiu pós-doutorado em Gramática Funcional pela Universidade de Amsterdã. Exerce a função de professora-assistente na Unesp/São José do Rio Preto, atuando na graduação e na pós-graduação, na linha de pesquisa Descrição Funcional de Língua Oral e Escrita. É bolsista de Produtividade em Pesquisa do CNPq e líder do Grupo de Pesquisa em Gramática Funcional (GPGF), cadastrado no CNPq. Trabalha na área de Teoria e Análise Linguística, atuando principalmente no desenvolvimento de temas como: ordenação de constituintes na sentença, articulação de orações, estrutura argumental e tipologia linguística.

J. Lachlan Mackenzie é formado em Línguas Modernas, com doutorado em Linguística Geral pela Universidade de Edimburgo. Foi professor de Linguística Inglesa na Universidade Livre de Amsterdã, onde passou a ser professor catedrático. Atualmente é investigador no Instituto de Linguística Teórica e Computacional – ILTEC. Ao longo de seu período em Amsterdã, trabalhou em estreita colaboração com Simon C. Dik. Nos últimos anos tem colaborado com Kees Hengeveld na elaboração da *Gramática Discursivo-Funcional* e tem sido organizador da revista internacional de linguística funcional, *Functions of Language*. Aplicou seus conhecimentos linguísticos em livros didáticos sobre gramática prática e escrita acadêmica.

Karen Sampaio Alonso possui graduação em Português/Literaturas, mestrado e doutorado em Linguística pela Universidade Federal do Rio de Janeiro (UFRJ). Atualmente, é professora adjunta do Departamento de Linguística e Filologia da UFRJ. Tem experiência na área de Linguística, com ênfase em Teoria e Análise Linguística, atuando principalmente nos seguintes temas: advérbios, linguística histórica, linguística e funcionalismo.

Kees Hengeveld é professor de Linguística Teórica da Universidade de Amsterdã (Holanda). Especialista em Tipologia Linguística, Gramática Funcional e Gramática Discursivo-Funcional, tendo publicado extensamente sobre esses temas.

Maria Célia Lima-Hernandes possui graduação em Letras (Faculdade de Educação e Cultura do ABC), especialização em Gramática (Universidade São Judas Tadeu), mestrado em Língua Portuguesa (USP), doutorado em Linguística (IEL-Unicamp), pós-doutorado na Universidade de Macau (China) e livre-docente em Gramática Histórica (USP). Atualmente, é professora do Departamento de Letras Clássicas e Vernáculas, da Faculdade de Filosofia Letras e Ciências Humanas (USP) e pesquisadora da área de Linguística Histórica na Universidade de São Paulo. Investiga a relação entre evolução gramatical e condicionamentos cognitivos, com enfoque especial nas construções de caráter mais gramaticais da língua. É líder do grupo de pesquisa *Mudança Gramatical do Português – Gramaticalização*, pesquisadora principal do *Projeto para a História do Português Paulistano* e membro do Grupo de Pesquisa PT Oriente.

Mariangela Rios de Oliveira é doutora em Letras Vernáculas – Língua Portuguesa, pela Universidade Federal do Rio de Janeiro. Atualmente, é professora-associada da Universidade Federal Fluminense, onde coordena a Pós-graduação em Estudos de Linguagem. É também editora da *Revista Gragoatá*, coordenadora do Grupo de Estudos *Discurso & Gramática* e secretária executiva da ANPOLL. Tem publicado, entre coletâneas organizadas, livros, capítulos e artigos, trabalhos na área do funcionalismo linguístico, mais especificamente na perspectiva da gramaticalização de construções do português. É pesquisadora do CNPq e consultora *ad hoc* de uma série de entidades acadêmicas e periódicos nacionais.

Mário Eduardo Martelotta (*in memoriam*) graduou-se em Português/Literatura pela Universidade Veiga de Almeida, e obteve mestrado e doutorado em Linguística pela Universidade Federal do Rio de Janeiro (UFRJ). Foi pesquisador do CNPq e professor-associado da Universidade Federal do Rio de Janeiro. Tinha experiência na área de Linguística, com ênfase em Teoria e Análise Linguística e Linguística Histórica, tendo atuado principalmente nos seguintes temas: funcionalismo, mudança linguística, gramaticalização, ordenação vocabular e advérbio. Escreveu e organizou diversos livros, capítulos e artigos relacionados à área, com destaque para *Manual de linguística*, publicado pela Editora Contexto.

Roberto Gomes Camacho é doutor em Linguística e Língua Portuguesa pela Unesp/Araraquara e livre-docente em Linguística pela Unesp/Campus de São José do Rio Preto. Realizou estágio de pós-doutorado na Universidade de Amsterdã. Como docente, atua no ensino de graduação e de pós-graduação no Departamento de Estudos Linguísticos e Literários da Unesp/São José do Rio Preto. Como pesquisador, atuou como membro da equipe de *Sintaxe Funcional do Projeto de Gramática do Português Falado*. Publicou inúmeros artigos em revistas nacionais e internacionais, além de capítulos de livros em obras coletivas. Atualmente é bolsista de Produtividade em Pesquisa do CNPq e coordenador da Área de Linguística da Fapesp.

Vânia Casseb-Galvão possui doutorado em Linguística e Língua Portuguesa pela Universidade Estadual Paulista e mestrado em Linguística pela Universidade de Campinas. Atualmente é pesquisadora do CNPq e professora-associada da Faculdade de Letras da Universidade Federal de Goiás, em Goiânia, atuando na Graduação e na Pós-Graduação. Concluiu o pós-doutorado em Gramática Discursivo-Funcional pelo Instituto de Linguística Teórica e Computacional (ILTEC), Lisboa. Interesses investigativos: temas relevantes para o funcionalismo, como gramaticalização, modalidade, evidencialidade e funcionalismo aplicado ao ensino, áreas em que tem trabalhos publicados.

CADASTRE-SE no site da Editora Contexto para receber nosso boletim eletrônico circulando o saber na sua área de interesse e também para acessar os conteúdos exclusivos preparados especialmente para você. www.editoracontexto.com.br
Pierre Vallaud
O CERCO DE LENINGRADO
900 dias de resistência dos russos contra o exército alemão na II Guerra Mundial
HISTÓRIA
LÍNGUA PORTUGUESA
GEOGRAFIA
FORMAÇÃO DE PROFESSORES
MEIO AMBIENTE
INTERESSE GERAL
EDUCAÇÃO
JORNALISMO
FUTEBOL
ECONOMIA
TURISMO
SAÚDE
RUY MOREIRA
GEOGRAFIA E PRÁXIS
a presença do espaço na teoria e na prática geográficas
NOVA História das Mulheres no Brasil
Ingedore Villaça Koch
Vanda Maria Elias
LER E COMPREENDER
os sentidos do texto
DICIONÁRIO DE SEMIÓTICA
A. J. GREIMAS
J. COURTÉS
Dad Squarisi
Arlete Salvador
ESCREVER MELHOR
guia para passar os textos a limpo
Ataliba T. de Castilho
NOVA Gramática do Português Brasileiro
JACK GOODY
O roubo da história
Como os europeus se apropriaram das ideias e invenções do Oriente
DICIONÁRIO DE LINGUAGEM E LINGUÍSTICA
R. L. TRASK
OS RUSSOS
Angelo Segrillo
CONHEÇA os canais de comunicação da Contexto na web e faça parte de nossa rede
twitter YouTube Broadcast Yourself flickr facebook orkut www.editoracontexto.com.br/redes/
editora contexto
Promovendo a Circulação do Saber

GRÁFICA PAYM
Tel. (011) 4392-3344
paym@terra.com.br